AF536223

ADMIRAL
JAMES STAVRIDIS

BEREIT, ALLES ZU RISKIEREN

Die universellen Lektionen aus 250 Jahren U.S. Navy: wie Sie die besten Entscheidungen treffen, auch wenn es die härtesten Ihres Lebens sind

Bibliografische Information der Deutschen Nationalbibliothek
Die Deutsche Nationalbibliothek verzeichnet diese Publikation in der Deutschen Nationalbibliografie. Detaillierte bibliografische Daten sind im Internet über http://dnb.d-nb.de abrufbar.

Für Fragen und Anregungen:
info@finanzbuchverlag.de

Wichtiger Hinweis
Ausschließlich zum Zweck der besseren Lesbarkeit wurde auf eine genderspezifische Schreibweise sowie eine Mehrfachbezeichnung verzichtet. Alle personenbezogenen Bezeichnungen sind somit geschlechtsneutral zu verstehen.

1. Auflage 2023

Türkenstraße 89
80799 München
Tel.: 089 651285-0
Fax: 089 652096

Abbildungen: S. 20 Kupferstich von Henry Bryan Hall and Sons via Naval History and Heritage Command; S.40 Kupferstich von G. R. Hall, nach einem Gemälde von Alonzo Chappel. Veröffentlicht von Johnson, Fry & Company, New York, 1858. Naval History and Heritage Command Photograph; S. 64 Porträt von Noah Kendall Saunders via Naval History and Heritage Command; S. 86 Naval History and Heritage Command; S. 106 Official US Navy Photograph, National Archives, via Naval History and Heritage Command; S. 124 Maurice Constant, National Archives, via Naval History and Heritage Command; S. 150 Naval History and Heritage Command; S. 170 Foto von Petty Officer 2nd Class Jonathan Nelson, US Navy; S. 188 Foto von Mass Communication Specialist Seaman Alexander Williams, U.S. Navy; Schmuckabbildungen: Shutterstock.com/Regina Bilan; Shutterstock.com/ddok; Shutterstock.com/languste

Übersetzung: Thomas Gilbert
Redaktion: Rainer Weber
Korrektorat: Anke Schenker
Umschlaggestaltung: Marc-Torben Fischer, München, in Anlehnung an das Cover der Originalausgabe von Christopher Brian King
Umschlagabbildung: Nautische Karte: NOAA; Schiffsdrossel: Getty Images Plus/Tsuji; Schiff auf See: Bridgeman Images/Alexander Booth
Satz: Röser Media, Karlsruhe
Druck: GGP Media GmbH, Pößneck
Printed in Germany

ISBN Print 978-3-95972-663-4
ISBN E-Book (PDF) 978-3-98609-275-7
ISBN E-Book (EPUB, Mobi) 978-3-98609-276-4

Für alle, die entschieden haben, ihrem Land zu dienen –
und für Laura, die Liebe meines Lebens, die dankenswerterweise
mit mir ein Risiko eingegangen ist.

»Das Wesen der endgültigen Entscheidung bleibt für den außenstehenden Beobachter unergründlich – oft sogar für den Entscheidungsträger selbst ... Es wird immer mysteriöse und verworrene Phasen im Entscheidungsprozess geben – selbst für diejenigen, die vielleicht am stärksten involviert sind.«

JOHN F. KENNEDY[1]

Inhalt

Einleitung

Im Jahr 2021 entdeckten Unterwasserforscher nach jahrzehntelanger Suche endlich das Wrack der *USS Johnston (DD-557)*, die einer der berühmtesten Zerstörer in der Geschichte der amerikanischen Navy war.[2]

Das Kriegsschiff war am 25. Oktober 1944 nach der ebenso chaotischen wie heroischen Schlacht vor Samar vor den Philippinen in sehr tiefem Wasser gesunken. Es lag mehr als 75 Jahre lang ungestört in über 6000 Metern Tiefe auf dem Meeresgrund und ist damit das am tiefsten gelegene Schiffswrack, das je geortet und erfolgreich untersucht wurde. Als es sank, hatte Commander Ernest Evans die Befehlsgewalt. Er war der erste Native American, der jemals mit der Ehrenmedaille ausgezeichnet werden sollte. Ernest Evans war zur Hälfte Cherokee und zu einem Viertel Creek. Der berühmte Historiker Konteradmiral Samuel Eliot Morison beschrieb die Schlacht in seiner legendären Studie über die Operationen der U.S. Navy im Zweiten Weltkrieg folgendermaßen: »Bei keinem Einsatz in ihrer gesamten Geschichte hat die U.S. Navy mehr Tapferkeit, Mut und Entschlossenheit gezeigt als in diesen zwei Morgenstunden zwischen 7.30 und 9.30 Uhr vor Samar.« Unter dem entschlossenen Kommando von Ernest Evans führte der Zerstörer einen scheinbar selbstmörderischen Angriff gegen weitaus überlegene japanische Kriegsschiffe, um die nur leicht bewaffneten Flugzeugträger in den entscheidenden Momenten in der See- und Luftschlacht im Golf von Leyte zu schützen. Von seiner 329-köpfigen Besatzung starben Evans und 183 andere direkt in der Schlacht oder sie ertranken im Meer.

Ich habe mich vor vielen Jahren als junger Offiziersanwärter, als Midshipman, in der United States Naval Academy in Annapolis eingehend mit dieser Schlacht beschäftigt und habe im Laufe der Jahre weiterhin etliche Bücher und Artikel über Kapitän Evans und seinen glorreichen Zerstörer gelesen.[3] Evans wurde 1908 geboren, machte 1931 seinen Abschluss in Annapolis und kommandierte zu Beginn des Krieges zum ersten Mal einen Zerstörer: die *USS Alden*. Nach erfolgreichen Kampfeinsätzen im Pazifik auf der *Alden* wurde er 1943 zum Kommandanten der *USS Johnston* ernannt, eines neuen Zerstörers der *Fletcher*-Klasse, und anschließend auf dem Höhepunkt des Krieges erneut im Pazifik eingesetzt.

Im Herbst 1944 war die *Johnston* Teil einer kleinen Flottille von sieben Zerstörern (darunter auch die *USS Hoel* und die *USS Samuel B. Roberts*, die beide ebenfalls im Gefecht versenkt wurden), die zum Schutz der leichten Geleitflugzeugträger im Golf von Leyte unter dem Oberbefehl von Admiral Bull Halsey bestimmt waren. Aufgrund von Halseys impulsiver Entscheidung, den Großteil seiner Dritten Flotte nach Norden zu verlegen, um die vermeintliche japanische Hauptstreitmacht zu verfolgen, waren die kleinen Schiffe alles, was zwischen den Flugzeugträgern und einer schweren japanischen Überwasserstreitmacht verblieben war. Die Möglichkeiten von General Douglas MacArthur, die Philippinen zurückzuerobern und sein kühnes Versprechen einzulösen, dass er zurückkehren würde, standen auf dem Spiel.

Obwohl sie sich mit 23 weitaus größeren japanischen Schlachtschiffen und schweren Kreuzern konfrontiert sahen, griffen die sieben kleinen Zerstörer an, um die Flugzeugträger zu schützen. Diese Operation ist allgemein als »das letzte Gefecht der *tin can sailors*« – der »Blechdosen-Matrosen« – in die Geschichte eingegangen, wobei »Blechdose« in der Navy ein liebevoller Spitzname für einen Zerstörer ist. Obwohl Evans waffentechnisch völlig unterlegen war, traf er in diesem Kampf die schwierigste aller Entscheidungen: buchstäblich alles zu riskieren, um seinen Auftrag zu erfüllen. Er legte eine Rauchwand und steuerte mit Höchstgeschwindigkeit direkt auf die Japaner zu, um einen Torpedoangriff zu wagen, wobei er seiner Besatzung über die Bordsprechanlage mitteilte, dass sie zwar kaum eine Chance hätten, aber trotzdem angreifen würden, um den Rest der Streitkräfte zu schützen. Zwei Stunden lang lieferte sich der kleine Zerstörer eine Reihe von Feuergefechten mit den viel größeren japanischen Kriegsschiffen. Evans wurde durch japanischen Granatenbeschuss schwer verwundet, aber sein kleines Schiff setzte den Kampf unerbittlich fort. Die schweren Geschütze der japanischen Flotte – darunter das größte Schlachtschiff Japans, die *Yamato* – versenkten die *Johnston* schließlich zusammen mit mehreren anderen Zerstörern.

Die Entscheidung, die Evans in den hitzigen Momenten des Kampfes vor Samar traf – nämlich einen erheblich stärkeren Feind anzugreifen –, wird auch heute noch in der Navy besprochen und bewundert. Sogar die japanische Flotte honorierte dies, als die kleinen Schiffe vor ihren Augen sanken, und behandelte die geborgenen Überlebenden bei ihrer Gefangennahme mit Respekt. Dank des heldenhaften Einsatzes der *Johnston* und der anderen Zerstörer war es den US-Flugzeugträgern gelungen zu entkommen. Der japanische Admiral glaubte, dass die Zerstörer nicht angegriffen hätten, wenn nicht noch stärkere amerikanische Streitkräfte in der Nähe gewesen wären, und zog sich zurück. So konnte MacArthur seine amphibischen Streitkräfte erfolgreich an Land bringen und die Philippinen befreien, wie er es versprochen hatte.

Es war der entscheidende Moment in der folgenreichsten Seeschlacht des Zweiten Weltkriegs. Der Erfolg der USA beruhte natürlich auf vielen Faktoren, aber die Entscheidung von Evans, den Feind anzugreifen – eine Entscheidung, die er im Bruchteil einer Sekunde traf, während die Schlacht um ihn herum tobte – war das Kernstück des US-Sieges, auch wenn sie ihn sein Leben und sein Schiff kostete. Im Laufe meiner langen Karriere bei der Navy habe ich immer wieder über diese Schlacht nachgedacht – und denke auch heute noch darüber nach – und stelle mir zwei Fragen.

Die erste ist einfach: Was ging Evans durch den Kopf, als er den Befehl zum Angriff auf die japanische Flotte gab? War er gefangen im Blutrausch des Moments oder war er ruhig und gelassen, als er das Schiff manövrierte und eine Reihe von Torpedos abfeuerte? Dachte er an seine Kindheit oder an seine Familie? Oder wurde das alles von dem Donnern der japanischen Geschütze und dem Rauschen des Wassers längs seines

Zerstörers übertönt, als dieser an Fahrt gewann? Hatte er geglaubt, er könne vordringen, Torpedos abschießen und irgendwie den schweren Geschützen vor sich entkommen? Oder war ihm klar, dass es sich in der Tat um ein »letztes Gefecht« handelte, traf er also seine schwerwiegende Entscheidung wissend, dass es keinerlei Chance zur Flucht gab?

Die zweite Frage ist schwieriger zu beantworten: Hätte ich den Mut gehabt, diese schwerste aller Entscheidungen zu treffen? Ich habe schon einige Kampfeinsätze erlebt, aber nie etwas, das auch nur annähernd mit den düsteren Aussichten vergleichbar gewesen wäre, die Ernest Evans an jenem Herbsttag in den tropischen Gewässern des Golfs von Leyte vor Augen hatte. Wenn ich an die langen Jahre zurückdenke, die ich als Kommandant von Kriegsschiffen auf See verbracht habe, kommen mir in dieser Hinsicht die Tage des Kalten Krieges wieder in den Sinn. Damals waren wir mit einer riesigen sowjetischen Flotte konfrontiert, die über mächtige Fähigkeiten verfügte und die USA auf langen Kreuzfahrten im Mittelmeer, im Nordatlantik (das erinnert mich an den Roman *Zwischenfall im Atlantik*), im westlichen Pazifik um die koreanische Halbinsel und in der Karibik vor der Küste Kubas herausfordern konnte. Es war manchmal wie in Tom Clancys *Jagd auf Roter Oktober*, als unsere Flugzeuge und Zerstörer zusammenarbeiteten, um sowjetische Atom-U-Boote aufzuspüren und nicht selten auch »aufzuhalten«.

Wir taten dies in ständiger Alarmbereitschaft, mit allen Männern auf ihren Gefechtsstationen, und wir wussten, dass eine Fehleinschätzung nicht nur fatale Folgen in unserem unmittelbaren Seeraum, sondern enorme Konsequenzen für die ganze Welt haben konnte. In jenen Jahren des Kalten Krieges waren wir als Wachposten an vorderster Front im Einsatz und hofften, dass nicht vor unseren Augen ein Krieg ausbrechen würde. Was das Risiko anbelangt, so wussten wir, dass der Feind über tödliche Fähigkeiten verfügte – in Form von Langstrecken-Marschflugkörpern, landgestützten Angriffsflugzeugen und U-Booten, die mit Atomtorpedos bestückt waren. Wir versuchten, eine ruhige, professionelle Haltung einzunehmen, denn wir wussten, dass wir uns nicht den Luxus leisten konnten, mit Wut oder Frustration zu reagieren, während wir in den langen Nachtwachen einen unerbittlichen Feind verfolgten. Der Falklandkrieg hat uns gezeigt, wie ein Krieg auf See aussehen kann, und der Anblick mehrerer britischer Kriegsschiffe, die von landgestützten argentinischen Flugzeugen versenkt wurden, und umgekehrt die Versenkung des argentinischen Kreuzers *Belgrano* durch ein britisches Atom-U-Boot sind unauslöschliche Bilder. Das Gleichgewicht zu halten zwischen Erschöpfung, Risiko und geopolitischen Auswirkungen war in den Tagen des Kalten Krieges auf hoher See das A und O.

In der zweiten Hälfte meiner Laufbahn konzentrierte sich die Navy zunehmend auf Operationen in den Küstengewässern des Arabischen Golfs, im Südchinesischen Meer und im östlichen Mittelmeer. Von diesen relativ flachen und engen Gewässern aus versenkten wir iranische Kriegsschiffe, nachdem diese versucht hatten, die Straße von Hormuz zu verminen, führten die massiven Angriffe der Operation »Desert Storm« gegen den Irak durch und kämpften nach dem 11. September 2001 von See aus gegen Terroristen. Ich erinnere mich noch daran, wie ich Mitte der 1980er-Jahre durch die Straße von Hormuz fuhr und beobachtete, wie iranische Raketenstellungen ihre Zielverfolgungsradare aufblitzen ließen und uns mit Feuerleitsensoren anleuchteten. Die Versuchung war immer groß, zuerst zuzuschlagen, aber die »Rules of Engagement«, die Einsatzregeln, beherrschten den Entscheidungsprozess. Obwohl wir nicht auf einen tatsächlichen Raketenstart warten mussten, um einen Feind anzugreifen, oblag es uns, erst eine angemessene Provokation abzuwarten. Die Entscheidungsfindung war mühsam, und auch hier musste man einerseits ruhig Blut bewahren, mit dem Abschussknopf fest im Blick, und andererseits jederzeit bereit sein, tatsächlich zu feuern. Wie soll man da die richtige Balance finden?

Ich habe etwas ganz Wichtiges von den Captains, unter denen ich diente, gelernt: *die Zeit zu verlangsamen.* Die besten militärischen Entscheidungsträger sind in der Lage, Sensordaten aus Radar-, Sonar- und Kommunikationsnetzen schnell zu erfassen, sie gedanklich mit den Informationen aus dem riesigen US-Überwachungssystem abzugleichen, die Bedrohung einzuschätzen, die Absichten des Feindes zu erkennen und entschlossen zu handeln, indem sie entweder die Waffen ruhen lassen oder den Geschützbatterien Feuerbefehl geben. Um das zu erreichen, muss man einigermaßen ausgeruht sein, seinen Geist von allen überflüssigen Störgeräuschen (einschließlich der eigenen Gedanken) befreien, tief und gleichmäßig atmen, seine Stimme senken – auf keinen Fall laut werden – und seinen Blick ständig über die Sensoren und die

Mannschaften und Offiziere, die auf den Feuerbefehl warten, schweifen lassen. Die Entscheidungsfindung auf See ist ohnehin schon schwierig – sie wird noch viel schwieriger, wenn man emotional aufgewühlt ist. Im Laufe der Jahre wurde ich immer besser darin, Entscheidungen unter extremen Stressbedingungen zu treffen, und ich verbrachte zunehmend Zeit damit, mich mit anderen Seeleuten zu beschäftigen, die sich in solchen Situationen hervorgetan hatten, wie etwa der mit der Ehrenmedaille ausgezeichnete Commander Ernest Evans. All das hat mich schließlich zu diesem Buch geführt.

Grundsätzlich war ich schon immer von der Frage fasziniert, wie wir die Entscheidungen treffen, die unser Leben bestimmen. Wenn man einmal darüber nachdenkt, treffen wir natürlich buchstäblich fast jede Minute Entscheidungen. Sie können, wie man so schön sagt, vom Erhabenen bis zum Lächerlichen reichen. In gewissem Sinne sind wir die Summe der Entscheidungen, die wir treffen, sowohl taktisch als auch strategisch. Die meisten Entscheidungen sind weitgehend unbewusste Reaktionen auf das, was das Leben uns an einem bestimmten Tag beschert. Aber gelegentlich stehen wir vor wirklich *bedeutenden* Entscheidungen – wen wir heiraten, ob wir den einen Job annehmen oder den anderen, welche Universität wir besuchen, ob wir uns beruflich verändern wollen. Diese großen strategischen Entscheidungen werden in der Regel mit viel Zeit getroffen, um Informationen zu sammeln, die Auswirkungen der Entscheidung auf unser Leben abzuwägen, Rat von Familie und Mentoren einzuholen, die Entscheidungen logisch zu prüfen – all die Standardtechniken, die Teil der Art und Weise sind, wie wir die wichtigsten Dinge in unserem Leben bestimmen.

Aber es gibt Momente, in denen wir wirklich wichtige Entscheidungen *sofort* treffen müssen, oft bevor uns alle Fakten vorliegen, wobei wir uns auf eine Kombination aus lückenhaften Informationen, vergleichbaren Erfahrungswerten aus der Vergangenheit und unvollkommenen Abwägungen zwischen Risiko und Nutzen stützen. Eine plötzliche und kurzfristige Chance auf einen neuen Arbeitsplatz, der weniger Sicherheit, aber mehr potenzielle Gewinne bietet, eine Investitionsmöglichkeit, um eine bestimmte Aktie oder Anleihe in einem hochvolatilen Markt zu verkaufen oder zu kaufen, eine Frage der intensivsten persönlichen Art, wenn in einer Beziehung ein Ultimatum gestellt wird, oder eine gravierende medizinische Entscheidung, wenn wir in den frühen Morgenstunden am Krankenhausbett eines Verwandten stehen – all diese Momente erfordern schnelle Entscheidungen. Am schwierigsten sind die Entscheidungen, die in Momenten von Stress und Krisen binnen kürzester Zeit getroffen werden müssen. Dies geschieht auf See routinemäßig, oft im Gefecht und sogar in Friedenszeiten unter äußerst stressigen Bedingungen, auch wenn es sich nicht auf eine Kampfhandlung bezieht. Das Ziel dieses Buches ist es, *diesen* Prozess zu untersuchen – wirklich schwierige Entscheidungen, die in einer Art Feuerprobe getroffen werden, wenn der Stress am intensivsten ist.

Die Geschichte der US-Seestreitkräfte ist voll von solchen schwierigen Entscheidungen, wie sie die Geschichte von Ernest Evans exemplarisch zeigt. Von Captain John Paul Jones auf See in den Tagen vor der Amerikanischen Revolution im 18. Jahrhundert über Admiral Bull Halsey, der sich im Zweiten Weltkrieg tief im westlichen Pazifik bewegte, bis hin zu Captain Brett Crozier von der *USS Theodore Roosevelt*, der im Jahr 2020 vor der Küste von Guam ein vom Coronavirus heimgesuchtes Schiff führte – heutzutage müssen Führungskräfte in der Navy unvorstellbar schwierige Entscheidungen treffen, und das oft mitten in der Hitze einer Schlacht. Einige dieser Entscheidungen betreffen nicht nur die einzelnen Seeleute, die auf einem Kriegsschiff Dienst haben, sondern beziehen sich auf das gesamte Selbstverständnis der Navy der Vereinigten Staaten. Im Laufe der Zeit haben einige dieser schwierigen Entscheidungen das Selbstbild der Navy erheblich verändert und sich auf die grundlegendsten Normen ausgewirkt, die das Fundament des gesamten Dienstes ausmachen. Aus solchen Entscheidungen kann man viel lernen.

Dieses Buch stützt sich auf meine eigenen Erfahrungen mit schwierigen Entscheidungen. Vor 20 Jahren zum Beispiel veränderte ein plötzlicher Überraschungsangriff der al-Qaida auf die Vereinigten Staaten alles im Pentagon, wo ich als frisch gekürter Ein-Stern-Konteradmiral eingesetzt war. Das US-Verteidigungsministerium musste sich von einem schwerfälligen, auf den Kalten Krieg ausgerichteten Ungetüm in eine schlagkräftige Organisation zur Terrorismusbekämpfung verändern. Es war eine Zeit des tiefgreifenden Wandels. Nachdem ich selbst nur knapp dem Tod entgangen war, als das Flugzeug das Pentagon traf, wurde ich plötzlich in eine neu geschaffene Rolle als Leiter eines »Start-ups« der

Navy platziert: einer Kampf- und Innovationszelle mit dem Codenamen »Deep Blue«. Als nicht wirklich hochrangiges Mitglied dessen, was die britische Royal Navy als »Admiralität« bezeichnen würde, trug ich dazu bei, die Bemühungen um eine Veränderung der Seestreitkräfte in Echtzeit zu lenken, selbst als wir unmittelbare Kampfeinsätze führten. Während meiner 37-jährigen Laufbahn war ich mit ähnlich schwierigen Entscheidungen konfrontiert, unter anderem als Oberhaupt aller Streitkräfte in Lateinamerika und später als Alliierter Oberbefehlshaber der NATO. All das fließt in dieses Buch ein.

Die meisten Leser dieses Buches werden nie die Ehre, das Privileg oder die Herausforderung haben, als Marineoffizier zu dienen. Aber die See kann auch als Modell für kritische Entscheidungsfindungen an Land dienen. Durch das Studium schwieriger Entscheidungen im maritimen Bereich in diesem Buch können die Leser die allgemeinen Regeln für Entscheidungsfindungen in Stresssituationen im Detail kennenlernen.

Natürlich sind Organisationen immer von wichtigen Entscheidungen geprägt. Doch wie hat sich das Selbstverständnis der U.S. Navy im Laufe der Zeit verändert, wie haben sich diese schwierigen Entscheidungen auf die gesamte Organisation ausgewirkt und was können Entscheidungsträger in *allen* Bereichen aus diesen Erfahrungen darüber lernen, wie sie mit den schwierigen Entscheidungen, die das Leben uns stellt, umgehen sollten? Es ist wichtig zu verstehen, wie Entscheidungsträger Informationen verarbeiten, Alternativen abwägen, »Ziele, Wege und Mittel« miteinander verbinden und ihre Entscheidungen treffen. Wie führt der gewaltige Druck einer Kampfsituation dazu, dass Entscheidungsträger anders funktionieren als in ruhigeren Zeiten, und was können wir alle aus den Geschichten in diesem Buch darüber lernen, wie wir in unserem eigenen Leben Entscheidungen treffen? In der Tat ist die Marine in vielerlei Hinsicht ein Spiegelbild des Landes. Abgesehen davon, was wir aus diesen neun Entscheidungen über die Navy und ihre Entwicklung lernen können – wie haben solche Entscheidungen den Sinn der Nation für Verantwortlichkeit, Risiko und Ehre im Allgemeinen beeinflusst?

Ein weiteres wichtiges Element bei all dem ist das Verständnis dafür, welche Instrumente den Entscheidungsträgern helfen – und welche Instrumente die Entscheidungsträger oft im Stich lassen. Mir ist immer wieder aufgefallen, dass fehlerhafte Entscheidungen meist darauf zurückzuführen sind, dass man historische Ereignisse falsch interpretiert oder missverstanden hat. Wichtiger, als sofort eine Analogie zu einer bestimmten Situation herzustellen, ist es, zunächst das Problem zu verstehen: Gibt es eine Krise? Oder haben wir es eher mit einem langfristigen, sich langsam entwickelnden Muster des Scheiterns oder der Herausforderung zu tun? Ein klarer Blick bei der Beurteilung, wo man anfängt, ist der Schlüssel. In engem Zusammenhang damit steht natürlich, dass man die grundlegenden Prämissen richtig erfasst hat. Als ich für Verteidigungsminister Donald Rumsfeld als leitender militärischer Assistent arbeitete, beobachtete ich oft, wie er einen Referenten in die Zange nahm, indem er den Unterschied zwischen Fakten – also dem, was wir zweifellos wissen – und den bloßen Annahmen über den Fall hinterfragte. Daher auch der Titel seiner Memoiren über diese turbulente Zeit: *Known and Unknown* (Das Bekannte und das Unbekannte). Was zu Beginn eines rasanten Entscheidungsprozesses als Fakt gilt, kann sich bei der weiteren Entwicklung eines Plans als bloße Vermutung herausstellen – oft zu unserem Leidwesen. Nebenbei bemerkt, der beste dieser Briefing-Experten – den wir schließlich fanden, nachdem viele Kandidaten versagt hatten – war ein stämmiger Army Colonel namens Mark Milley. Er wurde bald darauf zum General befördert und kämpfte sehr erfolgreich unter meinem Kommando in Afghanistan. Er war jemand, der die Zeit verlangsamen konnte, sowohl in einem Besprechungsraum mit einem sehr aggressiven Verteidigungsminister als auch in den staubigen Tälern von Afghanistan. Während ich diese Zeilen schreibe, ist Vier-Sterne-General Mark Milley der Vorsitzende der Generalstabschefs.

Ein weiterer Aspekt bei diesen Entscheidungen, bei denen es um Leben und Tod geht, ist die Art und Weise, wie man anschließend vorgeht. Die Ausführung der Entscheidung ist von zentraler Bedeutung, und sie erfolgt natürlich in Echtzeit und unter Stressbedingungen. General George S. Patton sagte, dass ein nicht perfekter Plan, der mit großem Nachdruck ausgeführt wird, oft erfolgreich sein kann, während General Dwight Eisenhower feststellte, dass letztlich kein Plan den Kontakt mit dem Feind überlebt. Meiner Erfahrung nach hatten beide recht, und die Kunst der Entscheidungsfindung besteht darin, ein Gleichgewicht zu finden, um zu vermeiden, dass der »Wunsch nach Perfektion zum

Feind der Lösung wird, die ausreicht«. Damit verbunden ist natürlich die unerlässliche Messung des *Ergebnisses* einer bestimmten Entscheidung – das Beobachten und Abschätzen der Situation. Gute Entscheidungsträger müssen sich darüber im Klaren sein, was wichtig ist und was nicht, und sie müssen die verführerische Anziehungskraft und das letztendliche Scheitern falscher Einschätzungen und Analysen vermeiden.

Die Verteidigung und Kommunikation der Entscheidung ist oft ebenso wichtig wie ihre Umsetzung – das Verständnis für das, was gerade passiert ist, die Entwicklung des Plans und der reibungslose und angemessene Einsatz der Ressourcen sind entscheidend. Dazu gehört auch, dass man weiß, wie ein Entscheidungsträger den Erfolg letztendlich erklären wird. Zu lernen, wie man den Erfolg ankündigt, Optimismus als Multiplikator bei der Entscheidungsfindung zu nutzen und zu wissen, wann man den »Ausstieg« einleiten sollte, sind alles wichtige Themen, die mit der Entscheidungsfindung in Zusammenhang stehen.

Natürlich sind nicht alle Entscheidungen von Erfolg gekrönt. Zu erkennen, wann ein Scheitern unvermeidlich ist, ist ebenfalls ein Teil der Entscheidungsfindung. Wie wir in Nordflorida, wo ich herkomme, sagen: »Manchmal sollte man den Unterschied zwischen Aufgeben und Geschlagenwerden kennen« – das heißt, es gibt Situationen, in denen es die klügste Entscheidung ist, die Karten auf den Tisch zu legen und den Rückzug anzutreten, mal langsam, mal schneller. Andererseits sollte man auch immer im Blick behalten, dass alle Entscheidungen Konsequenzen haben, und fast immer sind die schwierigsten Entscheidungen mit den größten Risiken verbunden, aber auch mit den potenziell befriedigendsten Ergebnissen. Augenmaß und Ausgewogenheit sind entscheidend für die Bewertung der Entscheidungen, die wir treffen – und dafür, dass auch die schwierigsten Entscheidungen richtig ausfallen. Das gilt auf dem Deck eines Kriegsschiffs, das in den Kampf zieht, ebenso wie im Sitzungssaal des Aufsichtsrats eines Unternehmens oder im Operationssaal eines Krankenhauses.

Bereit, alles zu riskieren ist eine historische Reflexion über die Natur der Entscheidungsfindung unter Stress, eine Betrachtung der Entwicklung der U.S. Navy im Laufe ihrer 250-jährigen Geschichte und ein Hilfsmittel für jeden Leser, der in seinem Beruf und in seinem Leben schwere

Entscheidungen treffen muss. Es ist auch eine Chance für jeden Leser, neun außergewöhnliche Seeleute kennenzulernen, von denen jeder bei einer Entscheidung auf die Feuerprobe gestellt wurde.

Sie werden sich vielleicht fragen, warum ich ausgerechnet neun verschiedene Entscheidungssituationen für dieses Buch ausgewählt habe. Es gibt zwar keine endgültige Antwort auf diese Frage, aber ich hatte ein Bild im Kopf, das zu dem Thema passt, dass Entscheidungen hart und schmerzhaft sein können: In der nautischen Welt des 17. und 18. Jahrhunderts und sogar bis ins 19. Jahrhundert hinein war die körperliche Bestrafung auf See – wenn jemand sozusagen eine schlechte Entscheidung getroffen hatte – die Auspeitschung. Und ausgepeitscht wurde mit der »Katze« oder der »neunschwänzigen Katze«. Jeder der neun langen Peitschenstränge war mit Knoten versehen, und gelegentlich wurde an das Ende etwas Hartes und Unnachgiebiges (etwa aus Knochen oder Metall) befestigt, um die Erfahrung, ausgepeitscht zu werden, so schmerzhaft wie möglich zu machen. Eine typische Bestrafung bestand aus einem Dutzend Schlägen, da nicht viel mehr als ein Dutzend mitunter zu dauerhaften Schäden am Rücken eines Mannes führen konnte. Diese Strafe wurde für verschiedene Vergehen verhängt, etwa wenn man einen Offizier tätlich angegriffen hatte oder bei vollständiger Trunkenheit. Gelegentlich wurden auch längere Auspeitschungen verhängt, etwa wegen Meuterei oder Analverkehr, und die Folgen waren immer äußerst schmerzhaft und manchmal sogar tödlich. Als ich also über eine Reihe von Fallbeispielen nachdachte, hatte ich die Idee der »Katze« im Hinterkopf – mit ihren neun verhängnisvollen Schwänzen. Ich hoffe, dass Sie Ihre Entscheidungen gut treffen werden und sie nicht zu einem schmerzhaften Ergebnis führen – aber manchmal wird es so kommen. Zu akzeptieren, dass Entscheidungen reale Konsequenzen haben, ist letztlich das Wesen der Entscheidung selbst.

Diese neun Seeleute trafen schwierige Entscheidungen, die ihr eigenes Leben und ihre Karriere prägten, zu einer erheblichen Bandbreite möglicher Resultate führten und die Art und Weise veränderten, wie unsere Seestreitkräfte sich selbst sehen. Sie bieten auch ein lebendiges Bild der Fähigkeiten und Instinkte, die die Essenz der Entscheidungsfindung ausmachen. Jeder von uns wird im Laufe seines Lebens mit schwierigen Entscheidungen konfrontiert – manche in wichtigen und öffentlichen

Angelegenheiten, andere in den ruhigen Stunden am Küchentisch. In der Wirtschaft, im Finanzwesen, in der Medizin, im Bildungswesen, in der öffentlichen Politik und in tausend anderen Bereichen ist die Fähigkeit gefragt, schnell und gut zu entscheiden. Ich hoffe und glaube, dass Sie, wenn Sie einige Zeit mit diesen neun Seeleuten verbracht haben, Ihre Fähigkeit verbessern werden, auch in den unwägbarsten Situationen im Leben schwierige Entscheidungen zu treffen – unabhängig von den Umständen.

Lassen Sie uns aufbrechen.

Bereit, alles zu riskieren

KAPITEL 1

Die Macht eines »Neins«

Captain John Paul Jones, Continental Navy
Kommandant des Continental-Navy-Schiffs
Bonhomme Richard

Die Schlacht von Flamborough Head
23. September 1779

»Gebt mir ein schnelles Schiff, denn ich beabsichtige, mich in Gefahr zu begeben.«

John Paul Jones zugeschrieben

KAPITEL 1

Als ich an einem heißen Sommertag in den frühen 1970er-Jahren zur United States Naval Academy in Annapolis kam, war das Erste, was mir widerfuhr, ein schneller und radikaler Haarschnitt. Das war für mich nicht nur eine plötzliche Einführung in das militärische Leben, sondern auch ein klares Zeichen, mit dem die Navy mir deutlich machte, dass ich nicht mehr selbst über alles bestimmen konnte, auch nicht darüber, wie lang meine Haare sein sollten. Zusammen mit 1200 Kameraden aus allen Bundesstaaten und einigen wenigen aus Übersee wurden wir in einer sehr groben Formation aufgereiht und dann in kleine Gruppen von etwa einem Dutzend aufgeteilt, die anschließend über das Gelände der Akademie marschieren mussten. Der Höhepunkt dieser ersten Stunden war die erste Begegnung mit Captain John Paul Jones, genauer gesagt mit seinen Überresten, die in einer Krypta im Herzen der riesigen Naval-Academy-Kapelle lagen – de facto die wichtigste Kirche der U.S. Navy.

Als wir an der Reihe waren, die Kapelle zu betreten und die Krypta zu besichtigen, wurde meinem Trupp befohlen, absolute »Ruhe auf Deck« zu bewahren und unsere »Abdeckungen« (kleine, blau gestreifte Matrosenhüte oder »Dixie Cups«, wie sie von den älteren Midshipmen, die uns herumführten, mit großem Spott genannt wurden) abzunehmen. Dann wurden wir in die relativ kleine Krypta geführt, in deren Zentrum die sterblichen Überreste von John Paul Jones ruhen. Damals wusste ich nur wenig über Jones. Als Schuljunge hatte ich mir seine unsterblichen Worte »Ich habe noch nicht einmal angefangen zu kämpfen« gemerkt, die er angeblich auf dem Höhepunkt einer blutigen Seeschlacht im amerikanischen Unabhängigkeitskrieg (Revolutionskrieg) vor der Ostküste Großbritanniens geäußert hatte. Später erst würde ich herausfinden, dass ihm dieses Zitat – eines von mehreren Bonmots von Jones, die Generationen von Midshipmen in Erinnerung geblieben sind – mit ziemlicher Sicherheit angedichtet worden war. Wie dem auch sei, in diesem Moment, in der Krypta, war ich jedenfalls froh, aus dem feuchten Sommerdunst von Annapolis heraus und an einem Ort mit Klimaanlage zu sein.

Wir waren in einem losen Kreis um die Krypta herum zur »Rührt-euch-Stellung« formiert, und einer der älteren Fähnriche las einen langen Abschnitt über Jones und seine Verdienste für die Navy und die

Nation vor. Der Text war voll von Äußerungen über die heroische Überwindung furchterregender Widrigkeiten im Kampf, voll von Zitaten über die Qualitäten und Eigenschaften eines Marineoffiziers und voller Kommentare über die Führung auf See. Damals fand ich das ziemlich inspirierend, und später am Abend holte ich das kleine Büchlein *Reef Points* heraus, das wir bei unserer Ankunft erhalten hatten, und begann, einige von Jones' Sprüchen und Heldentaten auswendig zu lernen. Eine solche Szene hat sich bestimmt schon Tausende Male abgespielt, wenn junge Offiziersanwärter an der Akademie ankommen, ihren Weg in der Navy und im Marine Corps beginnen und schließlich ihren Weg zur See und zur Flotte antreten. Es ist keine Übertreibung, wenn ich sage, dass John Paul Jones in vielerlei Hinsicht der »Vater der amerikanischen Navy« ist. Ich lernte ihn am ersten Tag meines Marinelebens kennen, und er war fast 40 Jahre lang ein Teil meines eigenen Lebens auf See, sowohl im Frieden als auch im Krieg.

Mit zunehmender Reife, als ich mehr über diesen komplizierten, schwierigen Seemann und Kapitän erfuhr, ließ meine anfängliche Bewunderung für diese »Legende« etwas nach. Ich begann, die dunkle Seite von John Paul Jones zu verstehen – seine ungeheure Eitelkeit, die tiefe Unsicherheit, die sexuellen Ausschweifungen und der enorme Ehrgeiz, die diesen Gärtnerssohn quasi zu einem Getriebenen machten. Es schien mir, als sei er mit einem Minderwertigkeitskomplex gestraft. Sein unstetes bis bösartiges Temperament entlud sich oft auf See, und seine Männer mussten mitunter darunter leiden. Jones war kein Vizeadmiral Horatio Nelson und auch kein Flottenadmiral Chester Nimitz – beide absolute Paradebeispiele für Führungsstärke in den Seestreitkräften.[1] Ihm fehlte deren Fähigkeit, Untergebene zu inspirieren und ihnen das Gefühl einer Gruppe von Verschworenen zu vermitteln, die gemeinsam kämpfen und so entscheidende Siege erringen konnten. Jones endete schließlich als gebrochener, fast mittelloser Mann: Er lebte mehr schlecht als recht in Paris und starb bereits im Alter von 45 Jahren – weitgehend unbetrauert und vergessen.

Aber im Herzen dieses kräftigen, gut aussehenden Mannes steckte ein unbezähmbarer Kampfgeist. Er war ein hervorragender Seemann, der die See gut kannte und sein Wissen über die Handhabung von Schiffen im komplexen Zeitalter des Segelns, seine Geschütz- und Entertaktik und sein feines Gespür dafür, wann ein Gegner ins Wanken gerät, gut einzusetzen wusste. Sein persönlicher Mut war bemerkenswert und kam häufig im Kampf zum Einsatz. Jones war ein klassischer Seekrieger: bereit, von der Front aus zu führen, sei es bei engen Enterkämpfen, beim persönlich durchgeführten Feuereinsatz einer Kanone oder bei der Unterwerfung eines meuternden Untergebenen. Obwohl er nicht sehr groß war (etwa so groß wie ich, nämlich 1,70 Meter), besaß er die Art von Mut, die ihn in einem Kampf überlebensgroß erscheinen ließ.

An Land jedoch war er eher ruhig, ein wenig zurückhaltend, und bemühte sich, als Gentleman wahrgenommen zu werden. Abigail Adams beschrieb ihn einmal auf brillante Weise so: »Er ist von kleiner Statur ... Ich käme eher darauf, ihn in Watte zu packen und in meine Tasche zu stecken, als ihn mit Kanonenkugeln kämpfen zu lassen.«[2] Sein Liebesleben war recht ausgelastet und eine Quelle der Befriedigung für Jones, obwohl sein turbulenter Lebenslauf eine Heirat letztlich ausschloss. Er gönnte sich eine heiße Affäre nach der anderen, erklärte aber seinem Umfeld immer wieder, dass er nicht bereit sei, sich mit einer einzigen Frau niederzulassen – trotz seiner gelegentlichen Neigung, sein Herz in schlecht geschriebenen Liebesgedichten auszuschütten.[3] Mit seinem stattlichen dunklen Haar, den markanten Wangenknochen und seiner athletischen Ausstrahlung fehlte es Jones nie an weiblicher Gesellschaft.

John Paul Jones wurde am 6. Juli 1747 im Südwesten Schottlands geboren und wuchs auf einem großen Landgut namens Arbigland als Sohn des Hauptgärtners John Paul Sr. auf; Jones wurde nach seinem Vater John Paul Jr. genannt und fügte das »Jones« erst später hinzu. Ich besuchte das Anwesen, als ich Alliierter Oberbefehlshaber der NATO war, und stellte fest, dass es einen weiten Blick auf das Meer bietet, der Jones schon früh fasziniert haben muss. Er stach als junger Teenager in See, in einer Zeit, in der das Leben auf See wahrhaftig wie »ein Gefängnis mit der Aussicht zu ertrinken« war, um es mit den denkwürdigen Worten von Samuel Johnson zu sagen. Wie es damals üblich war, begann er als »Lehrling«, konkret als Midshipman, also Offiziersanwärter, um das Segeln mit allen Kniffen zu lernen. Die ersten Jahre seiner Seefahrertätigkeit verbrachte er auf einer Reihe von Handels- und Sklavenschiffen und segelte häufig über den Nordatlantik.

Im Jahr 1768 wurde er unerwartet zum ersten Mal Kapitän eines Schiffes, als die Brigg *John*, auf der er als Schiffsoffizier fuhr, sowohl den Kapitän als auch den Ersten Offizier verlor. Es gelang John Paul, das Schiff sicher in den Hafen zurückzubringen, und die schottischen Schiffseigner belohnten ihn mit seinem ersten Kommando. Sein Hang zu harten disziplinarischen Maßnahmen wurde eindeutig sichtbar, als er zum Schiffskapitän aufstieg, was im 18. Jahrhundert ein mit immenser Macht ausgestattetes Amt war. Sein rigides Regiment führte 1770 zu einer Auspeitschung, die großes Aufsehen erregte, und schließlich zum Tod eines seiner Besatzungsmitglieder (der in Schottland allerdings eine sehr einflussreiche Familie hatte), weshalb John Paul verhaftet und vor Gericht gestellt wurde. Zwar wurde er gegen Kaution freigelassen und konnte genügend Beweise sammeln, um sich zu entlasten, aber der Vorfall wirkte sich nachhaltig negativ aus – sowohl auf seinen Ruf in Schottland als auch auf sein eigenes Selbstwertgefühl. Er sah sich veranlasst, Schottland zu verlassen und sich anderweitig in der Welt umzusehen. Dies scheint eine kluge Entscheidung gewesen zu sein, denn er erhielt bald darauf ein weiteres Kommando, diesmal über ein in London beheimatetes westindisches Schiff namens *Betsy*. Wieder musste er ein aufmüpfiges Besatzungsmitglied »zur Räson bringen« – dieses Mal war eine »Meinungsverschiedenheit« über die Entlohnung die Todesursache. Nachdem sein Ruf nun auch in England beschädigt war, kam John Paul nach Virginia und ließ sich in der Nähe von Fredericksburg nieder. Hier nahm er den Nachnamen Jones an, um etwas Abstand zu den unrühmlichen Geschichten zu gewinnen, die sich aus seinen Zusammenstößen mit dem Gesetz ergeben hatten.[4]

So war es John Paul *Jones*, der sich 1775, also etwa zu der Zeit, als die amerikanische Navy und das Marinekorps gegründet wurden, freiwillig in den Dienst der Continental Navy stellte. Sein erstes Schiff war die mit 24 Kanonen bestückte Fregatte *Alfred*, auf die er gegen Ende des Jahres als First Lieutenant versetzt wurde. Ihm wurde die Ehre zuteil, die sogenannte Grand Union Flag am Mast des Schiffes zu hissen – vielleicht das erste Mal, dass eine US-Flagge auf einem Kriegsschiff gehisst wurde.[5] Obwohl seine Zeit auf der *Alfred* relativ kurz war, erhielt er 1776 schnell das Kommando über die *Providence*. In seiner ersten Funktion als Kommandant einer Sloop, eines kleinen Segelkriegsschiffs, übernahm

Jones hauptsächlich logistische Aufgaben: Er transportierte Nachschub von kontinentalen Stützpunkten zu näher an den Truppen gelegenen Depots und brachte Soldaten zu diversen Sammelpunkten. Dennoch gelang es ihm, mehr als ein Dutzend gegnerische Schiffe zu erbeuten und seinen Ruf in der kleinen Seestreitmacht weiter auszubauen. Im Herbst desselben Jahres kehrte er als Captain auf die *Alfred* zurück, doch ein Streit mit der Führung der Continental Navy führte dazu, dass ihm 1777 ein kleineres und weniger prestigeträchtiges Kommando, und zwar das der Sloop *Ranger*, übertragen wurde.

Die *Ranger* verschaffte Jones' Karriere in der amerikanischen Marine schließlich einen bedeutenden Schub. Sie führte auch zu seiner ungewöhnlichen und dauerhaften Freundschaft mit Benjamin Franklin, als die beiden nach dem Bündnisvertrag zwischen den Vereinigten Staaten und Frankreich im Jahr 1778 in Frankreich zusammenarbeiteten, wo Franklin einer der US-Kommissare für diese Nation war. Es fällt schwer, sich diese beiden ungleichen Freunde vorzustellen, wie sie durch das Paris des 18. Jahrhunderts schlendern, aber sie unterstützten sich zeitlebens gegenseitig. Franklin war sogar maßgeblich daran beteiligt, dass die *Ranger* als erstes US-amerikanisches Kriegsschiff einen förmlichen Salut von Frankreich erhielt. Jones verließ Frankreich im Frühjahr 1778, um einen maritimen Guerillakrieg (den die Engländer als reine Piraterie betrachteten) gegen die britischen Städte und Schiffe entlang der Küste der Irischen See zu führen.

Obwohl er sich ständig über die mangelnde Qualität seiner Offiziere und Mannschaften beklagte, gelang es ihm schließlich, sie zu einer einigermaßen effektiven, wenn auch undisziplinierten Kampftruppe zu formen. Sie führten eine Reihe von Operationen entlang der englischen Küste durch, die sich meist gegen eine zunehmend verängstigte Zivilbevölkerung richteten. In der britischen Presse wurde Jones damals wiederholt als Freibeuter dargestellt, und bei mehreren Gelegenheiten bediente sich seine Besatzung tatsächlich an Beutestücken und Schnaps an Land. Der Höhepunkt dieses Kriegseinsatzes war ein Gefecht mit der *Ranger* als einzigem Schiff gegen ein etwa gleich stark bewaffnetes britisches Kriegsschiff, die HMS *Drake*. Am 24. April 1778 kämpften die beiden Schiffe gegeneinander, und Jones ging als Sieger hervor – ein Meilenstein für die noch so junge U.S. Navy. Der Sieg wurde später durch einen Streit zwischen Jones und seinem Ersten Offizier getrübt, der von John Adams, dem späteren zweiten Präsidenten der Vereinigten Staaten und damals ebenfalls US-Kommissar in Frankreich, geschlichtet werden musste (man erkennt hier ein Muster, dass Jones seine Untergebenen nicht unter Kontrolle hatte). Nichtsdestotrotz gilt der Kampf als einer der ersten Siege eines US-Kriegsschiffes auf See und war besonders wichtig, da es sich um einen Sieg über die gefürchtete britische Royal Navy handelte.[6]

Im Jahr 1779 erhielt Jones das Kommando über ein größeres, wenn auch recht langsames und gelegentlich seeuntüchtiges Schiff, das 42 Kanonen umfassende United States Ship *Bonhomme Richard.* Dabei handelte es sich um ein umgebautes Handelsschiff, das den Amerikanern von den Franzosen zur Verfügung gestellt worden war. Das träge, aber schwer bewaffnete Schiff begründete schließlich Jones' Ruf als Kämpfernatur, den er für den Rest seines Seemannslebens beibehalten würde. Mithilfe von Benjamin Franklin, der ihm Geld und Kontakte verschaffte, setzte Jones seine Flagge an Bord des Schiffes als Commodore, der ein kleines Geschwader unterschiedlichster Schiffe befehligte, die von einer bunten Mischung von Kapitänen geführt wurden: die winzige *USS Vengeance* mit zwölf Kanonen, die *USS Alliance* mit 36 Kanonen (unter dem Kommando des exzentrischen und spektakulär unzuverlässigen französischen Kapitäns Pierre Landais) und die *USS Pallas* mit 32 Kanonen. Außerdem hatte er zwei Kaperschiffe mit französischen Besatzungen dabei. Die Briten wussten von der Existenz und den allgemeinen Plänen des Geschwaders (sie hatten Jones bei seinen Abenteuern mit der *Ranger* beobachtet) und schickten eine kleine Gruppe von Kriegsschiffen, um ihn abzufangen und die Küstenverbände in dem Gebiet zu schützen. Wie bei Jones üblich, hatte er große Schwierigkeiten, seine Untergebenen unter Kontrolle zu halten, insbesondere Kapitän Landais, dessen Schiff ironischerweise den Namen *Alliance* trug. Jones beschloss, weiter nach Norden in die Nordsee zu segeln und dann die britische Ostküste entlangzufahren, um dort nach Schiffen zu suchen, die er kapern konnte, und um die Briten allgemein zu drangsalieren.

Am 23. September 1779 befand sich das kleine Geschwader vor der Küste von Flamborough Head im Osten von Yorkshire, wo Jones seine Schiffe in den frühen Morgenstunden zusammenführte. Hier traf er auf einen britischen Ostseekonvoi von etwa vier Schiffen mit reicher Handelsfracht bestehend aus Eisen und Holz, die auf dem Weg zu verschiedenen südenglischen Häfen waren. Dummerweise (für Jones) befanden sich auch zwei britische Kriegsschiffe in der Nähe. Das größere und leistungsfähigere Kriegsschiff war die *HMS Serapis* mit 44 Kanonen, die von der kleineren *Countess of Scarborough* mit 22 Kanonen eskortiert wurde, die im Wesentlichen ein Vertragsschiff war (also kein Schiff der Royal Navy, aber dennoch recht leistungsfähig). Gemeinsam hatten sie die Aufgabe, den Konvoi vor Plünderern wie den Amerikanern und Franzosen zu schützen. Um 16 Uhr war es den beiden britischen Schiffen gelungen, sich in eine Blockadeposition zu manövrieren, um die Handelsschiffe zu schützen. Die *HMS Serapis* stand unter dem Kommando von Kapitän Richard Pearson.

Um 18 Uhr hatte Jones seinen Schlachtplan ausgearbeitet und ließ die *Bonhomme Richard* und die *Alliance* in einer losen Formation auf die Briten zusteuern. Zu diesem Zeitpunkt begann Kapitän Landais, von Jones' Plan abzuweichen und die besseren Segeleigenschaften seiner neueren und schnelleren Fregatte zu nutzen, um die beiden britischen Schiffe zu trennen. So mussten die *Bonhomme Richard* und die anderen, kleineren amerikanischen Schiffe gegen die größere und gefährlichere *Serapis* kämpfen, während die *Alliance* gegen die viel kleinere *Countess of Scarborough* antrat. Nachdem die Briten sich zunächst nach den Absichten der Amerikaner erkundigt hatten, lieferten sich die beiden Seiten ab etwa 19.15 Uhr einen heftigen Breitseitenwechsel.

Während die Schlacht sich in den folgenden Stunden hinzog, wurde deutlich, dass Jones, obwohl er mit seinen vier größeren Schiffen über die meisten Geschütze verfügte, durch mehrere Faktoren benachteiligt war. Der erste Faktor betraf die Uneinsichtigkeit des französischen Kapitäns Landais, der die Befehle von Jones während eines Großteils des Gefechts einfach ignorierte. Zweitens operierten Jones' Streitkräfte nie effektiv als eine geschlossene Einheit, da es ihnen an einem einheitlichen Einsatzplan fehlte, den Jones – Individualist, der er nun mal war – nicht zustande gebracht hatte. Und drittens waren die Besatzungen der *Serapis* und der *Countess of Scarborough* weitaus professioneller und besser für die unübersichtlichen nächtlichen Gefechte ausgebildet, die sich nun entwickelten.

Infolgedessen ging die erste Runde der Schlacht – insbesondere der Zweikampf zwischen der *Bonhomme Richard* und der *Serapis* – weitgehend an die Briten. Jones erkannte, dass er waffenmäßig unterlegen war, und beschloss, seinen Gegner zu rammen, an die Enterhaken zu nehmen und zu entern. Den Briten gelang es, Jones' Schiff mit mehreren Salven zu beschießen, wobei sie die bessere Manövrierfähigkeit der *Serapis* ausnutzten und die *Bonhomme Richard* gegen 19.30 Uhr frontal unter Beschuss nahmen. Die Verwüstung, die das alte Handelsschiff heimsuchte, war enorm – zahlreiche Marinesoldaten und Matrosen wurden getötet, ein Großteil der Hauptkanonenbatterie des amerikanischen Schiffs wurde zerstört, und es wurde an mehreren Stellen unterhalb der Wasserlinie getroffen.

Gegen 20 Uhr wollte der britische Kapitän zum entscheidenden Schlag ausholen, aber Jones konnte den Vorteil nutzen, dass der Wind abflaute und so die *Serapis* langsam zum Stillstand brachte, sodass sie kurzzeitig wie angekettet stehen blieb. Das war der Moment, in dem John Paul Jones seinen Gegner rammte und versuchte, das Schiff zu entern und zu erobern. Leider scheiterte sein Enter-Plan zunächst, da die beiden Schiffe wieder auseinanderdrifteten. Bei seinem nächsten Manöver, etwa um 20.30 Uhr, nutzte er den Umstand, dass er sich in Luvstellung zur *Serapis* befand, also auf der windzugewandten Seite, um seine eigene Breitseite frontal abzufeuern. Dies hatte aufgrund der Schäden, die sein sinkendes Schiff bereits erlitten hatte, nur geringe Auswirkungen auf den Kampf, da die Besatzungen der Hauptgeschütze größtenteils kampfunfähig waren. Zu diesem Zeitpunkt muss das Deck der *Bonhomme Richard* ausgesehen haben wie eine Szene aus Dantes *Inferno* – eine Ansammlung von verstümmelten Körpern, blutüberströmten und zerborstenen Kanonen und verbrannten Segeln und Masten. Um 21 Uhr standen Jones nur noch seine kleinen Kanonen auf dem Achterdeck zur Verfügung.

Die *Serapis* befand sich zwar nicht in einem wesentlich besseren Zustand, war aber mit Blick auf Segelfähigkeit und Feuerkraft ihrer großen Kanonen immer noch weitaus funktionstüchtiger als Jones' Schiff. Auf der anderen Seite des Seeschlachtfeldes griff Jones' kleineres Schiff, die *Pallas*, die *Countess of Scarborough* an. Allerdings konnte Jones die abtrünnige *Alliance* nirgendwo am nächtlichen Horizont entdecken und er verfluchte die unnachgiebige Sturheit von Landais. Plötzlich, so gegen

21.15 Uhr, wurden sowohl die *Bonhomme Richard* als auch die *Serapis* von den Kugelladungen von Kartätschen durchlöchert. Landais hatte sich entschlossen, wieder aufzutauchen und wahllos in das heiße Durcheinander der beiden miteinander verbundenen Kriegsschiffe zu feuern. Nach zwei brutalen Salven, die sowohl zahlreiche Briten als auch Amerikaner auf ihren jeweiligen Schiffen töteten, zog er sich zurück und verschwand wieder in der Dunkelheit der Nacht. Zu diesem Zeitpunkt wurde immer deutlicher, dass die *Bonhomme Richard* wahrscheinlich untergehen würde. Jones selbst war völlig erschöpft, und seine Männer schienen den Mut zu verlieren, denn einige von ihnen flehten das britische Schiff um Gnade an.

Dies war der Punkt in der Schlacht, an dem praktisch jeder andere Kapitän »die Fahne gestrichen«, also seine Flagge eingeholt und kapituliert hätte. Diese Handlung galt unter solchen Umständen als ehrenhaft und vernünftig, und die Mannschaft auf Jones' ramponiertem Kriegsschiff wollte zweifellos, dass er dies tat. Angesichts der allgemeinen Verwirrung während des Feuergefechts mit all dem Rauch ist es verständlich, dass der genaue Zeitpunkt der Verhandlungen über die Kapitulation unbestimmt geblieben ist. Die meisten Quellen stimmen jedoch darin überein, dass einige von Jones' überlebenden Offizieren – darunter möglicherweise auch sein Marineleutnant – gegen 22 Uhr dem britischen Schiff eine mündliche Kapitulation zuriefen. Jones explodierte vor Wut und warf eine Pistole nach einem seiner Offiziere, der zum Großmast ging, um die Flagge einzuholen.[7] Der britische Kapitän, der die Gnadenrufe gehört hatte, erkundigte sich, ob Jones die Absicht habe, sich zu ergeben. Dies war der Moment, in dem Jones jene Antwort gab, die zum denkwürdigsten Satz seines Lebens werden sollte. Sie ist uns unzuverlässig überliefert als »Ich habe noch nicht einmal angefangen zu kämpfen«. Wir können nicht mit Sicherheit sagen, wie der genaue Wortlaut seiner Erwiderung war, aber es handelte sich zweifellos um eine sehr überzeugte Verneinung – wahrscheinlicher ist, dass es so etwas war wie: »Ich werde EUCH zuerst zur Aufgabe zwingen.« Es steht zu vermuten, dass Jones dem noch ein paar Schimpfwörter hinzufügte, denn er befand sich in der Hitze des Gefechts. Eine andere Version, die von einem Zeitgenossen überliefert wurde, lautete: »Ich mag zwar sinken, aber ich will verdammt sein, wenn ich aufgebe.«[8]

Unabhängig vom genauen Wortlaut war die Botschaft klar: Der Kampf würde weitergehen.

Versetzen wir uns einmal in die Gedanken und Emotionen von Commodore John Paul Jones in diesem entscheidenden Moment. Er hat keine detaillierte Niederschrift seiner Überlegungen hinterlassen, aber da er Schiffe in Kampfsituationen kommandiert hat, würde ich vermuten, dass gleichzeitig zwei verschiedene Emotionen in seinem Kopf vorherrschten: Erstens, und das ist das Offensichtlichste, war da die Hitze und Erregung des Kampfes. Jones hatte sich über viele Jahre hinweg einen Ruf als fähiger Seemann und kampferprobter Kapitän aufgebaut. Die Aussicht, dass all dies zusammenbrechen könnte, und insbesondere, dass all dies durch die Aristokraten in der britischen Royal Navy verursacht worden wäre, muss ihn unfassbar wütend gemacht haben. Seine Devise lautete in etwa so: »Ihr könnt mich töten, aber ihr könnt weder mich noch meinen Platz in der Welt schmälern.« Dieser Teil seines Kalküls wurde von Wut getrieben und erinnert uns daran, dass unsere Emotionen in den dringlichsten Situationen ein mächtiger Ansporn zum Handeln sein können. Ich vermute jedoch, dass noch ein anderer Aspekt in Jones' Denken bei der Entscheidungsfindung eine Rolle spielte. Hierbei wägte er die Chancen ab, die sich ihm boten, und kalkulierte den Effekt auf seine Männer ein, wenn sie ihren Kapitän in erbitterten und kompromisslosen Aktionen kämpfen sähen. Diese Kombination aus Gefühl und Kalkül – und die Notwendigkeit, die richtige Balance zu finden – ist ein Muster, das wir immer wieder sehen werden.

Jones setzte den Kampf wutentbrannt fort und feuerte seine Mannschaft über den Donner der großen Kanonen und das unablässige Prasseln des Musketenfeuers von den oberen Plattformen der verbliebenen Masten hinweg an. Die wenig hilfreiche *Alliance* mischte sich immer wieder in die Schlacht ein – so kehrte sie zum Beispiel gegen 22.15 Uhr zurück, um eine weitere schlecht gezielte Breitseite abzufeuern, die beide Kontrahenten noch weiter beschädigte. Die Lage auf der *Bonhomme Richard*, von der klar war, dass sie zu sinken begonnen hatte, war katastrophal, aber in all dem Durcheinander konnte Kapitän Pearson von der *Serapis* zum Glück für Jones das Ausmaß der Zerstörung des alten Handelsschiffs nicht erkennen.

Die Verluste auf beiden Schiffen beliefen sich auf annähernd 50 Prozent Tote und Verwundete (eine außerordentlich blutige Bilanz im Zeitalter der Segelschiffe). Da der britische Kapitän das Ausmaß der Schäden an seinem größten Kontrahenten nicht erkennen konnte und er gleichzeitig wusste, dass die *Alliance* nahezu unversehrt und in der direkten Nähe war, kapitulierte er. Pearson entschied sich, gegen 22.30 Uhr die Flagge zu streichen. Zwar dauerte das Chaos noch weiter an und es gab auch noch weitere Todesfälle zu verzeichnen, aber im Grunde genommen war damit die wohl berühmteste Seeschlacht des Revolutionskriegs beendet. Der Handelskonvoi, den Pearson hatte schützen wollen, konnte sich aus dem Kampf in Sicherheit bringen, was vielleicht ein weiterer Grund für Pearson war, seine Flagge zu streichen. Die *Bonhomme Richard*, die in der Schlacht schwer gelitten hatte, sank am nächsten Morgen trotz der Bemühungen der Amerikaner, das Schiff zu retten. Jones brach mit Pearsons Zeremonienschwert und einer Handvoll Beuteschiffe auf und segelte mit ihnen in die Niederlande. Er hatte die richtige Wahl getroffen, das Gleichgewicht zwischen rasender Wut und kalter Berechnung gefunden und einen aussichtslos scheinenden und denkwürdigen Kampf auf See gewonnen.

Der Sieg über die *Serapis* war der Höhepunkt von Jones' Seemannskarriere und sicherlich auch seines Dienstes in der Continental Navy. Er wurde auf beiden Seiten des Atlantiks gefeiert und von Ludwig XVI. zum Chevalier (Ritter) von Frankreich ernannt. In den nächsten Jahren blieb er nominell in der neu entstehenden amerikanischen Navy und wurde 1782 zum Kommandanten der *USS America* mit 74 Kanonen ernannt. Zu seinem Unglück wurde dieses Schiff allerdings den Franzosen als Reparationsleistung für die im Krieg entstandenen Schulden übergeben, und so fand er sich 1783 in Paris wieder und versuchte, die ausstehende Prise, wie der Lohn für Beute genannt wird, für seine Mannschaft einzutreiben. Schließlich endete seine Dienstzeit bei den Vereinigten Staaten und er trat in den Dienst von Zarin Katharina II. von Russland ein. Das macht ihn zum beliebten Thema bei Quizfragen, da er der einzige Mensch ist, der in der Geschichte der beiden Länder sowohl als amerikanischer Commodore als auch als russischer Admiral gedient hat. Zu seiner Ehrenrettung sei gesagt, dass er seine amerikanische Staatsbürgerschaft behielt, wahrscheinlich als

Absicherung für den Fall, dass die Dinge nicht so gut liefen – was dann tatsächlich der Fall war.

In der russischen Marine befehligte er ein Schiff mit 24 Kanonen, die *Vladimir*, und kämpfte in mehreren Feldzügen gegen die Türken, ohne viel Aufsehen zu erregen oder wirklich erfolgreich zu sein. Zusätzlich zu den Ressentiments anderer internationaler Kapitäne, die in Katharinas Diensten standen (insbesondere die Briten, für die er kaum mehr als ein Pirat war), wurde er in einen Sexskandal verwickelt – er wurde beschuldigt, ein zwölfjähriges Mädchen vergewaltigt zu haben. Die Anschuldigungen scheinen erfunden gewesen zu sein, und er entging schließlich einer möglichen Verurteilung vor Gericht, aber jede Hoffnung auf eine weitere Beförderung in der russischen Marine war erloschen. Im Sommer 1789 ging Jones für kurze Zeit nach Polen, bevor er sich 1790 in Paris niederließ.

Obwohl er nominell immer noch ein russischer Konteradmiral mit einer kleinen Pension war, hatte Jones keine Aussichten mehr, an Katharinas Hof zurückzukehren und wieder als Kommandant zur See zu fahren – obwohl er der Kaiserin weiterhin flehende Briefe aus Paris schickte. Er erhielt im Jahr 1792 einen letzten diplomatischen Auftrag, die Vereinigten Staaten vor dem Hof des Dey (Gouverneur) von Algier zu vertreten, in der Hoffnung, die Freilassung amerikanischer Gefangener zu erwirken, doch er starb, bevor er diese letzte, ungewöhnliche Mission antreten konnte. John Paul Jones verschied im Alter von 45 Jahren am 18. Juli 1792. Er galt am Ende als ein Mann mit Mut und seemännischem Geschick, aber auch mit einem übermäßigen Ego, das von einem Ehrgeiz getrieben wurde, den er nie befriedigen konnte. Sein Leichnam wurde auf dem Pariser Friedhof St. Louis beigesetzt, der einige Jahrzehnte später zugepflastert wurde. Das war, so schien es, das Ende seiner Reise.

Doch in einer der denkwürdigsten nachträglichen Wendungen in der Geschichte der Marine wurde Jones 1905 auf Drängen von Präsident Theodore Roosevelt exhumiert. Roosevelt war von den Legenden über Jones' Tapferkeit im Kampf begeistert und suchte eine Symbolfigur für die von ihm geplante global operierende Navy. Die Suche nach dem Leichnam dauerte sechs Jahre, da das Gelände des Friedhofs inzwischen anderweitig genutzt wurde, aber Jones' »Glück« bestand darin, dass er in

Alkohol konserviert und in einem bleigefütterten Sarg versiegelt worden war.

Sein Leichnam wurde exhumiert und auf der *USS Brooklyn* mit einer Eskorte von drei anderen Kriegsschiffen, allesamt amerikanische Kreuzer, überführt. Als sich die vier Kreuzer der Küste von Virginia näherten, schlossen sich sieben weitere Kriegsschiffe dem Konvoi an, um die Heimkehr zu vollenden. Am 24. April 1906 wurde Jones im Rahmen einer von Präsident Roosevelt persönlich geleiteten Gedenkfeier erneut beigesetzt – in der United States Naval Academy. 1913 wurden seine sterblichen Überreste schließlich in der prächtigen Krypta unter der eindrucksvollen Kapelle zur Ruhe gebettet, die ich als Offiziersanwärter Stavridis fast 70 Jahre später besuchte.

Unabhängig davon, wie die Nachwelt John Paul Jones sieht und seine Qualitäten als Anführer, Seefahrer und Taktiker bewertet, ist es seine ungewöhnliche Entscheidung, die er vor Flamborough Head traf, eine vermeintlich verlorene Schlacht fortzuführen, für die er vornehmlich in Erinnerung bleiben wird. Sein Schiff sank unter seinen Füßen, fast die Hälfte seiner Besatzung war tot oder verwundet, seine kleine Flottille war nicht mehr Herr der Lage und geriet unter Beschuss, und seine Mannschaft war so demoralisiert, dass sie versuchte, das Schiff ohne seine Zustimmung aufzugeben. Doch trotz alledem – und obwohl es zu jener Zeit keine Schande war, sich einem übermächtigen Feind zu ergeben, was die *Serapis* zweifellos war – entschied sich Jones, sich trotzig zu widersetzen und weiterzukämpfen. Wie auch immer der genaue Wortlaut seiner Erwiderung gelautet haben mag, es war eine brutal harte Entscheidung, die sowohl im offiziellen Gedenken von Generationen von Marineoffizieren ihren Fortbestand hat als auch in deren individuellen Erinnerungen. Was war ausschlaggebend für diese Entscheidung?

Offensichtlich war Jones der Meinung, dass er die Schlacht taktisch immer noch gewinnen könnte, aber seine Entscheidung hatte sicherlich auch eine maßgebliche psychologische Komponente. Ein Teil der Gründe, warum er glaubte, letztlich triumphieren zu können, ist wahrscheinlich auf seine vielen Erfahrungen von anderen Kampfhandlungen in seinem Leben zurückzuführen, aber auch auf eine starke innere Überzeugung, wenn es um seine eigenen angeborenen

Talente und seine Unbezwingbarkeit ging. Sein ganzes Leben lang war er ein raufllustiger, wenn auch etwas untersetzter Kämpfer, der sich partout nicht von größeren oder besser ausgestatteten Gegnern besiegen lassen wollte. Jones litt unter einem Komplex, der besonders häufig bei kleinen Männern auftritt, nämlich dem Bedürfnis, sich als »so groß wie jeder andere« zu erweisen. Geboren als Sohn eines hart arbeitenden Gärtners, sah er selbst sich als »Gentleman-Kapitän« und Seekrieger, und so war es für Jones ein absoluter Gräuel, im Kampf gegen einen eleganten britischen Kapitän zu verlieren. Unsicherheit ist eine Triebfeder, die viele Menschen anspornt, und das Bedürfnis, sich zu beweisen, ist oft tief verwurzelt und wird schon früh angelegt. Jones' frühe Jahre scheinen ein großes klaffendes Loch in seine Psyche gerissen zu haben, und er verbrachte sein ganzes Leben mit dem Versuch, es zu füllen – indem er die Damenwelt eroberte, Seeschlachten gewann, Kommandos übernahm, Auspeitschungen verhängte und mit Titeln geehrt wurde. Doch dieses Loch wurde nie gefüllt – das funktioniert nie – und die Entscheidung, in einem aussichtslosen Moment weiterzukämpfen, war eher eine Manifestation seines psychologischen Zustands, als dass man es als brillantes taktisches Kalkül bezeichnen könnte. In Jones' Persönlichkeit pulsierten tiefe psychologische Ströme, und ein tödliches Kampfszenario brachte diese zum Vorschein, was zu einer glasklaren Entscheidung führte: das Nein zur Kapitulation des Schiffes.

Aber es wäre zu einfach zu behaupten, man könne die Entscheidung, eine nahezu unausweichliche Kapitulation abzulehnen, rein auf seine psychische Verfassung zurückführen. Die Ereignisse vor Flamborough Head bergen noch andere Aspekte, die in der U.S. Navy und in der Tat in der gesamten US-amerikanischen Kriegsführung seit 250 Jahren nachhallen. Die vielleicht präziseste Beschreibung dessen, was Jones durch den Kopf gegangen sein muss, als er seine Entscheidung traf, kennt man heutzutage als »OODA-Loop«. OODA wurde von dem hoch angesehenen Militärstrategen und inzwischen verstorbenen US-Air-Force-Colonel John Boyd entwickelt und steht für »Beobachten (**O**bserve) – Orientieren (**O**rient) – Entscheiden (**D**ecide) – Handeln (**A**ct)«, wobei »Orient« im Sinne von »sich an etwas orientieren, analysieren und die Richtung festlegen« gemeint ist. Es ist ein Ansatz zur

Entscheidungsfindung unter Stress, der ursprünglich Teil der Ausbildung von Kampfpiloten für sogenannte »Dogfights« war. Ein Pilot muss zunächst beobachten, und zwar schnell und sauber, um vorschnelle Urteile und Falschinformationen zu vermeiden. Als Nächstes muss er die Informationen auswerten und dabei kulturelle Faktoren, frühere Erfahrungen und bestimmte Analysemethoden anwenden. Dies ist der wichtigste der vier Schritte der Entscheidungsschleife, der dem Moment der Entscheidung vorausgeht, auf den natürlich das Handeln folgt.

Der Schlüssel zum Verständnis des OODA-Loops liegt darin, dass alle vier Schritte bei jeder Entscheidung, insbesondere aber im rasanten Tempo eines Gefechts, ständig im Fluss sein müssen. Kapitän Jones konnte seine Beobachtungen unmittelbar machen, denn sein Schiff wurde kurz und klein geschossen, der Mast fiel, die Besatzungsmitglieder um ihn herum stöhnten vor Schmerzen, dichter Rauch erfüllte die Luft und sein angeblicher »Partner«, die *Alliance*, gab nach wie vor aus der Nähe unberechenbare Schüsse ab. Nahezu jeder Kapitän hätte in einer solchen Situation kapituliert, und alle Anzeichen wiesen ebenfalls in diese Richtung, zumal wenn man bedenkt, dass die eigene Mannschaft kurz davor war aufzugeben. Doch in jenem Moment orientierte Jones sich an seiner eigenen konfliktfreudigen Persönlichkeit, seinen persönlichen Erfahrungen, seinen tief sitzenden Gefühlen und Ambitionen, und er orientierte sich auch an der Kultur der neuen, aufstrebenden US-amerikanischen Nation. Und dann traf er sehr schnell eine scheinbar unorthodoxe Entscheidung, nämlich weiterzukämpfen, und handelte entsprechend. In allen seinen Schriften betont Colonel Boyd immer wieder, dass derjenige im Kampf den Sieg davonträgt, der sich im Moment der Entscheidung in den Loop, also die Entscheidungsschleife, seines Feindes hineinversetzen kann. Genau das ist es, was in dem entscheidenden Moment der Schlacht mit Jones passierte: Obwohl seine Position eindeutig schwächer war, gelang es ihm schneller, die Situation einzuschätzen (Observe), festzulegen, in welche Richtung der Kampf sich zu bewegen schien (Orient), schnelle Entscheidungen zu treffen (Decide) und diese dann auch umzusetzen (Act). In diesem Prozess seiner Entscheidungsfindung nahm Jones den berühmten OODA-Loop quasi schon vorweg, den Colonel John Boyd 200 Jahre später entwickeln sollte, um die Luftkampfführung zu erläutern. Im Grunde genommen war Jones hier in die Entscheidungsschleife seines Gegners, Kapitän Pearson, eingetaucht. Und das war der entscheidende Unterschied, denn es bedeutete, dass Jones viel schneller beobachtete (O), sich orientierte (O), seine Entscheidung fällte (D) und entsprechend handelte (A).

Entscheidungen, die im Kampf gefällt werden, sind möglicherweise die schwierigsten, und dafür gibt es eine ganze Bandbreite an Gründen. Es geht um Leben oder Tod, es geht darum, wie sich Sieg oder Niederlage auf die Nation auswirken, es geht um die enge Bindung zu den Kameraden, die mit einem kämpfen, und es geht um die Emotionen, die viel stärker sind, wenn ein Kampf unmittelbar bevorsteht. Diese Faktoren bieten jedem, der eine Entscheidung fällen muss, einen ganz anderen, ja viel dramatischeren Kontext. Im Kampf haben die meisten Beobachter das Gefühl, dass sich die Zeit verlangsamt. Wann immer ich mich in einer gefährlichen Situation befunden habe, sei es bei Einsätzen im Arabischen Golf auf See oder an Land in Afghanistan, habe ich bewusst gespürt, wie sich das stetige Ticken der Ereignisse verlangsamt, und in solchen Momenten habe ich versucht, mich ganz auf meine Ausbildung und meine Instinkte zu konzentrieren und meine Gefühle zu unterdrücken. Aber genau hier ist die Macht des »Nein-Sagens« von großer Bedeutung, da man mit diesem recht einfachen Widerstand große Energien freisetzen kann – man fühlt tief in sich diesen urtümlichen inneren Schrei der Weigerung, besiegt zu werden, egal wie die Chancen stehen. Denken Sie an Winston Churchill, den emphatischsten aller Entscheidungsträger, und sein berühmtes Zitat: »Gib niemals auf. Gib niemals auf. Niemals, niemals, niemals, niemals – weder in großen noch in kleinen, weder in wichtigen noch in unbedeutenden Dingen – gib niemals nach, außer aus Gründen der Ehre oder der Klugheit. Gib niemals der Gewalt nach. Gib niemals der scheinbar überwältigenden Macht des Feindes nach.«[9] Einem Amerikaner könnte man verzeihen, wenn er dabei den Gedanken hätte, dass Sir Winston sich einfach von dem komplizierten amerikanischen Seehelden John Paul Jones inspirieren ließ. Nein zu sagen ist nach wie vor Teil einiger der schwierigsten Entscheidungen, die wir treffen müssen.

Wie Jones sich an jenem Tag verhielt und handelte, hatte einen nachhaltigen Einfluss auf das Ethos der jungen U.S. Navy und gehört seit mehr als zwei Jahrhunderten zum Fundament des Diensts in der Kriegsmarine.

Was wir von John Paul Jones lernen können, ist nicht nur in seiner Krypta in Annapolis zu finden, sondern auch in Dutzenden von Publikationen über ihn, und es spiegelt sich ebenso wider in den Kriegsschiffen, die entweder seinen Namen tragen oder den seines Flaggschiffs (darunter ein beeindruckender Lenkwaffenzerstörer der *Arleigh-Burke*-Klasse, der heute zusammen mit dem gewaltigen amphibischen Angriffsschiff *Bonhomme Richard* in der Flotte fährt)* oder die in Filmen auftauchen. Von seinen Worten, die er auf der *Bonhomme Richard* äußerte, kann man einen direkten Bogen schlagen zum Verhalten unserer heutigen Kapitäne auf Hunderten von Kriegsschiffen auf See. Wenn man verstehen will, worauf die äußerst vernichtende Reaktion der Marine auf die Kapitulation der *USS Pueblo* durch Lieutenant Commander Lloyd Bucher zurückzuführen ist, muss man mit dem von John Paul Jones errungenen Sieg beginnen. Wir werden Buchers schreckliches Dilemma in einem späteren Kapitel dieses Buches untersuchen.

Versetzen Sie sich noch einmal kurz in die Lage des jungen und frisch geschorenen Midshipman Stavridis in der schön klimatisierten Krypta in Annapolis vor so vielen Jahren. Ich betrachtete ehrfürchtig den schönen schwarzen Marmor und die Schlachtszenen, die rings herum dargestellt waren, und etwas von dem Geist dieses rauflustigen Kapitäns fand seinen Weg in mein eigenes Herz, und dort lebt dieser Geist heute noch. Zu meinem Glück stand ich nie vor einer so schweren Entscheidung wie John Paul Jones auf dem Deck der *Bonhomme Richard* in ihrem qualvollen Überlebenskampf. Aber ich glaube, dass seine hartnäckige Entschlossenheit, jedes Hindernis zu überwinden, koste es, was es wolle, immer noch sehr stark zum Ethos unserer Navy gehört. Das soll nicht heißen, dass wir uns aus Wut und Selbstüberschätzung auf Selbstmordmissionen begeben, sondern dass wir die Mächtigkeit des Augenblicks nutzen und sie mit unserem Kalkül verbinden, um einen Kurs zu finden, mit dem wir auch in den schwierigsten Gewässern segeln können. Im besten Fall ist dies der »Navy Way« in einem Kampf auf See.

---

* Leider fing die gewaltige *USS Bonhomme Richard* im Sommer 2020 in einer Werft in San Diego Feuer, als sie einer sehr kostspieligen Überholung unterzogen wurde, und ein Großteil ihrer Aufbauten brannte ab. Die Kosten für die Reparatur des Schiffes wurden als zu hoch erachtet, sodass es aus dem Verkehr gezogen und anschließend abgewrackt wurde.

Zweifellos hat mich dies in den verschiedensten Momenten meiner eigenen Laufbahn beeinflusst: als ich nach den Anschlägen vom 11. September 2001 im rauchenden Pentagon stand, als Konteradmiral im Arabischen Golf unter iranischem Raketenbeschuss manövrierte und als Alliierter Oberbefehlshaber der NATO in Afghanistan schreckliche Verluste zu beklagen hatte. Und es prägt die Flotte auch heute noch, Jahre nachdem ich ins Zivilleben übergewechselt bin. Wir werden als militärischer Verband manchmal scheitern, und wir haben bei dem einen oder anderen Vorfall sicherlich versagt. Das liegt in der Natur des Segelns in schwieriger See, und das ist eine gute Lektion für uns alle, die wir auf den Reisen unseres Lebens segeln, egal welchen Beruf wir ausüben. Trotz all seiner Schwächen und persönlichen Fehltritte hat uns John Paul Jones ein mächtiges Geschenk hinterlassen: den Geist der Entschlossenheit, der immer noch das Herzstück unserer Navy ist und auch Teil des Geistes unserer Nation. Im besten Fall haben wir immer noch die Macht des »Neins«: klar und deutlich zu verkünden, dass wir das Schiff nicht aufgeben werden – niemals, niemals, niemals –, egal, was es kostet, solange wir die Mittel haben, Widerstand zu leisten.

Kapitel 2

Die Kühnheit der jungen Jahre

Lieutenant Stephen Decatur, United States Navy
Kommandant der USS Intrepid, einer Ketsch mit vier Kanonen

»Cutting-out«-Expedition, Hafen von Tripolis, Barbaresken-staaten, Nordafrika
16. Februar 1804

»In Relation zum Risiko wächst das Zaudern und Zögern proportional zum eigenen Alter.«

Ernest Hemingway[1]

KAPITEL 2

Erst spät im Leben – mit Anfang 40 – beschäftigte ich mich wirklich intensiv mit der Geschichte von Stephen Decatur, weil ich eine Rede schreiben sollte, als ich dem Führungsstab im Pentagon angehörte. Unmittelbar nachdem ich Ende 1995 das Kommando über den Zerstörer *USS Barry* abgegeben hatte, wurde ich Anfang 1996 mit einem Posten im Directorate for Strategy, Plans, and Policy betraut. Ich wusste, dass ich dort nur etwa zwei Jahre bleiben würde, und war entschlossen, nach den langen Einsätzen als Kapitän zur See nun möglichst viel Zeit mit meiner Familie zu verbringen. Ich hatte mich tief in die strategischen Ausrichtungen der Organisation eingearbeitet und versuchte, mich nicht weiter in irgendetwas anderes einbinden zu lassen, als ich Anfang Mai 1997 einen Anruf vom leitenden Assistenten des Vorsitzenden des Generalstabs erhielt. Der damalige Vorsitzende war ein faszinierender und inspirierender Offizier, John Shalikashvili, allen bekannt als General Shali. Er war ein Einwanderer, dessen Familie 1952 aus Polen in die Vereinigten Staaten gekommen war, und er sprach nicht nur Polnisch, sondern auch Russisch und Deutsch. Er hatte kurzzeitig als Alliierter Oberbefehlshaber bei der NATO gedient, bevor er von Präsident Bill Clinton zum Vorsitzenden der Generalstabschefs ernannt wurde.

Ich war in sein Büro gerufen worden und bekam dort den Auftrag, eine Rede für ihn zu schreiben: die Eröffnungsrede des Harvey Mudd College in Südkalifornien, die Mitte Mai desselben Jahres gehalten werden sollte. Nachdem mich sein Stellvertreter, Captain (und späterer Vier-Sterne-Admiral) Harry Ulrich, zum Vorsitzenden geführt hatte, der eine ungemein majestätische Ausstrahlung hatte, erteilte er mir mit sanfter, akzentuierter Stimme ein paar Instruktionen für den Text. Der Vorsitzende wolle über Risiken, über Jugend und über die Energie sprechen, die mit diesen Eigenschaften einhergeht. Die Rede solle nicht zu lang sein und auf eine oder zwei inspirierende Persönlichkeiten verweisen. »Erzählen Sie die Geschichte von jemandem«, sagte Ulrich. Als Kapitän Ulrich und ich den Raum verließen, fügte er hinzu: »Vermasseln Sie es nicht, Stavridis. Ich brauche Freitagmorgen ganz früh einen Entwurf.« Es war Mittwochnachmittag.

Ich begann, über herausragende Persönlichkeiten nachzudenken und über das Maß an Risiken, die wir bereit sind einzugehen, und darüber, wie es ist, jung zu sein. Als jemand, der gerade 40 geworden war, verstand ich damals unter »jung« jemanden, der Anfang 20 war, was meiner Meinung nach gut zu den Studenten an dem College passen würde. Und ich dachte, zu dem aufgeschlossenen und kosmopolitischen General Shali würde eine Figur aus der Marine passen, und so kam mir Stephen Decatur in den Sinn. In jenen Tagen, als es noch kein Wikipedia gab, verbrachte ich einen Nachmittag im United States Naval Institute in Annapolis und bei der Gelegenheit ging ich auch zum Museum der Naval Academy. Zu diesem Zeitpunkt wusste ich über Stephen Decatur lediglich, dass er im frühen 19. Jahrhundert in den sogenannten Barbareskenkriegen gekämpft und dort einige heldenhafte Taten vollbracht hatte, dass mehrere Navy-Schiffe nach ihm benannt worden waren (das fünfte und aktuelle ist ein Zerstörer der *Arleigh-Burke*-Klasse) und dass er im relativ jungen Alter von 41 Jahren (mein Alter, als ich mich mit der Rede abmühte) in einem Duell gestorben war. Aber in den folgenden 48 Stunden lernte ich eine Menge und begann, diesen schneidigen Offizier, der viel zu jung auf dem »Schlachtfeld des Zufalls« gestorben war, noch mehr zu bewundern.

Die Rede war ein Erfolg, und General Shali schickte mir ein liebenswürdiges, handgeschriebenes Dankesschreiben, das ich heute noch in Ehren halte. Aber es war das tiefe Eintauchen in Stephen Decaturs äußerst bemerkenswertes Leben und seinen Tod, das mir in Erinnerung geblieben ist. Wenn ich an ihn denke, denke ich daran, wie oft er ein immenses persönliches Risiko auf sich nahm: von seinem allerersten Kommando als Lieutenant, eine »Cutting-out«-Expedition, um die *USS Philadelphia* freizusetzen, bis hin zu seinen recht häufigen und letztlich tödlichen Duellen. Der Begriff »Cutting out« beschreibt eine Taktik, die Anfang des 19. Jahrhunderts üblich war, wenn ein großes Schiff von Matrosen angegriffen und geentert wurde – dies geschah oft nachts und von kleinen Booten aus. Welche Mischung aus Patriotismus, Ehrgeiz und einem ausgeprägten Sinn für persönliche Ehre mag ihn wohl angetrieben haben? Und vor allem: Wie kam er zu der Entscheidung, eine Gruppe freiwilliger Seeleute auf eine unglaublich riskante Mission zu schicken, um die *Philadelphia* zu entern? Was muss ihm in jenen berauschenden Momenten an Bord dieser riesigen Fregatte durch den Kopf gegangen sein, als ihm klar wurde, dass er das Schiff, das er soeben gekapert hatte, nicht mitnehmen konnte und dass er es also verbrennen musste, so, wie es da in der dunklen nordafrikanischen Nacht am Anker schaukelte? Während meiner gesamten Laufbahn bei der Navy tauchte Decatur immer wieder vor meinem geistigen Auge auf, wenn ich über die Missionen nachdachte, die ich für die Matrosen unter meinem Kommando in Betracht zog. In meinem Büro hatte ich sogar eine kleine Lithografie von ihm. Sie hängt heute noch in meinem Büro, während ich diese Zeilen schreibe. Stephen Decatur hatte etwas Kühnes, Rechtschaffendes und Reines an sich, das die Marine damals zutiefst inspirierte, und ich glaube, dass sich dies in der Kühnheit niedergeschlagen hat, die wir manchmal sogar noch im 21. Jahrhundert bei Einsätzen sehen – von SEAL-Teams im Nahkampf und Kampfpiloten, die selbst bei Sturm über feindliche Ziele fliegen, bis hin zu den Enterkommandos der Truppen, die von den Decks unserer Zerstörer im Arabischen Golf aus operieren. Wir stehen tief und wahrhaftig in Decaturs Schuld, und zwar vor allem mit Blick auf seine Risikobereitschaft.

Obwohl er nicht so jung in die Marine eintrat wie David Farragut (über den ich in Kapitel 3 schreibe), war Stephen Decatur Jr. so eine Art Wunderkind der Marine.

Zwischen seiner Ernennung zum Midshipman im Alter von 19 Jahren und seinem frühen und viel betrauerten Tod im Alter von 41 Jahren bei einem Duell mit seinem Marinekameraden James Barron glänzte Decatur als vielseitiger Navy-Offizier, als Seekrieger und als lebendes Beispiel für den Kampfgeist der wachsenden United States Navy. Vergleichbar mit einem Sportler, dessen Karriere eine Marke definiert, wird Decatur in der heutigen U.S. Navy (und darüber hinaus) in Erinnerung bewahrt und verehrt, weil er zu einer Zeit bekannt wurde, als die Gründungslegenden und Standards des Dienstes noch nicht etabliert waren. Er verbrachte dann zwei Jahrzehnte damit, die Messlatte für seine Kollegen und uns alle höher zu legen. In gewissem Sinne segeln wir alle, die wir heute in der Navy dienen, im Kielwasser von Stephen Decatur. Wie der Baseballspieler Babe Ruth oder die Football-Legende Bart Starr definierte Decatur mit seiner Persönlichkeit und seinem Charakter die Spielregeln für alle, die ihm folgten. Aber natürlich ging es bei seinem Einsatz nicht darum, ein Spiel zu gewinnen, sondern Leib und Leben zu riskieren – im Namen der Nation.

Drei Strömungen prägten Decaturs Leben und seine Zeit: das Aufkommen der Vereinigten Staaten als eigenständiger Akteur auf der Weltbühne, die (ernsthafte) Geburt der U.S. Navy und die große Bedeutung von Ruhm und Ehre, die sich vor allem in den Reihen der Gentlemen im Allgemeinen und der Marineoffiziere im Besonderen bemerkbar machte. In der jüngsten Vergangenheit hat das Broadway-Stück *Hamilton* diese Kultur wieder unserer modernen Gesellschaft nähergebracht, und in Decaturs Leben finden sich Anklänge an Alexander Hamiltons Ehrgeiz, seine Ehre und letzten Endes auch seinen Untergang. Ehre galt alles, körperliches Risiko war ein täglicher Faktor im Leben, und die Vervollkommnung eines Rufs, der den Augenblick überdauern würde, war das ultimative Ziel. In dieser Hinsicht gibt es eine direkte Linie von den alten Griechen vor den Mauern von Troja, die unaufhörlich nach Ruhm und dem ewigen Ansehen strebten, das einem Achilles oder Odysseus zuteilwurde, bis hin zur Kriegerkultur von Decaturs Zeiten.

Stephen Decatur wurde am 5. Januar 1779 geboren, mitten in den Wirren der Amerikanischen Revolution. Seine Eltern, Stephen Sr. und Ann, lebten in Philadelphia, flohen jedoch vor der Geburt des kleinen Stephen aus der Stadt, als die Rotröcke, die britischen Truppen, im Begriff waren anzugreifen. Sie zogen nach Sinepuxent an der Ostküste von Maryland, wo Ann Stephen zur Welt brachte, während ihr Mann zur See fuhr, um gegen die Briten zu kämpfen. Nach dem Krieg kam die Familie Decatur in Philadelphia wieder zusammen, einer aufstrebenden Hafenstadt in dem neuen Land. Keiner der beiden Elternteile wollte, dass der junge Stephen seinem Vater zur See folgte, aber das Schicksal intervenierte früh. Als er acht Jahre alt war, erkrankte der Junge an einem schweren Fall von Keuchhusten, von dem man glaubte, dass salzige Luft und Meeresbrisen ein Heilmittel seien. Stephen Sr. nahm seinen Sohn mit auf eine Handelsreise nach Europa und zurück. Nach ihrer Rückkehr war der jüngere Decatur zwar von seinem Husten geheilt, aber von der Liebe zu Schiffen und zum Meer regelrecht infiziert.

Stephen Sr. und Ann, die immer noch hofften, dass ihr Sohn als Priester der Episkopalkirche beitreten würde, ließen sich nicht so schnell von den Träumen des jungen Stephen überzeugen. Decatur wurde an der angesehenen Episcopal Academy in Pennsylvania eingeschrieben, wo er sich als zerstreuter und nicht allzu fleißiger Schüler erwies. Nichtsdestotrotz wurde er an der neu gegründeten University of Pennsylvania angenommen, wo er seine Aufgaben anscheinend etwas konsequenter versah – zumindest ein Jahr lang. Als er 17 Jahre alt war, verließ Stephen Jr. die Universität und seine Eltern beschlossen schließlich, dass sie ihren Sohn zwar nicht vom Meer fernhalten, ihn aber zumindest bei seiner Berufswahl unterstützen konnten. In der ersten von mehreren wegweisenden Weichenstellungen vermittelte Decaturs Vater ihm einen Job bei den Schiffsbauern Gurney and Smith in Philadelphia, die zu dieser Zeit ein Schiff bauten, das in mehreren entscheidenden Etappen von Decaturs Karriere eine Rolle spielen sollte.

Die *USS United States*, die damals auf der Werft von Gurney and Smith gebaut wurde, war eine der berühmten »sechs Fregatten«, die der Kongress im März 1794 genehmigte.[2] Die sechs Jahre zuvor ratifizierte Verfassung der Vereinigten Staaten hatte den Kongress angewiesen, »eine Kriegsmarine vorzuhalten und zu unterhalten«, aber wie genau das in der Praxis aussehen sollte, war Gegenstand heftiger Debatten in der jungen und verschuldeten Nation, die sich im Handel ausbreiten und gleichzeitig »ausländische Verwicklungen« vermeiden wollte, wie George Washington es formulierte. Die Nordstaatler, deren Wirtschaft so stark vom Seehandel abhing, drängten schon früh und mit Nachdruck auf eine Navy, die stark genug sein sollte, um die aufblühende Schifffahrtsindustrie zu schützen, die ja nun nicht mehr unter dem Schutz der britischen Royal Navy stand. Die Südstaatler, allen voran Thomas Jefferson, plädierten stattdessen für eine kleine Küstenverteidigungsstreitmacht – sie argumentierten, dass Seestreitkräfte enorm teuer seien und dazu neigten, die Macht der Regierung im Inland zu stärken und im Ausland in Schwierigkeiten zu geraten. Doch mit dem Naval Act von 1794 fielen die Würfel: Die Vereinigten Staaten sollten eine hochseetaugliche Kriegsmarine haben, und die *United States* und ihre Schwesterfregatten – größer und leistungsfähiger als die gewöhnlichen Fregatten der Marine anderer Länder – würden der Welt zeigen, dass die neue Nation und ihre neuen Schiffe nicht zu ignorieren waren. Wie Decatur sollten auch diese Schiffe weit über sich selbst hinauswachsen, und Decaturs eigene Geschichte war tatsächlich mit mehreren von ihnen verknüpft, darunter die *United States*, die *Constitution* und die *Chesapeake*.

Nachdem er den Bau der *United States* mit überwacht hatte, wollte Decatur unbedingt mit ihr segeln. Die Fregatte lief im Mai 1797 unter dem Kommando von Commodore John Barry, einem Seehelden der Revolution (und Namensgeber meines eigenen ersten Zerstörers unter meinem Kommando), vom Stapel, und Decatur wurde im April 1798 offiziell als Midshipman in ihre Kompanie aufgenommen. Zwei seiner herausragenden Eigenschaften waren sofort erkennbar: sein Geschick als Seemann und seine Beliebtheit bei seinen Schiffskameraden, von den ältesten bis zu den jüngsten Matrosen. Unter der Anleitung eines ehemaligen Offiziers der Royal Navy, der von seinem Vater angeheuert worden war, um ihm die Grundsätze der Seemannskunst beizubringen, sowie mit Barrys praktischem Beispiel als Vorbild blühte Decatur als junger Offizier auf und gewann nicht nur die Zuneigung seines Kommandanten, sondern auch die eines Lieutenants namens James Barron. Im heutigen Sprachgebrauch würde man sagen, dass er über eine hohe »emotionale Intelligenz« verfügte, das heißt, die Menschen fühlten sich zu ihm hingezogen und er war in der Lage, ihren Charakter zu verstehen und sie positiv zu beeindrucken – kurzum, er war eine charismatische Führungspersönlichkeit ersten Ranges.

Im Jahr 1799 wurde Decatur zum Lieutenant befördert und wurde sogleich auch in die vom Ehrbegriff geprägte Kultur seiner Zeit eingeführt. Während Decatur die Werften in Philadelphia besuchte, um eine Mannschaft für die nächste Fahrt der *United States* anzuwerben, geriet er an einen Handelsmatrosen, der die Marine im Allgemeinen und Decatur persönlich grob beleidigte. Decatur war wütend, behielt aber seine Zunge im Zaum, und der Vorfall eskalierte nicht – bis er seinem Vater davon berichtete. Stephen Sr. bestand darauf, dass sein Sohn die Ehre seines eigenen Namens, seiner Familie und seine Berufsehre verteidigte, und Stephen Jr. forderte daraufhin entweder eine Entschuldigung oder ein Duell. Sein Gegner entschied sich für Pistolen, und Decatur – ein erfahrener Schütze – beschloss, seinen Gegner in die Hüfte zu schießen, was ihm auch gelang. Damit war die Frage der Ehre geklärt, ohne dass ein Mensch sein Leben verlieren musste, und der ohnehin schon sehr selbstbewusste Decatur erwies sich als ein Mann, der sich gegen Pistolenfeuer an Land ebenso gut behaupten konnte wie gegen Kanonenfeuer auf See.

Unabhängig von seinem Mut und seinen Fähigkeiten war die größte Gefahr für die Karriere eines US-Marineoffiziers im Jahr 1800 jedoch das Ende des »Quasi-Krieges« mit dem revolutionären Frankreich. Nach zwei Jahren des unausgesprochenen Konflikts mit Schiffen der neuen französischen Republik, der kaum der Erinnerung würdig ist (es ging darum, dass sich die US-Regierung weigerte, Schulden zu begleichen, die sie während der Amerikanischen Revolution bei der inzwischen abgesetzten französischen Monarchie gemacht hatte), führte das Ende dieser Feindseligkeiten dazu, dass die alte Antipathie gegenüber der Marine wieder zunahm, was zu einer Massenentlassung von Offizieren und Matrosen führte. Decatur gehörte zu der vergleichsweise winzigen Gruppe, die im aktiven Dienst verblieb, was ihn in eine hervorragende Startposition brachte, als die Navy später den Auftrag bekam, die langwierigste ständige Bedrohung der Handelsschifffahrt vor den Küsten Amerikas zu bezwingen: nordafrikanische Piraten.

Die Piraterie – vor allem diejenige, die von der Barbareskenküste Nordafrikas ausging – war über Jahrhunderte die Geißel des Mittelmeers. Das eigentliche Ziel der Piraten bestand nach wie vor darin, Geld zu verdienen, und die Herrscher der Barbareskenstaaten nahmen die sicheren Gewinne ebenso gerne in Form von Tributzahlungen entgegen, wie sie sie auf harte Weise auf hoher See eintrieben. Vor der Revolution waren die amerikanischen Schiffe durch die jährlichen Tributzahlungen der Briten geschützt gewesen, doch die Unabhängigkeit erforderte neue Vereinbarungen. Da die Vereinigten Staaten über keine Marine verfügten, um die Piraterie zu unterbinden, führten sie zunächst das europäische System fort und zahlten jährliche Tribute. Es dauerte jedoch nicht lange, bis die Geduld mit den wiederholten Demütigungen und Forderungen nach höheren Zahlungen erschöpft war. Die Spannungen kochten schließlich im Mai 1801 über, als Präsident Jefferson – ironischerweise zuvor der entschiedenste Marine- und Interventionsgegner – den Barbareskenstaaten den Krieg erklärte und die Navy entsandte, um die Bedrohung ein für alle Mal zu beenden.

Als einer der wenigen Offiziere, die noch ein aktives Amt innehatten, als die U.S. Navy plötzlich wieder in den Dienst zurückbeordert wurde, segelte Decatur mit dem ersten US-Geschwader, das ins Mittelmeer entsandt wurde. Er war noch Lieutenant und diente an Bord der *USS*

Essex unter dem Kommando von William Bainbridge. Sie überquerten den Atlantik innerhalb eines Monats und mussten – so war eben die Kommunikation im 19. Jahrhundert – beim Einlaufen in Gibraltar feststellen, dass Tripolis seinerseits auch den Vereinigten Staaten den Krieg erklärt hatte. Obwohl die Feindseligkeiten nun also einen offiziellen Status erlangt hatten, konnte das winzige US-Geschwader weder alle Schiffe der Piraten einkesseln noch sofort den Kampf eröffnen, denn die Häfen des Piratenstaates waren extrem gut verteidigt. (Wäre es so einfach gewesen, die Piraten zu überwinden, dann hätten die größeren europäischen Seestreitkräfte dies schon längst umgesetzt.) Für den Rest des Jahres 1801 und den größten Teil des Jahres 1802 fuhr Decatur weiter an Bord der *Essex* und wurde dann auf die *USS New York* versetzt, wo der inzwischen beförderte Commodore James Barron das Kommando hatte. Decatur blieb dort, bis ein weiterer Streit um die Ehre dazu führte, dass er in die Vereinigten Staaten zurückgeschickt wurde: Decatur hatte auf Malta ein Duell mit einem Offizier der Royal Navy ausgetragen, als die *New York* nach einem einwöchigen Sturm auf See dort wieder auf Vordermann gebracht wurde.

Doch das Timing erwies sich für ihn als überaus vorteilhaft. Kaum hatte er in seinem Heimatland den Fuß an Land gesetzt, wurde Decatur als Kommandant der kleinen und neu gebauten *USS Argus* ins Mittelmeer zurückgeschickt, mit dem Befehl, sie in Gibraltar an einen höheren Offizier zu übergeben. Nachdem er dies durchgeführt hatte, übernahm er das Kommando über die etwas größere *USS Enterprise* und schloss sich mit der Fregatte *USS Constitution* zusammen. Am 23. Dezember 1803 überholten die *Constitution* und die *Enterprise* ein kleines Schiff, das unter osmanischer Flagge fuhr und tripolitanische Soldaten an Bord hatte. Schnell überwältigten Decatur und die *Enterprise* die Tripolitaner und brachten das gekaperte Schiff als Beute nach Syrakus auf Sizilien, wo es in *USS Intrepid* umgetauft wurde. Dieses kleine Schiff mit dem großen neuen Namen würde Decatur und der U.S. Navy später dauerhaften internationalen Ruhm einbringen.

Die Ereignisse hatten sich bereits zwei Monate zuvor angebahnt, als Decaturs ehemaliger Kommandant William Bainbridge mit der *Philadelphia* auf einer unbekannten Untiefe nahe der Einfahrt zum Hafen von Tripolis auf Grund lief. Die mächtige Fregatte, zugleich Symbol für die Ambitionen der U.S. Navy, wurde sogleich von den Tripolitanern gekapert und wieder einsatzbereit gemacht, während Bainbridge und seine Männer für lange Zeit in eine quälende Gefangenschaft mit Zwangsarbeit gerieten. Sowohl aus taktischen Gründen als auch aus Stolz war es nicht hinnehmbar, dass die *Philadelphia* der U.S. Navy den Zugang zum Hafen blockierte, wo sie doch eigentlich die Tripolitaner hätte in Schach halten sollen. Sämtliche im Mittelmeerraum versammelten US-Offiziere schmiedeten Pläne, wie man das Schiff zurückerobern könne.

Da Decatur wusste, dass ein einfaches Kanonengefecht zwischen dem US-Geschwader und der erbeuteten *Philadelphia*, die von allen im Hafen stationierten Kanonen unterstützt worden wäre, sinnlos war, entwickelte er einen Plan, der darauf basierte, den Feind zu überlisten, anstatt ihn zu überwältigen. Dem Befehlshaber der US-Seestreitkräfte im Mittelmeer, Commodore Edward Preble, schlug er vor, sich mit einer Mannschaft von handverlesenen Matrosen in den Hafen von Tripolis zu stehlen – bei Nacht, in Verkleidung und unter falscher Flagge. Im Hafen angekommen, würden sie sich unter Vorgabe falscher Tatsachen an Bord der *Philadelphia* begeben, die feindliche Besatzung überrumpeln und das zurückeroberte Schiff dann entweder als »brennende Fackel« auf die Schiffe der Piraten zusteuern oder es einfach an seinem Liegeplatz abbrennen. Mit Blick auf Wagemut, taktischen Scharfsinn und persönliches Risiko war Decaturs Plan selbst in jenem Zeitalter der kühnen Aktionen äußerst ungewöhnlich. Ebenso bemerkenswert war der Plan auch im Hinblick auf den persönlichen Ruhm, den Decatur erlangen würde, wenn er erfolgreich war, oder vielleicht sogar auch, wenn er spektakulär scheiterte. Am 31. Januar 1804 erteilte Preble Decatur seine Zustimmung und wies ihn an, »in der Nacht in den Hafen einzulaufen, die *Philadelphia* zu entern und in Brand zu setzen«[3]. Decatur war damals zwar ein erfahrener Seeoffizier, aber er war auch erst 25 Jahre alt und nur ein Lieutenant.

Es dauerte zwei Wochen, bis Decatur seine freiwillige Besatzung von 80 US-Marines, Matrosen und einem örtlichen Hafenlotsen zusammengestellt und ausgerüstet hatte und die *Intrepid* in Begleitung der etwas größeren *USS Syren* zum Angriffspunkt segeln konnte. Am Abend des 16. Februar war schließlich alles bereit. Decatur und 20 Mitglieder seines Enterkommandos, verkleidet als einheimische Handelsmatrosen, begaben sich auf das Oberdeck des Schiffes. Der Rest der Truppe, etwa 60 Marines und Matrosen, schlüpfte unter das Deck der *Intrepid* und versteckte sich in Gruppen, die in etwa den Abschnitten der *Philadelphia* entsprachen. Decatur hisste die britische Flagge, um die Täuschung noch echter wirken zu lassen. Um 19 Uhr begann die *Intrepid*, ihren Weg in den Hafen von Tripolis zu machen, und bewegte sich dabei in Richtung der *Philadelphia*, während die *Syren* zur Absicherung vor der Einfahrt des Hafens verblieb.

An diesem Punkt in seinem Entscheidungsprozess erkannte Decatur, dass die Würfel gefallen waren, sofern ihnen nicht irgendein Unglück in die Quere käme. Seine Gedanken müssen sich schnell um die verschiedenen möglichen Varianten dessen, was vor ihm lag, gedreht haben. Da ich als junger Offizier selbst Enterkommandos geleitet habe, kann ich bestätigen, dass ein Offizier ein starkes Verantwortungsgefühl für die ihm unterstellten Seeleute hat. Um 20 Uhr, eine Stunde nach dem Beginn ihrer langsamen Annäherung an den Hafen, ordnete Decatur Ruhe auf den Decks an. Alle 30 Minuten schritt er die Länge seines kleinen Schiffes ab und spähte in die dunkle Nacht, die durch die dünne Sichel eines zunehmenden Mondes beleuchtet wurde. Als es auf 21 Uhr zuging, ging er nach unten, um sich im Flüsterton mit den Anführern der einzelnen Entergruppen zu besprechen, und kehrte dann nach oben zurück, wo er den Rumpf der *Philadelphia* in Augenschein nahm, dem sie sich mehr und mehr näherten. Zu diesem Zeitpunkt hoffte er, die Kontrolle über das viel größere Kriegsschiff erlangen zu können und es irgendwie ausreichend zu bemannen, sodass er damit in See stechen konnte. Wenn nicht, würde er es abfackeln.

Die Uhr in seinem Kopf tickte unaufhörlich, während er auf die reich verzierte Taschenuhr blickte, die er bei sich trug. Aber sie kamen nur sehr langsam voran: Es dauerte zweieinhalb Stunden, bis die *Intrepid* in Rufweite der *Philadelphia* getrieben war. Man kann sich vorstellen, dass die Männer unter Deck bei dieser quälenden Überfahrt schweißgebadet und äußerst angespannt gewesen sein müssen, aber es war jedem klar, wie riskant es wäre, wenn sie Verdacht erweckten und möglicherweise entdeckt würden. Es hätte noch nicht einmal einer vollen Breitseite der großen Kanonen der *Philadelphia* bedurft, um die *Intrepid* völlig zu zerstören, während sie sich Zentimeter für Zentimeter so unauffällig wie möglich durch die dunklen Gewässer des Hafens schob. Je langsamer sie vorankam, desto weniger bedrohlich erschien die *Intrepid*, und desto dunkler wurde es.

Endlich, um 21.45 Uhr, war die *Philadelphia* in Rufweite. Der arabisch sprechende sizilianische Lotse der *Intrepid* erzählte den tripolitanischen Seeleuten auf dem Deck der *Philadelphia* seine Geschichte: Er sei ein Händler, dessen Schiff durch einen Sturm im Mittelmeer beschädigt worden sei und in Tripolis repariert werden müsse, behauptete der Lotse; da er seine Anker auf See verloren habe, wolle er fragen, ob es vielleicht möglich sei, über Nacht an diesem großen Schiff festzumachen. Da die Tripolitaner keinen Hintergedanken erkennen konnten – oder vielleicht dem allgemeinen Gebot der Seeleute folgten, Brüdern in Not zu helfen –, willigten sie ein. Um kurz vor 22 Uhr legte die *Intrepid* sanft an die riesige Fregatte an, die Leinen wurden über die Reling gelegt und die beiden Schiffe miteinander verbunden.

Decatur muss an diesem Punkt ein Gefühl der Enttäuschung verspürt haben. Als die Schiffe sich berührten, wurde ihm klar, dass die *Philadelphia* nicht segelfähig war: Die Masten waren abmontiert, die Segel waren nirgends zu sehen. Für Decatur, wie für viele andere Entscheidungsträger im Kampf, kristallisierte sich in diesem Moment um 22 Uhr seine Vorgehensweise heraus – er musste hart durchgreifen, die Kontrolle übernehmen und das Schiff zerstören.

Bevor irgendjemand auf der *Philadelphia* die Gelegenheit hatte, diesen Akt der Gastfreundschaft zu überdenken, ließ Decatur um kurz nach 22 Uhr die Falle zuschnappen. Die Tripolitaner, die schon so manchen Matrosen unter falscher Flagge oder mit vorgetäuschter Kapitulation in einen Hinterhalt gelockt hatten, wurden selbst von einem plötzlichen Befehl überrascht, der auf Englisch gerufen wurde: »Board!« (Entert das Schiff!). Marines und Matrosen stürmten aus den Luken auf die Decks der *Philadelphia* und schlugen und stachen mit Schwertern und Spießen auf ihre Gegner ein. Decatur hatte den Einsatz von Schusswaffen nur im äußersten Notfall erlaubt, in der Hoffnung, das Überraschungsmoment an Bord und im Hafen so lange wie möglich aufrechterhalten zu können. Der Plan ging reibungslos und ohne größere Blessuren auf: Innerhalb von zehn Minuten hatten die Amerikaner alle ihnen zugewiesenen Sektoren des Schiffes gesichert, und nur einer erlitt eine relativ leichte

Schnittverletzung durch ein Schwert, während sie etwa 20 Tripolitaner töteten. Der Rest der aufgeschreckten Verteidiger sprang in das Hafenbecken, um sich in Sicherheit zu bringen.

Dies war der Moment höchster Anspannung für den jungen Lieutenant Decatur. Zu diesem Zeitpunkt wusste er, dass es keine Möglichkeit gab, das Schiff seetauglich zu machen, aber auch, dass die Hafenwacht innerhalb weniger Augenblicke alarmiert sein würde und die Stadt einen Generalalarm auslösen würde. Im Kampf werden Entscheidungen oft in eine bestimmte Richtung gelenkt, da sich andere Möglichkeiten ausschließen. Dadurch können die Anführer schneller zu einer Entscheidung kommen, und ich kann mir vorstellen, dass sich der gesamte Entertrupp an Decatur wandte und auf weitere Befehle wartete. Das ist oft der Punkt, an dem Anführer sich in einer Krise bewähren oder scheitern. Die Besten zeigen Rückgrat, sprechen mit ruhiger und fester Stimme und geben klare Anweisungen. Um 22.45 Uhr war es genau das, was Lieutenant Stephen Decatur tat, im Augenblick der größten Gefahr. Das ist auch der Moment, in dem viele Führungskräfte, die sich in anderen, weniger riskanten Situationen bereits sehr gut geschlagen haben, die Nerven verlieren und beschließen, sich in Sicherheit zu bringen.

Nun, da die *Philadelphia* gesichert war, musste Decatur den schwierigsten Teil der Operation ausführen: ein Feuer legen, welches das Schiff mit Sicherheit zerstören würde, und dann dem brennenden Wrack und den tripolitanischen Kanonen an Land entkommen, denn die würden sicher auf das helle Feuer des brennenden Schiffes im Hafen reagieren. Decatur und seine Männer bahnten sich schnell und vorsichtig ihren Weg über das Schiff, legten überall Feuer und legten besonderes Augenmerk auf die Pulvervorräte und geladene Kanonen.

Dies dürfte etwa eine Viertelstunde gedauert haben, sodass es etwa 23 Uhr gewesen sein muss. Als sich die Flammen auszubreiten begannen, konnte man von Land die Kanonen hören, doch Decatur blieb an Bord der *Philadelphia*, bis die Flammen in die Takelage geklettert waren und er sich sicher sein konnte, dass das Feuer das Schiff vollends zerstören würde. Als alle an dem Überfall Beteiligten sowie ein schwer verwundeter tripolitanischer Gefangener wieder an Bord der *Intrepid* waren, schwang sich Decatur schließlich über die Reling und setzte alle Segel in Richtung offene See. Es war noch nicht ganz 23.30 Uhr.

Hinter ihm löste sich die brennende *Philadelphia* aus ihrer Verankerung und trieb auf den Palast des tripolitanischen Herrschers zu, während ihre geladenen Kanonen blindlings in die Stadt und über den Hafen feuerten, als sich die Läufe erhitzt hatten und ihre Ladungen zündeten. Noch mehr Kanonenkugeln flogen in beide Richtungen, da die tripolitanische Artillerie auf die Feuersbrunst feuerte und die *Syren* außerhalb des Hafens wartete, um die Flucht der *Intrepid* zu decken. Wie durch ein Wunder berührte nur ein einziger Schuss die *Intrepid*, der harmlos eines ihrer Segel durchschlug, als sie sicher aufs Meer hinaustrieb. Innerhalb weniger als 90 Minuten, von dem Zeitpunkt, an dem er den Befehl zum Entern gab, bis zu dem Zeitpunkt, an dem die *Intrepid* von der lichterloh brennenden *Philadelphia* wegsegelte, hatte sich Lieutenant Decatur im Alter von kaum 25 Jahren in den Geschichtsbüchern der Seekriegsfahrt verewigt.

Man kann sich kaum vorstellen, wie euphorisch Stephen Decatur gewesen sein muss, als sein kleines Kriegsschiff den Hafen verließ und auf das offene Meer hinausfuhr. Doch selbst in diesem Moment wird er als Entscheidungsträger weiterhin das Ergebnis (hervorragend) abgeschätzt und das Risiko eines unerwarteten Rückschlags in Betracht gezogen haben (von einem ihn verfolgenden Schiff überholt zu werden oder einen Schaden am eigenen Schiff erlitten zu haben, von dem er nichts wusste). Er wird sich persönlich und schnell von der Seetüchtigkeit seines Schiffes überzeugt haben, die Sicherheit und Gesundheit seiner Mannschaft aus Matrosen und Marines überprüft und sich dann auf die Navigation des Schiffes konzentriert haben. Manchmal ist der Zeitpunkt der Krise zwar am unangenehmsten, aber die unmittelbare Zeit danach am gefährlichsten – weil man versucht sein könnte, unvorsichtig zu werden. Decatur tat dies nicht, und um Mitternacht konnte er sich einigermaßen sicher sein, dass er einen vollen Erfolg verbuchen konnte.

Nachdem er aus dem Hafen von Tripolis entkommen war, machte er sich auf den Weg nach Syrakus, wo er von Landsleuten, Einheimischen und einstigen Rivalen gleichermaßen gefeiert wurde. Der Papst in Rom lobte ihn für seinen Schlag gegen die islamischen Piraten; der britische Seeheld Vizeadmiral Nelson, der bereits eine napoleonische Flotte in einer riskanten Nachtaktion vor der Küste Ägyptens zerschlagen hatte, soll Decaturs Mission als »die kühnste und gewagteste Tat unserer Zeit«

bezeichnet haben. Decaturs Kommandanten schrieben an Präsident Jefferson, um ihn für eine vorzeitige Beförderung zum Captain zu empfehlen; die Ernennung wurde rückwirkend zum Datum des Überfalls am 16. Februar bestätigt, und Decatur ist bis heute mit 25 Jahren der jüngste Mann, der jemals diesen Rang in der U.S. Navy erlangt hat. Zum Vergleich: Ich wurde recht früh zum Captain ernannt – im Alter von 40 Jahren.

Unglücklicherweise traf das Schreiben, mit dem Decatur zum Captain ernannt werden sollte, im August ein, mitten in einer weiteren Schlacht mit tripolitanischen Piraten, die das Leben seines jüngeren Bruders James forderte. Wieder einmal trommelte Decatur schnell eine kleine Gruppe Freiwilliger zusammen, fand das Schiff des Mörders seines Bruders, enterte es und schlug die Piraten in einem erbitterten Nahkampf in die Flucht. Decatur tötete den übermächtigen Piratenkapitän höchstpersönlich und entkam selbst nur knapp dem Tod, als einer seiner bereits verwundeten Mannschaftsmitglieder einem Säbelhieb in den Weg sprang, der auf Decaturs Kopf gerichtet war. Auf Kosten seines Schiffskameraden verschont, tötete Decatur seinen Angreifer mit einem Pistolenschuss.

Die verbleibenden 16 Jahre seines Lebens und seiner Dienstzeit bei der Navy waren in ähnlicher Weise von Ehre, Ruhm und – nicht selten – von Pistolenschüssen geprägt. Nach seiner Rückkehr in die Vereinigten Staaten im Anschluss an den ersten Barbareskenkrieg heiratete er im Jahr 1806 Susan Wheeler. Susan war die Tochter des Bürgermeisters von Norfolk, Virginia, und bereits eine Person von hohem gesellschaftlichem Ansehen. In den 14 (kinderlosen) Jahren ihrer Ehe gelang es ihr und Stephen, sich im Herzen der Washingtoner Gesellschaft zu etablieren. (Ihr Wohnsitz, Decatur House, steht bis heute direkt gegenüber vom Weißen Haus und wird nach wie vor von Marineministern und anderen prominenten Regierungsmitgliedern für offizielle Empfänge genutzt.)

Leider wurde die Saat der Rache, die schließlich zu dem Duell führte, das Decatur das Leben kosten sollte, nur ein Jahr nach seiner Hochzeit mit Susan gelegt. Am 22. Juni 1807 segelte Decaturs alter Weggefährte und damaliger guter Freund Commodore James Barron als Passagier an Bord der Fregatte *USS Chesapeake*, um das Kommando über die amerikanischen Seestreitkräfte im Mittelmeer zu übernehmen. Kaum war Barron in See gestochen, wurde er von der *HMS Leopard* angegriffen, einem britischen Schiff, dessen Kommandant noch im Hafen offiziell beanstandet hatte, dass mehrere seiner Matrosen angeblich illegal an Bord der *Chesapeake* arbeiteten. (Diese Art von Streitigkeiten war in den Jahren vor dem Krieg von 1812 an der Tagesordnung, als die Briten mit allen möglichen Tricks, Gewalt und Bluffs versuchten, die Mannschaft für ihre Schiffe zusammenzukriegen.) Da seine Decks mit toten und verwundeten Männern übersät waren und seine Kanonen noch immer verstaut waren, strich Barron seine Flagge, ohne einen Schuss abzugeben – ein Skandal, wie das Navy Department, das Marineministerium, befand. Und auch Decatur war über alle Maßen erzürnt. Barron wurde vor ein Kriegsgericht gestellt und der mangelnden Einsatzbereitschaft für schuldig befunden; Decatur saß nicht nur im Gericht und stimmte für seine Verurteilung, sondern kritisierte ihn auch noch jahrelang öffentlich. Barron wurde für fünf Jahre von jeglichem Kommando ausgeschlossen und zog mit seiner Familie nach Dänemark, um dem öffentlichen Druck zu entgehen und eine Anstellung in der Handelsschifffahrt zu finden.

Als 1812 erneut ein Krieg mit Großbritannien ausbrach, befehligte Decatur die Fregatte *USS United States* mit großem Erfolg und erlangte Berühmtheit durch die Eroberung der *HMS Macedonian*. Später im Krieg wurde Decatur selbst vor New York gefangen genommen, nachdem er von einem britischen Geschwader umzingelt worden war und sich diesem ergeben hatte. In jenen Tagen war es unter Gentlemen üblich, ein Schiff aufzugeben – aber die Ehre verlangte, dass die Kapitulation nur erfolgte, wenn die Verhältnisse wirklich schwierig waren, und auch dann eigentlich nur nach einem angemessenen Widerstand. Die *Chesapeake-Leopard*-Affäre, wie sie später genannt wurde, war ein Skandal, weil Barron unvorbereitet erwischt worden war und keinen Widerstand leisten konnte; Decatur, dem die sichere Vernichtung drohte, wenn er gegen vier feindliche Fregatten weitergekämpft hätte, erhielt von seinen britischen Widersachern in Anerkennung seiner Tapferkeit in der Niederlage sein Schwert zurück.

Nach dem Krieg von 1812 wandten sich die Vereinigten Staaten wieder dem immer wiederholten Problem der Piraterie zu, und Decatur wurde während des zweiten Barbareskenkriegs zurück ins Mittelmeer entsandt. Als Commodore des Mittelmeergeschwaders – der größten Flotte, die die Vereinigten Staaten bis dahin zur See gebracht hatten – zwang er zunächst den Dey von Algier und dann die Herrscher von Tunis und Tripolis, ein für alle Mal Frieden zu schließen und damit die stetige Geißel der Piraterie im Mittelmeer zu beenden. Sein persönliches Ansehen trug entscheidend dazu bei, dass die Araber sich an den Friedenstisch setzten und verhandelten.

Decatur kehrte erneut ruhmreich von der Barbareskenküste nach Washington, D.C., zurück – dieses Mal hatte er einen dauerhaften Frieden erreicht, ohne einen Schuss abzugeben. Kurz darauf wurde er in den Vorstand der Navy Commissioners berufen und übte dieses Amt von 1816 bis zu seinem Tod im Jahr 1820 aus. In jenem Jahr forderte Kapitän James Barron – der aus dem selbst auferlegten Exil in Dänemark zurückgekehrt war und sich nach einem neuen Kommando sehnte, um seinen Namen reinzuwaschen – Decatur zu einem Duell heraus, das auf ihren lange schwelenden Streit über Barrons Verhalten an Bord der *Chesapeake* zurückzuführen war. Da er in einer Zeit in den aktiven Dienst zurückzukehren plante, in der die Navy nach dem Krieg schrittweise verkleinert wurde, brauchte Barron jede Hilfe, die er bekommen konnte, um ein neues Kommando zu erhalten; Decatur dagegen war als Navy Commissioner weiterhin öffentlich dagegen, Barron wieder in Dienst zu nehmen, und er war in der Lage, dies zu verhindern. Barron forderte Genugtuung, um seine Karriere (und sein Einkommen) wiederherzustellen.

Die beiden Kontrahenten trafen sich am 22. März 1820 auf dem berüchtigten Duellplatz Bladensburg nordöstlich von Washington, D.C. Decaturs Sekundant war William Bainbridge, der die *Philadelphia* bei Tripolis auf Grund gesetzt hatte. Es ist eine tragische Ironie des Schicksals, dass Bainbridge auch einen gewissen Neid auf den Erfolg des jüngeren Decatur hegte und möglicherweise aus Bosheit die ungewöhnlich gefährlichen Bedingungen des Duells arrangierte. Anstatt, wie üblich, 15 oder mehr Schritte voneinander wegzugehen und sich dann zum Feuern umzudrehen, standen sich Decatur und Barron in einem Abstand von nur 8 Schritten gegenüber. Auf das Signal hin feuerten beide sofort, und beide Kugeln trafen. Barron wurde schwer verwundet, doch er überlebte; Decatur dagegen wurde in der Beckengegend tödlich verwundet. Er wurde noch lebend nach Hause getragen, und ein Chirurg wurde gerufen, aber man konnte nichts mehr für ihn tun. Er starb noch am selben Abend unter unerträglichen Schmerzen.

Obwohl es für Decatur zu spät war, trug dieser sinnlose Verlust eines Helden dazu bei, dass die Navy endlich entschiedener gegen das Duellieren vorging: mit einem formellen Verbot und einer immer strengeren Durchsetzung des Verbots.

Obwohl Stephen Decatur so früh verstarb, lebt sein Vermächtnis in der heutigen Marine weiter, und sein Coup im Hafen von Tripolis ist nicht nur eine äußerst waghalsige historische Tat, sondern auch eine Inspiration für mutiges Handeln zu jeder Zeit und an jedem Ort. Bei dem Versuch, seine Entscheidung nachzuvollziehen, sich nachts in den Hafen zu stehlen – getarnt und unter enormem persönlichen Risiko, wo ein einziger Fehler die sofortige Vernichtung durch die Geschütze der Tripolitaner hätte bedeuten können –, müssen moderne Entscheidungsträger sowohl Decaturs Persönlichkeit als auch seine Beweggründe im Kontext seiner Zeit sehen.

Um Decatur und seinen Lebensweg zu verstehen, muss man mit dem Feuer auf der *Philadelphia* und seinem Verhalten und seiner Entscheidungsfähigkeit unter extremem Druck beginnen. Fangen wir mit der Kühnheit des Plans an – denken Sie einen Moment lang an das extreme persönliche Risiko, das damit verbunden war. Während der langen, langsamen Annäherung an das Ziel wusste er, dass jede Entdeckung die Vernichtung seines viel kleineren Schiffes bedeuten würde – die feindlichen Geschütze waren viel massiver. Selbst wenn sie diesen Spießrutenlauf überstanden, könnte der eigentliche Nahkampf tödlich sein, und Decatur wusste, dass seine persönliche Anwesenheit an der vordersten Front des Angriffs entscheidend sein würde. Einen solchen Plan – mit einem so hohen persönlichen Risiko – überhaupt in Erwägung zu ziehen ist schon ziemlich außergewöhnlich. Doch für Stephen Decatur war dies nur der Auftakt.

Nachdem er seine Vorgesetzten von seinem höchst riskanten und gefährlichen Plan überzeugt hatte, musste er eine Mannschaft auswählen, alle Waffen überprüfen, sie als Gruppe und dann viele von ihnen (die Anführer der einzelnen Entergruppen) einzeln einweisen, das Manöver üben, sich sorgfältig um die Seetauglichkeit seines Schiffes kümmern, einen Navigationskurs festlegen, sicherstellen, dass alle gut ernährt und für den Kampf gerüstet waren, sie aufs Schiff bringen und losfahren.

All dies erforderte, dass er über einen Zeitraum von 36 Stunden wach blieb, auch wenn er die Männer unter seinem Kommando ermutigt haben mag, sich auszuruhen und ordentlich zu essen.

Aber es sind seine Handlungen am Ort des Geschehens, die wirklich herausragen. Als er Seemeile für Seemeile in den Hafen einlief, um sich quälend langsam der *Philadelphia* zu nähern, musste Decatur die ganze Operation immer wieder im Kopf durchspielen. Ich habe das schon oft gemacht, unter den verschiedensten Einsatzbedingungen, und es ist, als stünde man in der Mitte eines Kaleidoskops, das sich jedes Mal verändert, wenn man den äußeren Zylinder dreht – der Entscheidungsträger muss sich anpassen, wenn sich die Umstände um ihn herum ändern. Decatur besaß diese Fähigkeit beim Brand der *Philadelphia* und in anderen wichtigen Momenten seiner kometenhaften Karriere.

Zum Teil ist diese Eigenschaft Männern und Frauen mit Selbstvertrauen angeboren, etwas, das ihnen in die DNA eingebrannt und durch ihre Erziehung gefördert wurde; zum Teil ist sie das Ergebnis von Training, Erfahrung und Reflexion. Von allen Seeleuten in diesem Buch besaß Stephen Decatur das größte Maß an reiner Kühnheit, eine Eigenschaft, die ihm von seiner Familie anerzogen wurde, die durch seine körperliche Ausdauer und sein charismatisches Auftreten noch verstärkt wurde und die sich im Laufe der Jahre durch die Art und Weise, wie er sich im Kampf bewährte (und leider auch auf das Schicksal verließ), noch mehr ausprägte. Doch der Höhepunkt all dessen kristallisiert sich in diesen märchenhaft furiosen 90 Minuten in einem dunklen und ruhigen Hafen in Nordafrika heraus – eine Geschichte, die in der Navy des gesamten 21. Jahrhunderts genauso nachhallt wie bei unseren Vorgängern im frühen 19. Jahrhundert.

Ein weiterer wichtiger Aspekt mit Blick auf Decaturs Persönlichkeit war der Zustand der entstehenden U.S. Navy, in der er diente. Benjamin Stoddert, der erste Marineminister, bestand von Anfang an darauf, dass die junge U.S. Navy das, was ihr an Größe fehlte, durch ihre Haltung wettmachen sollte; so schrieb er an Präsident John Adams: »Unsere Navy sollte in dieser Zeit, in der sich ihr Charakter herausbilden soll, von Männern befehligt werden, die sich nicht damit zufriedengeben, dem Tadel zu entgehen, sondern die unglücklich sind, wenn sie nicht gelobt werden.«[4] Stephen Decatur war ein Vorbild für diese Art der Geisteshaltung, und Stodderts Forderung hat sich in Decaturs anhaltendem Einfluss auf den Charakter der heutigen Navy bestätigt. Angesichts der vielen Schlachten, die es zu Decaturs Zeiten zu schlagen galt, bestand der Weg zum Ruhm darin, sich in diesen Schlachten auszuzeichnen – und seine frühen und beständigen Glanzleistungen wurden weit über seine Lebenszeit hinaus gelobt. Angesichts dieser auf Anerkennung ausgerichteten Kultur ist leicht nachvollziehbar, warum eine von Natur aus wagemutige Person wie Decatur vorschlug, eine höchst riskante, aber auch vielversprechende Operation wie den Überfall auf den Hafen von Tripolis zu leiten. Ihm war sicher klar, wie sich ein solches Wagnis auf seinen Ruhm und seine Ehre auswirken würde – und die Ehre, wie das Duellieren es so tragisch bewies, wurde höher bewertet als das Leben selbst.

Die wichtigste Botschaft, die man aus Decaturs Leben und seinem Wirken mitnehmen kann, ist jedoch die Art und Weise, wie er seinen Wagemut und seinen Ehrgeiz in echte Prioritäten und Werte umsetzte, die wir auch heute noch bewundern können. Es ist zwar nicht schwer, ehrgeizige 25-Jährige zu finden, die bereit sind, auf der Suche nach Anerkennung große Risiken einzugehen, aber nur wenige von ihnen erlangen dauerhaften Ruhm. Der Überfall auf die *Philadelphia* war nicht nur eine Frage des persönlichen Ruhms und der nationalen Ehre, sondern er war auch von strategischer und taktischer Bedeutung: Er verhinderte, dass die Tripolitaner ein großes und mächtiges (erbeutetes) Schiff gegen die Amerikaner selbst einsetzen konnten, um sie zu besiegen. Angesichts der bekannten Stärke der Verteidigungsanlagen des Hafens war die List eines getarnten nächtlichen Überfalls wahrscheinlich besser als das Risiko eines Angriffs mit mehreren großen Schiffen bei Tageslicht. Rückblickend betrachtet entsprach dies einem Muster in Decaturs Leben: Er traf mutige Entscheidungen im Dienste einer größeren Sache. Als er Susan heiratete, sprach Decatur offen über seine Absicht, im Dienst zu bleiben und sich nicht, wie wir heute sagen würden, seinen frühen Ruhm »auszahlen zu lassen«; später, während ihrer Zeit in den obersten Zirkeln von Washington, hielt Decatur eine berühmte Ansprache, die seine Philosophie zusammenfasste: »Unserem Land: Möge es in seinem Umgang mit fremden Nationen immer im Recht sein und möge es immer Erfolg haben, ob im Recht oder im Unrecht.«[5]

Stephen Decatur war immer risikofreudig, und seine lebenslange Risikobereitschaft brachte ihm im Alter von 25 Jahren ein Kapitänsamt, eine Goldmedaille des Kongresses und hohes Lob von Vizeadmiral Lord Nelson selbst ein. Doch angesichts seines frühen und viel betrauerten Endes lohnt es sich, aus seinem Charakter auch eine Warnung zu ziehen. Niemand hat jemals immer recht gehabt oder ist immer erfolgreich, und Hochmut hat schon vielen talentierten und ehrgeizigen Menschen einen Strich durch die Rechnung gemacht und viele glanzvolle Karrieren beendet. Selbst wenn wir Decaturs Entscheidung, Barrons Herausforderung zum Duell anzunehmen, dem Ehrenkodex seiner Zeit zuschreiben können, war die Entscheidung, das Duell auf acht Schritte von Angesicht zu Angesicht auszutragen, überaus tollkühn. Anders als bei der *Philadelphia*-Mission, für die er die Zustimmung seines Vorgesetzten einholte und Dutzende von Freiwilligen rekrutierte, widersprach das Duell nicht nur dem gesunden Menschenverstand, sondern auch dem Gesetz und dem ausdrücklichen Wunsch des Marineministeriums, das verzweifelt war, weil es immer wieder gute Offiziere auf dem »Schlachtfeld des Zufalls« verlor.

Die Lehren, die aus Stephen Decaturs Leben und seiner Laufbahn gezogen werden können, sind auch heute noch von großer Bedeutung für unsere Navy, so wie Lord Nelsons Charakter in der Haltung der britischen Royal Navy weiterlebt. Erstens und ganz offensichtlich war seine Tapferkeit von zentraler Bedeutung für die Art und Weise, wie er sein Leben gestaltete. Ob er nun auf einer Cutting-out-Expedition war oder eine Duellpistole hochhielt – er war mutig und standhaft im Gefecht. Dieses Ethos erkennt man auch bei allen nachfolgenden Kommandanten und Seeleuten, von David Farragut über George Dewey und Dorie Miller bis hin zu unseren heutigen Kriegern auf See. Zweitens wäre es einfach zu sagen, dass Decatur zu sehr von der Aussicht auf Ruhm beeinflusst war und deshalb ein inakzeptabel hohes Risiko einging. Ich würde jedoch sagen, dass er im Großen und Ganzen eine gute Balance gefunden hat. Zwar nahm er bei seinen Entscheidungen ein hohes Maß an Risiko in Kauf, doch wurde dies meist durch eine solide Planung (wie bei der *Philadelphia*-Mission) und – zuweilen – durch das Bemühen um eine Verringerung der Risiken für seine Besatzung ausgeglichen. Drittens folgte Decatur mit seiner Vorgehensweise dem Wertekanon seiner Institution. Er erkannte, dass es in der Navy notwendig war, das Schiff tapfer zu verteidigen, und dass ein Versagen bei dieser ursprünglichen Aufgabe erhebliche Konsequenzen nach sich ziehen musste. Daraus resultierte seine harte Haltung gegenüber dem ehemaligen Freund und Kapitänskollegen James Barron, die letztlich die Kette von Ereignissen auslöste, die zu seinem Tod führten.

Tapferkeit unter starkem Druck, eine ausgewogene und besonnene Risikobereitschaft, wenn Zeit und Umstände es zulassen, und die Bereitschaft, die Verantwortung sowohl für einen Sieg als auch für eine Niederlage zu übernehmen und durchzusetzen: Diese drei Qualitäten sind in der Tat ein schönes Vermächtnis, das von Stephen Decatur an die U.S. Navy weitergegeben wurde. Es ist eines, dem unsere Seeleute in dieser anspruchsvollen Zeit gerecht zu werden versuchen, oft mit Erfolg und gelegentlich mit Misserfolg. Im Laufe meiner eigenen Karriere habe ich versucht, diese grundlegenden Regeln für die Entscheidungsfindung zu befolgen, vor allem, als ich in eine höhere Position kam und mir bewusst wurde, dass meine Handlungen für so viele unter meinem Kommando als Beispiel dienen würden. Ich habe zum Beispiel oft an Decatur und seine Tapferkeit gedacht, als ich nach Afghanistan reiste und dort mit unseren NATO-Truppen zusammentraf. Damals, mit Mitte 50, fiel mir auf, wie jung und unerschrocken unsere Soldaten, Marines, Matrosen und Piloten heute sind. Und obwohl zwei Jahrhunderte vergangen sind und unsere Gesellschaft sich ständig verändert, sah ich in ihren Gesichtern immer wieder die Kühnheit eines Decatur. Meine Aufgabe als hochrangiger Offizier war es, diesen ausgeprägten Sinn für persönliche Tapferkeit zu zügeln und die Befehlskette auf die Notwendigkeit einer ausgewogenen Planung und die Verankerung in den höheren Werten der Institution, die beachtet und durchgesetzt werden müssen, auszurichten.

Stephen Decaturs kometenhaftes Leben ist heute ein tief verwurzelter Teil der United States Navy. Darüber hinaus glaube ich, dass sein Beispiel weit über die Navy hinausgeht und in vielerlei Hinsicht in die Risikokultur der Nation eingewoben ist, vom Silicon Valley bis zum Profisport. Seine Lebenslektionen sind nach wie vor für jeden

Entscheidungsträger relevant, der versucht, das richtige Gleichgewicht zu finden, egal wie komplex und anstrengend seine Unternehmungen sein mögen.

Kapitel 3

Ein riskantes Unterfangen

Konteradmiral David Farragut, United States Navy
Kommandant der USS Hartford und der 17 Schiffe des Golfblockadegeschwaders

Schlacht in der Mobile Bay
5. August 1864

»Zum Teufel mit den Torpedos! Vier Glasen!
Kapitän Drayton, vorwärts! Jouett, volle Kraft voraus!« *

* Üblicherweise als »Zum Teufel mit den Torpedos, volle Kraft voraus!« zusammengefasst.

KAPITEL 3

1985, in einem sehr heißen Sommer, wurde ich von der Navy nach Pascagoula in Mississippi versetzt. Meiner neuen Order gemäß sollte ich Operations Officer der *USS Valley Forge* werden, eines brandneuen Lenkwaffenkreuzers der *Ticonderoga*-Klasse. Das Schiff befand sich noch im Bau bei der Ingalls Shipbuilding, was an der Golfküste ungefähr zwischen New Orleans in Louisiana und Mobile in Alabama liegt. Ich war nicht besonders glücklich über die Lage der Werft. Ich war noch nie zuvor in diesem Teil des Landes gewesen, und meine Arbeit wurde dadurch erschwert, dass unsere 400-köpfige Besatzung zwischen San Diego in Kalifornien (unserem endgültigen Heimathafen) und Pascagoula aufgeteilt war. Aber meine Frau Laura und ich fanden einen Weg, unsere Zeit zwischen den beiden Orten aufzuteilen, mieteten eine Wohnung in Ocean Springs in Mississippi, nicht weit von der Werft entfernt, und zogen dorthin.

Es genügt wohl zu sagen, dass Pascagoula in jenen Tagen nicht zu den kulturellen Zentren unserer Nation gehörte. Es gab dort sehr nette Menschen, ausgezeichnete Seafood-Restaurants, kaltes Bier und viele schöne Strände. Aber Buchläden und Bibliotheken? Fehlanzeige! Das wurde im Laufe der Zeit zu einem Problem für mich, denn in jenen glücklichen Tagen vor der Verbreitung des Internets genoss ich es sehr, jede Woche die Sonntagsausgabe der *New York Times* zu lesen. An meinem früheren Dienstort in Boston, wo ich an der Fletcher School of Law and Diplomacy promovierte, war es ein Leichtes, die *New York Times* zu finden. In der Region Pascagoula suchte ich überall, aber ohne Erfolg. Also rief ich bei der *Times* an, bekam die Abonnentenbetreuerin an die Strippe und fragte, an welchem Ort in der Nähe ich die Zeitung kaufen könne. Mit einem seltsam stolzen Unterton in der Stimme sagte die Dame: »Die *New York Times* ist im Bundesstaat Mississippi nicht erhältlich.« Sie legte eine kurze Pause ein und sagte dann: »Der nächstgelegene Händler in Ihrer Nähe ist der Zeitungskiosk am Flughafen von Mobile in Alabama.« Also fuhr ich jeden Sonntagmorgen über eine Stunde hin und zurück, um eine Ausgabe der *New York Times* zu kaufen.

Abgesehen davon, dass ich dabei eine ganze Menge Sprit verbrauchte, habe ich die Stadt Mobile nach und nach schätzen gelernt. Es ist eine lebendige, kulturell geprägte Stadt mit etwa 200 000 Einwohnern und einer bewegten Geschichte. Laura und ich verbrachten dort viele schöne

Nachmittage und Abende in Restaurants und Bars mit Blick auf die weite, schöne Bucht. Als wir die Stadt in diesen langen Monaten an der Golfküste besser kennenlernten, begann ich, mehr über ihre Geschichte zu erfahren – vor allem über die Schlacht in der Mobile Bay während des Bürgerkriegs. Und all das führte mich zu David Glasgow Farragut, einem der größten kampferprobten Admirale in der Geschichte der U.S. Navy, und jemand, dessen Risikotoleranz vielleicht größer war als die aller anderen Entscheidungsträger in diesem Buch.

Je mehr ich über ihn erfuhr, desto mehr faszinierte mich seine persönliche Geschichte, seine Loyalität der Union gegenüber und seine erfolgreiche Karriere auf See. Er war ein Pflegekind und brachte es in der U.S. Navy zum ersten Konteradmiral und Vizeadmiral, bis er schließlich sogar Admiral wurde. Er diente an jeder Küste der USA von Norfolk über den Golf von Mexiko bis hin nach Kalifornien. Farragut kämpfte immer wieder für die USA und verdiente sich im Laufe seiner knapp 60 Jahre umspannenden Karriere jeden einzelnen Streifen, der auf seiner Uniform angebracht war.

Farraguts Taten in der Bucht von Mobile sind bis heute legendär. Im Jahr 1864 war Mobile der letzte große Hafen, den die Konföderation an der gesamten Golfküste hielt, und daher von hohem strategischen Wert. Die Konföderierten hatten die Bucht stark vermint und mit Sprengladungen versehen, die ein Schiff bei Kontakt mit dem Rumpf leicht versenken konnten. Diese verheerenden Sprengsätze bezeichnet man heute als Minen, aber damals wurden sie wegen ihrer langen zylindrischen Form »Torpedos« genannt. Nachdem Farragut seiner Flottille befohlen hatte, im Angriff in die Bucht einzulaufen, wurde eines seiner Panzerschiffe, die *USS Tecumseh*, von einem dieser Torpedos getroffen und sank. Während die übrigen Kapitäne zögerten oder sich zurückzuziehen begannen, traf Farragut jene Entscheidung, die ihn zu einer Legende gemacht hat.

Vom Topmast seines Flaggschiffs *USS Hartford* aus erkundigte er sich mit einem Sprachrohr nach dem Grund für die Verzögerung. Als er erfuhr, dass es sich um Torpedos handelte, sagte er: »Zum Teufel mit den Torpedos!«, und befahl den Schiffen volle Fahrt voraus. Farragut vermutete, dass die Minen durch das lange Untertauchen zu stark durchnässt sein würden, um zu funktionieren – aber eine falsche Vermutung oder eine falsche Vorgehensweise hätte seine Schiffe schnell auf den Grund schicken können. Er entschied sich dafür, einfach weiterzufahren, ohne auch nur einen Augenblick zu zögern. Der Großteil seiner Streitkräfte schaffte es schließlich in die Bucht und besiegte die konföderierten Streitkräfte an Land und zu Wasser, darunter die gut geführten vereinten Streitkräfte des konföderierten Konteradmirals Franklin Buchanan, eines klugen und geschickten Gegners.

War es eine waghalsige Entscheidung, die glücklich endete? Oder war sie das Ergebnis von Berechnungen, die auf den Erfahrungen fußten, die er in bedeutenden Kampfhandlungen gesammelt hatte, wie etwa dem Mexikanisch-Amerikanischen Krieg, der Bekämpfung der Piraterie in Westindien und dem Britisch-Amerikanischen Krieg von 1812? Da er ein Sohn der segelnden Marine war, kann man sich fragen, inwieweit seine Kenntnisse und seine Einstellung gegenüber den neuen Technologien der Panzerschiffe, Minen und Zugrohrkanonen eine Rolle bei seiner Entscheidung spielten. Wie wichtig war das Vorhandensein von Landstreitkräften, die von seinem Erfolg abhängig waren, für seine Abwägungen? Farragut traf eine schwierige Entscheidung, die sich als spektakulär erfolgreich erwies und dazu führte, dass er im Dezember 1864 zum ersten Vizeadmiral und eineinhalb Jahre später zum ersten Admiral in der Geschichte der USA befördert wurde – ein Rang, den er bis zu seinem Tod innehatte. Später war er Sargträger für Abraham Lincoln, eröffnete nach dem Krieg Werften an der Westküste und befehligte das US-amerikanische Europa-Geschwader. Wie wir in der Navy sagen, folgte der Erfolg seiner Flagge. War dies das Ergebnis einer glücklichen Entscheidung in der Hitze des Gefechts oder einer sorgfältig kalkulierten schwierigen Entscheidung?

Ein Kommando auf See bedeutete schon immer, mit den Launen des ständig unberechenbaren Meeres zu leben, Entscheidungen zu treffen und manchmal auch zu sterben. Zu Farraguts Zeiten begannen viele Karrieren in einem Alter, das wir heute schockierend früh fänden, und seine eigene war keine Ausnahme. Doch Farraguts eigene Erfahrungen mit der Seefahrt, dem Tod und Veränderungen begannen sogar noch früher als bei den meisten anderen. Der künftige Held der Union wurde am 5. Juli 1801 als James Farragut unweit von Knoxville in Tennessee geboren. Sein Vater, Jordi (genannt George), war ein Spanier, der während der Revolution in der amerikanischen Continental Navy gedient hatte und sich nach dem Krieg mit seiner Frau Elizabeth in Tennessee niederließ. 1805, im Alter von vier Jahren, fuhr James zum ersten Mal zur See, als er mit seiner Mutter und seinen Geschwistern zum Vater George nach New Orleans reiste, der dort einen neuen Posten erhalten hatte.

Diese Schiffsreise veränderte das Leben der gesamten Familie Farragut auf dramatische Weise. Am 22. Juni 1808 suchte der Tod das Haus der Farraguts gleich zweimal heim. David Porter Sr., ein Freund von George und ebenfalls ein Marineveteran der Revolution, der bei den Farraguts wohnte, um sich von einem Sonnenstich und einer Tuberkulose zu erholen, starb als Erster. Elizabeth erlag noch am selben Nachmittag dem Gelbfieber und ließ den kleinen James und seine Geschwister mit ihrem überforderten Vater allein. George suchte sofort nach anderen Familien, die sich um seine Kinder kümmern sollten, und David Porters Sohn David Jr. bot an, James aufzunehmen. Alle stimmten diesem Arrangement zu, und Farragut wurde in den Kern einer Familie aufgenommen, aus der später zwei Commodores (David Porter Sr. und sein Sohn William) und die ersten beiden Admirale der U.S. Navy hervorgingen: David Dixon Porter und Farragut – der den Vornamen seines Adoptivvaters, David, annahm und den Namen James, den er bei seiner Geburt erhalten hatte, fallen ließ.

Doch im Jahr 1808 waren all die vergoldeten Sterne, die eines Tages an den Revers ihrer Uniformen heften würden, noch nicht in Sicht. Farragut hatte bereits sein Interesse bekundet, der Navy beizutreten, aber noch nicht das Mindestalter von zehn Jahren für einen Platz als Midshipman erreicht. Letztendlich konnte Farragut einen kleinen zeitlichen Vorsprung herausholen: Er wurde im zarten Alter von neuneinhalb Jahren zum Midshipman ernannt. So jung er auch war, zeichneten sich doch schon seine typischen Qualitäten ab: Er trug nicht nur die Marineuniform, sondern auch den Vornamen seines Adoptivvaters und übernahm unter dessen Kommando schnell Führungsaufgaben an Bord.

Der Krieg von 1812 brach aus, als Farragut gerade dabei war, sich als Seemann zu behaupten. Er segelte mit Porter an Bord der *USS Essex* und hatte bereits erste Erfahrungen im Kampf und im Kommandobereich gesammelt, bevor er das Teenageralter erreichte. Die *Essex* kaperte eine Reihe britischer Kriegsschiffe und Walfänger, und Porter übertrug Midshipman Farragut im Sommer 1813 das Kommando über ein Prisenschiff. Farragut brachte die Prise sicher in den Hafen, musste aber im folgenden Jahr die Kehrseite einer solchen Aktion erfahren: Er war wieder an Bord der *Essex*, als das Schiff 1814 versuchte, aus Valparaíso in Chile auszulaufen, und dort von zwei britischen Kriegsschiffen entmastet und gekapert wurde. Farragut selbst wurde bei dem Gefecht verwundet.

Während des Krieges und in der Zeit danach erlebte Farragut höchstpersönlich, wie sich der Wirkbereich der USA ausweitete und sie global an Bedeutung zunahmen. So segelte er etwa unter David Porter Jr. an Bord der *Essex* und nahm 1813 an einer verhängnisvollen Landung mit anschließenden Kämpfen an Land auf den Marquesas-Inseln im Pazifik teil. Zwischen dem Krieg von 1812 und dem Mexikanisch-Amerikanischen Krieg unternahm er mehrere Kreuzfahrten im Mittelmeer, und mit der sogenannten Mosquito-Flotte bereiste er die Karibik, wo dieses Geschwader kleinerer US-Kriegsschiffe stationiert war, mit dem Auftrag, Piraten zu bekämpfen. (Die Mosquito-Flotte mag heute unbedeutend erscheinen, aber das waren die frühen Tage der sogenannten Monroe-Doktrin, benannt nach dem damaligen amerikanischen Präsidenten James Monroe.) Großbritannien beherrschte zu dieser Zeit die Meere, und Konteradmiral Alfred Thayer Mahan war noch nicht auf der Bildfläche erschienen, um sich für eine wirklich globale U.S. Navy stark zu machen. Nachdem die Vereinigten Staaten gerade erst wieder die Briten besiegt hatten, begannen sie, ihre Macht auch jenseits der eigenen Küsten zu demonstrieren, und Piraten waren – wie immer – ein geeignetes Ziel.)

Farraguts Karriere nahm in dieser Zeit Fahrt auf, er setzte im übertragenen Sinne noch häufiger die Segel und stach wieder in See. Erneut unter seinem Adoptivvater Porter segelnd, erhielt Farragut sein erstes richtiges Kommando über die winzige, treffend benannte *USS Ferret*. Trotz dieser wachsenden Verantwortung stieg Farragut jedoch nicht wie geplant in seinem Rang auf, da er 1821 eine vorläufige Prüfung zum Lieutenant nicht bestand. Glücklicherweise durfte Farragut im Dienst bleiben und das Kommando behalten. Nachdem er seinen Einsatz auf der *Ferret* beendet hatte, heiratete er 1823 Susan Marchant und wurde schließlich 1825 zum Lieutenant befördert.

Die nächsten zwei Jahrzehnte bis zum Ausbruch des Mexikanisch-Amerikanischen Kriegs waren beruflich ruhig, aber persönlich schwierig. Wie so viele herausragende Befehlshaber in Kriegszeiten stagnierte Farragut etwas, wenn er nicht gegen einen Feind segeln konnte. Auch die Navy ließ sich treiben. In jenen frühen Tagen stellte das immerwährende Problem, wie die Flotte finanziert werden sollte, manchmal deren gesamte Existenz infrage. Die frühen 1840er-Jahre waren typisch für Farraguts Leben in der Zwischenkriegszeit: Susan starb 1840, Farragut wurde 1841 zum Commander ernannt und heiratete 1843 erneut, und zwar eine Frau namens Virginia Loyall. Als dann 1846 der Krieg mit Mexiko ausbrach, segelte Farragut erneut nach Süden – in den Golf von Mexiko, den zwei ereignisreichsten Jahrzehnten seines Lebens entgegen.

Er begann diese Zeit als Kommandant der *USS Saratoga*, die 1847–48 fast ein Jahr lang unter dem legendären Commodore Matthew Perry (der schließlich 1853 Japan für den Westen erschloss) den Golf befuhr. Obwohl der Krieg mit Mexiko eine wichtige Kaderschmiede für Offiziere der Army war, die später auf beiden Seiten des Bürgerkriegs an der Spitze stehen sollten, war er für die Navy nicht so prägend. Dennoch brachten die Kriegseinsätze die Schiffe aus dem Hafen hinaus und die Karrieren wieder in Gang. Farragut machte sich als Kommandant gut und wurde von seinen Vorgesetzten weiterhin mit Wohlwollen wahrgenommen. 1853 wurde er von Marineminister (Secretary of the Navy) James Dobbin beauftragt, einen neuen Pazifikstützpunkt für die Navy auf Mare Island in Kalifornien aufzubauen. 1854 reiste Farragut nach Westen und arbeitete vier Jahre lang an dem Projekt, das sich als wesentlich erfolgreicher erwies als das frühere Projekt auf den Marquesas. 1855 wurde er zum Captain befördert, und 1858 beauftragte man ihn mit der Inbetriebnahme der Mare-Island-Marinewerft.

Nachdem die Werft gut angelaufen war, kehrte Farragut nach Hause zurück, zu seiner Frau Virginia. Von dort aus behielt er die politischen Entwicklungen genau im Auge, denn wieder einmal brauten sich schwere Wolken zusammen, die auf einen möglichen Krieg hinwiesen – allerdings innerhalb der Vereinigten Staaten. Farragut ahnte zu Recht, dass der Konflikt nicht friedlich verlaufen würde und dass er sich daher entweder dem Norden oder dem Süden anschließen musste, um seine Loyalität und Verbundenheit festzulegen. Als sich die Krise zuspitzte, setzte sich

Farragut offen für die Union, also die Nordstaaten, ein und zog schließlich ganz ostentativ mit seiner Familie am Vorabend des Krieges in einen Vorort von New York City.

Trotz dieses klaren Zeichens für seine Loyalität war eine weitere Vermittlung durch die Familie Porter notwendig, bis die Navy Farragut in dem neuen Konflikt ein wichtiges Kommando anvertraute. David Dixon Porter setzte sich beim Marineministerium für seinen Adoptivbruder ein und trug schließlich dazu bei, das Ministerium davon zu überzeugen, Farragut wieder ein Kommando auf See zu übertragen. Im Februar 1862 übernahm Farragut den Befehl über sein neues Flaggschiff, den Dampfschoner *USS Hartford*, und stach erneut in Richtung Golf von Mexiko in See. Obwohl die Schiffe unter seinem Kommando offiziell wieder als Blockadegeschwader betrachtet wurden, machte die Strategie der Union deutlich, dass Farragut nicht nur im Golf kreuzen, sondern auch aktiv das Festland angreifen sollte – beginnend mit seiner früheren Heimatstadt New Orleans.

Der Sezessionskrieg – der Amerikanische Bürgerkrieg von 1861 bis 1865 – ist nicht als Seekrieg in die Geschichte eingegangen. Dennoch sah die Strategie der Union vor – passenderweise nach der Schlangenart Anakonda benannt –, den Süden auf dem Wasserweg zu spalten und zu umzingeln und die Region so nach und nach in den Würgegriff zu nehmen. Stellen Sie sich eine zweiköpfige Schlange vor: Während ihr stählerner Bauch die Rebellen von ausländischer Hilfe und vom Handel abschnitt, würde ein Kopf aus der Mündung des Mississippi den Flusslauf nach oben bearbeiten und der andere von oben nach unten durchstoßen. Während sich die Schlange immer enger einrollte, würde der Süden an all der Baumwolle, die er anbaute, ersticken, und die stärker industrialisierten Truppen der Union könnten die Rebellion niederschlagen.

Farragut wurde nun in den wenig spezifischen Rang eines Flaggoffiziers befördert (die U.S. Navy weigerte sich damals noch, einen offiziell höheren Rang als Commodore einzurichten) und erhielt das Kommando über das Blockadegeschwader im Golf – somit leitete er den »südlichen Kopf« der Anakonda-Strategie, was die Blockade der Häfen im Süden und die Kontrolle des Mississippi vorsah. Doch obwohl diese sogenannte Blockademission wichtig und effektiv war, war das eigentliche Ziel der

Hafen von New Orleans, der ultimative Zielhafen der gesamten Binnenschifffahrt im Süden, so wie er es zuvor schon unter den Spaniern und unter den Franzosen gewesen war. Als größte Stadt der Konföderation und südliches Tor zum Mississippi war New Orleans ein äußerst wertvolles Angriffsziel für die Union. Farragut und David Dixon Porter taten sich zusammen, um den Angriff in gemeinsamer Absprache auszuführen, wobei Farragut das Kommando über die Linienschiffe und Porter das über eine Flottille von Schonern hatte, die mit Mörsern bestückt waren. Die zehntägige Schlacht begann am 18. April 1862 mit schwerem, aber wirkungslosem Beschuss der Forts Jackson und St. Philip, die den südlichen Zugang zur Stadt bewachten. Die Forts hatten eine riesige Eisenkette über den Fluss gespannt. Nach fünftägigem Beschuss ohne nennenswerten Erfolg beschloss Farragut, sich einfach mit Gewalt einen Weg durch den Fluss zu bahnen. Wie bei seinem Triumph in der Bucht von Mobile wägte er die Chancen ab und setzte auf Schnelligkeit und den Überraschungseffekt gegenüber der gewaltigen, aber relativ unbeweglichen Feuerkraft der Forts.

Im Schutze der Dunkelheit setzte Farragut in den frühen Morgenstunden des 24. April zum Angriff an. Er befahl seinen Kapitänen, die eiserne Kette, die über den Fluss gespannt war, zu durchbrechen und so schnell wie möglich weiterzusegeln, selbst wenn die Forts das Feuer eröffnen sollten. Der Plan ging auf: Obwohl die Schiffe auf der Durchfahrt entdeckt und beschossen wurden, konnten sie ihre Geschwindigkeit beibehalten und das Feuer erwidern, und der Rauch und die Dunkelheit hinderten die überraschten konföderierten Verteidiger daran, auch nur eines der vorbeifahrenden Schiffe der Union zu versenken. Da es weiter flussaufwärts keine Verteidigungsanlagen gab, war der Weg nach New Orleans frei. Farragut nahm die Stadt ein, während die demoralisierten und nun vom Rest abgeschnittenen Soldaten der Konföderation in den Forts meuterten. Dieser Sieg wird als Wendepunkt des Krieges gefeiert, und der Kongress würdigte Farraguts Erfolg mit dem neu geschaffenen Rang des Konteradmirals.

Nachdem er New Orleans eingenommen hatte, setzte Farragut seinen Vorstoß den Mississippi hinauf fort – dies tat er sehr angriffslustig und er war damit weitestgehend erfolgreich. Doch auf dem Weg unterlief ihm ein folgenschwerer Fehler: Im März 1863 sollte Farragut bei einem gemeinsamen Angriff auf die Konföderierten in Port Hudson in Louisiana zusammen mit den Landstreitkräften unter dem Kommando von General Nathaniel Banks den Angriff der Seestreitkräfte leiten. Farragut entschied eigenmächtig, den Angriff bereits in der Nacht vor dem vereinbarten Zeitpunkt durchzuführen. Es ist nicht ganz klar, ob Farragut versucht hat, Banks über die Änderung im Zeitplan zu informieren, Tatsache ist jedoch, dass Banks' Truppen ihren Angriff nicht zur gleichen Zeit begannen. So konnten sich die Konföderierten zunächst ungehindert darauf konzentrieren, Farraguts Schiffe zurückzudrängen, und am nächsten Morgen auch den Angriff von Banks' Truppen abwehren.

In den folgenden gut drei Monaten fuhr Farragut den Mississippi hinauf und hinunter, um Nachschub für die konföderierten Verteidiger in Vicksburg abzufangen. Diese Stadt fiel schließlich am 4. Juli 1863 an General Ulysses S. Grant, und Port Hudson folgte am 9. Juli. Mit der Kapitulation dieser Städte war der Teil des Anakonda-Plans, der den Fluss betraf, voll aufgegangen und beendet. Farragut segelte nach Süden, zurück zum Golf, und begann mit der Planung und Vorbereitung auf den nächsten – und größten – Kampf seines Lebens.

Nach New Orleans war Mobile der zweitwichtigste verbliebene Hafen der Konföderation am Golf. Und da New Orleans nun wieder unter der Kontrolle der Union stand, war Mobile ein wichtiger Anlaufpunkt für die Blockadebrecher, die von Havanna aus Waren und Wehrmaterial in den tiefen Süden brachten. Die Stadt war von Natur aus durch die Bucht und die vorgelagerten Inseln gut geschützt. Den Eingang zur Bucht bewachten Fort Gaines (26 Geschütze) im Westen und Fort Morgan (46 Geschütze) im Osten. Hinzu kam eine neuartige und höchst unehrenhafte Reihe von Unterwasserminen (wie bereits erwähnt, damals »Torpedos« genannt), die im westlichen Teil des Kanals ausgelegt waren. Wie bei New Orleans würde ein Sieg voraussetzen, dass man an beiden Forts vorbeikäme, um die Verbindung zur Stadt abzuschneiden, und das wiederum würde erfordern, dass man durch das Minenfeld und damit direkt in die Fänge der kleinen, aber tödlichen Flottille der Konföderierten segelte, die dahinter wartete.

Ob man das nun unehrenhaft findet oder nicht, die Konföderierten hatten die Minen genau gegen die Art von Schiffen gelegt, die Farragut befehligte. Sein Geschwader war ein typisches Beispiel für den kontinuierlichen Wandel in der Konstruktion der Schiffe und in der Kriegsführung zur See in der Mitte des 19. Jahrhunderts: sieben Linienschiffe (einschließlich seines Flaggschiffs *Hartford*), überwiegend aus Holz gefertigt und mit Segel- und Dampfantrieb ausgestattet, etwa doppelt so viele kleinere Kanonenboote, ebenfalls aus Holz, und vier dampfgetriebene Panzerschiffe. Damit hatte Farragut mehr Möglichkeiten, als ein Kommandant in seiner Position 10 oder 20 Jahre zuvor gehabt hätte. Die Schwachstelle der Panzerschiffe bestand in der Tatsache, dass sie tief im Wasser lagen und die Besatzungen im Inneren eingeschlossen waren – und genau dies war das Angriffsziel der Torpedos.

Farraguts Schlachtplan war so angelegt, dass er alle ihm zur Verfügung stehenden Ressourcen so vorteilhaft wie möglich einsetzen konnte. Er kombinierte Schiffe aus Eisen mit solchen aus Holz, große mit kleinen Schiffen – und mit Blick auf seinen überstürzten Angriff auf Port Hudson kombinierte er diesmal, was viel erfolgreicher war, Soldaten an Land mit seinen Besatzungen auf den Schiffen. Typischerweise gehörten auch Wagemut und Schnelligkeit wieder zu seinem Plan. Farragut hatte aus seinen Erfahrungen in New Orleans gelernt. Daher bestand seine Strategie nicht darin, die Forts durch Beschuss vom Wasser aus zu zerstören, sondern er sah stattdessen vor, sie zu neutralisieren, indem er an ihren Geschützen vorbeizog und sie von der Stadt abschnitt, die sie schützen sollten und von der sie für ihre Versorgung abhängig waren. Sicherheit und Erfolg würden von der Schnelligkeit der ganzen Aktion abhängen und davon, dass es gelang, das Minenfeld unbeschadet zu durchqueren.

Wie viele große Pläne war auch der von Farragut detailliert und aufwändig, aber im Grunde genommen einfach. Da er gezwungen sein würde, aus nächster Nähe direkt unter den Kanonen von Fort Morgan hindurchzusegeln, plante er, sich Fort Morgan von seiner stärksten Seite zu präsentieren und Fort Gaines mit ganz anderen Problemen herauszufordern. Der Angriff sollte gleichzeitig zu Land und zu Wasser erfolgen, wobei die Soldaten auf Dauphin Island landen würden, um Fort Gaines unter Beschuss zu nehmen, während die maritimen Streitkräfte durch den Kanal vorstoßen sollten, um Fort Morgan von der Kanal- und Seeseite aus zu beschießen. Alles hing von der punktgenauen

Koordinierung und einer zügigen und entschlossenen Durchführung ab.

Da kein frühzeitiges Bombardement wie bei New Orleans geplant war, nutzte Farragut die Tage vor der Schlacht ausschließlich zur Vorbereitung und Positionierung. Der Countdown begann am 1. August mit der Ankunft eines Schiffes mit Unionstruppen unter dem Kommando von General Gordon Granger. Nachdem sie sich mit Farraguts Geschwader vor der Küste vereinigt hatten, gingen die Truppen am 3. August am Strand auf der Südseite von Dauphin Island an Land und marschierten am 4. August auf Fort Gaines zu. Grangers Soldaten verbrachten den Abend damit, sich einzugraben und einen Artillerieangriff vorzubereiten, der gleichzeitig mit der am nächsten Morgen beginnenden Seeschlacht durchgeführt werden sollte.

In der Zwischenzeit organisierte Farragut seine Schiffe für einen umfassenden Angriff auf das Fort. Er positionierte die vier Panzerschiffe, angeführt von der *USS Tecumseh*, zu seiner Rechten, entlang der Küstenlinie und dem Fort am nächsten. Die sieben größeren Holzschiffe, darunter Farraguts Flaggschiff *Hartford*, sollten etwas dahinter und an Backbord der Panzerschiffe folgen, und jedes von ihnen sollte ein kleineres Kanonenboot an seiner Backbordseite festmachen. Weit unten, außerhalb der Bucht, ließ er eine kleine Einheit von Kanonenbooten zurück, um den Angriff vor Überraschungen zu schützen und die Verteidiger von Fort Morgan durch Geschützfeuer abzulenken. Bei der Aufstellung seiner Hauptkampflinie plante Farragut, sein eigenes Schiff als Erstes in die Reihe zu stellen, gab aber dem Druck seiner Kapitäne nach, sich nicht einem solchen persönlichen Risiko auszusetzen. Glücklicherweise räumte er nur einen Platz in der Reihe ein: Farragut und die *Hartford* segelten an zweiter Stelle, sodass sie sich nicht als Erste den Kanonen und Minen aussetzen mussten, aber trotzdem nahe genug waren, um das Geschehen überblicken zu können, bevor der Rauch alles verdeckte.

Am Morgen des 5. August eröffneten die Kanonen der Union wenige Minuten vor 7 Uhr das Feuer auf beiden Seiten des Kanals. Grangers Soldaten und ihre Artillerie griffen an und hielten Fort Gaines zunächst einmal in Schach, wodurch die westliche Seite des Kanals gesichert war. In der Zwischenzeit entwickelte sich das Seegefecht fast ebenso schnell, aber nicht annähernd so reibungslos. Während die Schiffe sich in Richtung Norden vorarbeiteten und Fort Morgan umrundeten, verdeckte der Rauch der Kanonen beider Seiten Farraguts Sicht auf das Schlachtgeschehen. Der Admiral war nicht in der Lage, sich in einer Linie vorwärtszubewegen – so kletterte er die Takelage der *Hartford* bis zur Mastspitze hinauf, um von oberhalb des Rauchs einen Überblick zu bekommen. Als der Kapitän der *Hartford*, Percival Drayton, dies sah, schickte er einen Unteroffizier mit einem Strick nach oben und befahl ihm, Farragut am Mast festzubinden, damit der Admiral nicht durch ein plötzliches Wanken des Schiffes über Bord geschleudert würde.

Farragut, der gut abgesichert und jenseits des Rauchs den Überblick hatte, musste sich bald über andere Dinge Sorgen machen als über das plötzliche Wanken des Schiffes: Aus unerfindlichen Gründen verlangsamten die Leitschiffe weiter vorn ihr Tempo schon wenige Minuten, nachdem die Schlacht begonnen hatte, und dabei befanden sie sich noch genau zwischen den beiden Forts. Farragut wusste, dass seine Flotte nicht lange überleben würde, wenn sie genau zwischen den beiden Forts in die Zange genommen würde. Außerdem musste er sicher annehmen, dass derselbe Rauch, der ihm die Sicht raubte, die dahinter liegenden Schiffe der Konföderierten warnen und anlocken würde. Wenn es dem feindlichen Geschwader gelänge, mithilfe von deren mächtigem eisernen Rammschiff, der *CSS Tennessee*, schnell die Mündung der Bucht jenseits des Minenfeldes abzuriegeln, säße Farraguts Flotte in der Falle, und ihr Schicksal wäre besiegelt: Sie würden alle im Kanal untergehen. Es war der 5. August 1864, kurz nach Sonnenaufgang. Die Schlacht von Mobile Bay steuerte auf ihren Höhepunkt zu.

Um 7.40 Uhr erschütterte eine gewaltige Explosion die See und übertönte selbst das Getöse der anhaltenden Schlacht. Das führende Panzerschiff der Union, die *Tecumseh*, hatte einen Torpedo abbekommen. Sie sank innerhalb weniger Minuten und riss über 100 Mann ihrer Besatzung, darunter auch den Kapitän, mit sich. Während die Schiffe und Forts noch immer unter Beschuss standen, befahl Farragut, ein Boot zur Bergung der wenigen Überlebenden auslaufen zu lassen. Als er aufblickte, sah er, wie die *Brooklyn* anhielt und zurück in Richtung des Geschwaders steuerte, das sich bereits gefährlich nah hinter ihr aufstaute. Farragut, der immer noch oben an den Mast der *Hartford* festgebunden war und keine Möglichkeit hatte, genau herauszufinden, was an Bord der *Brooklyn* vor sich ging, wähnte nicht nur seinen Plan, sondern vielleicht auch die Schlacht und möglicherweise seine gesamte Flotte in Gefahr. Er hatte nur zwei Möglichkeiten: zurückbleiben und auf die *Brooklyn* warten, um das Problem zu lösen oder es sich erklären zu lassen, oder um sie herumsegeln – direkt in das Minenfeld, das gerade auf spektakuläre Weise die *Tecumseh* gefordert hatte.

Dies ist ein Moment, der selbst im Rahmen von »routinemäßigen« Kampfeinsätzen schwer zu begreifen ist, wenn es so etwas überhaupt gibt. Stellen Sie sich vor, Sie betreten ein Minenfeld an Land, und buchstäblich nur ein paar Meter vor Ihnen tritt ein Kamerad auf eine Mine und wird vor Ihren Augen in Stücke gerissen. Hinter Ihnen ist es sicher, und die Versuchung wäre sicherlich groß, zumindest innezuhalten und sich ein Bild zu machen – aber die Kugeln fliegen von beiden Seiten auf Sie zu. Der einzig sichere Weg ist, sich zurückzuziehen, die Gefahrenlage neu zu beurteilen und einen neuen Plan zu entwerfen. Die meisten von uns würden das tun, aber nicht Farragut. Er war zu diesem Zeitpunkt bereits über 60 Jahre alt, aber immer noch gut aussehend und von kräftiger Statur – ein Mann, der nur das Leben auf See kennt. Wenn man sich vorstellt, wie der Schauspieler Matthew McConaughey im Alter aussehen wird, hat man ein ungefähres Bild von Farragut. Er hatte schon so manche brenzlige Situation erlebt, aber keine, die auch nur annähernd mit der Situation vergleichbar wäre, die er an jenem Morgen in der Bucht von Mobile vorfand.

Farraguts Puls raste, und er hatte keine Zeit, über die diversen Optionen nachzudenken. In diesem Moment war er buchstäblich an den Mast seines Schiffes gefesselt und schwankte mit jeder Bewegung der *Hartford* hin und her.

Es war kurz nach 8 Uhr morgens, und einmal mehr setzte Farragut auf Schnelligkeit und entschlossenes Handeln – und auf die begründete Vermutung, dass trotz des tragischen Unglücks der *Tecumseh* die meisten Minen im Hafen durch die lange Zeit, die sie im Salzwasser verbracht hatten, unbrauchbar geworden sein würden. Durch das Sprachrohr bellte der Admiral seine inzwischen legendäre Anweisung, den riskanten Weg nach vorn einem schmachvollen Rückzug oder der fast sicheren Zerstörung durch die Kanonen der Forts vorzuziehen. Der genaue Wortlaut wurde nicht aufgezeichnet, aber die meisten Quellen stimmen darin überein, dass er in etwa so lautete: »Zum Teufel mit den Torpedos! Vier Glasen! Kapitän Drayton, vorwärts! Jouett, volle Kraft voraus!«[1]

Obwohl niemand genau weiß, was in diesem Moment tatsächlich gesagt (oder gehört) wurde, besteht kein Zweifel daran, dass Farragut und die *Hartford* an der *Brooklyn* vorbei in die Bucht vorstießen. Auf jeden Fall war »vier Glasen« das Signal für »volle Fahrt voraus« auf dem (von Kapitän Drayton gesteuerten) Maschinentelegrafen der *Hartford*, und James Jouett, der das an der Backbordseite der *Hartford* festgezurrte Kanonenboot *Metacomet* kommandierte, musste unbedingt Schritt halten. Die *Hartford* und die *Metacomet* kamen durch, ohne auf weitere Minen zu stoßen, ebenso wie die zwölf anderen Holzschiffe hinter ihnen, darunter auch die *Brooklyn*, die zurückfiel, als die anderen vorbeisegelten. Nur wenig mehr als eine Stunde nach Beginn der Schlacht waren die Schiffe der Union endlich jenseits der Forts und in der Bucht.

In seinem faszinierenden Buch über die Herausforderungen beim Schreiben von Militärgeschichte, *Damn the Torpedoes*, weist Brian Burrell darauf hin, dass der Ausdruck »Damn the torpedoes!« (»Zum Teufel mit den Torpedos!«) erst 8 Jahre nach Farraguts Tod und damit 14 Jahre nach der Schlacht selbst in einem Bericht über die Schlacht auftauchte. Er findet sich in keinem offiziellen Bericht über die Schlacht.[2] Nichtsdestotrotz ist er in die Geschichtsschreibung eingegangen und dient als eine Art Kurzformel für Entscheidungen, die angesichts großer Risiken getroffen werden.

Nachdem sie die Forts passiert hatten, lösten sich die größeren Unionsschiffe von ihren kleineren Begleitern, die gegnerische Boote der Konföderierten verfolgen sollten, und gegen 8.30 Uhr befahl Farragut den größeren Schiffen, vor Anker zu gehen. Gerade als sie sich darauf vorbereiteten, steuerte das konföderierte Panzerschiff *Tennessee* um 8.45 Uhr in einem waghalsigen Alleingang auf die Unionsschiffe zu. »Es dauerte nicht lange, bis ich begriff, dass seine Absicht in der Zerstörung des Flaggschiffs [*Hartford*] bestand«, schrieb Farragut in seinem detaillierten Bericht nach der Schlacht. »Die Panzerschiffe und die Holzschiffe, die ich für den Zweck am besten geeignet hielt, erhielten sofort den Befehl, das Rammschiff anzugreifen, und zwar nicht nur mit ihren Kanonen, sondern auch mit vollem Bug, und dann begann eine der heftigsten Seeschlachten, die es je gegeben hat.«[3]

Die *Tennessee* war zu gut gepanzert, um von den Holzschiffen versenkt zu werden, aber nicht ausreichend bewaffnet, um diese zu versenken. Sie setzte den Kampf in der unteren Bucht fast eine Stunde lang fort und fuhr einen Schlingerkurs, während sie sich mit den großen Unionsschiffen ein Feuergefecht mit Kanonen und Rammattacken lieferte. Schließlich mischten sich zwei Panzerschiffe der Union in das Gefecht ein und setzten die *Tennessee* unter heftigen Kanonenbeschuss. Die *Tennessee* war zwar noch schwimmfähig, aber ihre Panzerung war beschädigt, und ihre Offiziere und Besatzung waren durch die Splitter ihrer hölzernen Innenkonstruktion schwer angeschlagen. Gegen 10 Uhr kapitulierte die *Tennessee* schließlich, und damit fand die Seeschlacht in der Mobile Bay ihr siegreiches Ende. Wie zuvor bei der Einnahme von New Orleans hielten die nun bedeutungslosen Forts und ihre Verteidiger noch etwas länger stand: Fort Gaines kapitulierte offiziell am 8. August, und Fort Morgan, das vollständig umzingelt war und von Land und von der See aus unter Beschuss genommen wurde, hielt bis zum Morgen des 23. August stand, also zweieinhalb Wochen, nachdem Farragut sich den Weg am Fort vorbei gebahnt hatte.

Der Sieg in der Mobile Bay war in vielerlei Hinsicht der Gipfelpunkt von Farraguts langer Karriere und ermöglichte zweifellos den nachhaltigen Erfolg des maritimen Teils der Anakonda-Strategie. Da der Mississippi und die wichtigsten Häfen am Golf unter der Kontrolle der Union standen, war der Süden geografisch geteilt und von der Versorgung weitgehend abgeschnitten. Der Krieg zog sich nur noch knapp ein Jahr hin, und ein Großteil des Endkampfes wurde nun zwischen den Armeen an Land ausgetragen. Der Sieg in der Mobile Bay war möglicherweise auch für Präsident Lincolns Kampagne zur Wiederwahl im Herbst 1864 hilfreich; Lincoln beförderte Farragut am 23. Dezember desselben Jahres in den neu geschaffenen Rang eines Vizeadmirals. Nach Kriegsende genehmigte der Kongress den Rang eines vollwertigen (Vier-Sterne-) Admirals und verlieh Farragut diesen Rang, sodass er am 25. Juli 1866 der erste Admiral der US Navy wurde.* Sein Adoptivbruder David Dixon

* Nicht zu verwechseln mit dem Rang des Admiral of the Navy von George Dewey. Farragut war der erste Admiral der U.S. Navy; Dewey war der erste (und einzige) Admiral of the Navy. (Deweys Rang ist nicht mit dem von Flottenadmiral William »Bull« Halsey

Porter wurde schließlich am 15. August 1870 – einen Tag nach Farraguts Tod – in denselben Rang befördert.

Farragut hatte nach dem Krieg noch ein letztes Mal ein Kommando auf See inne, nämlich das des europäischen Geschwaders von 1867–68. In Anerkennung seines Dienstes für die Union wurde Farragut – ein Offizier, dessen Loyalität vom Marineministerium zunächst als zweifelhaft angesehen worden war – für den Rest seines Lebens im aktiven Dienst gehalten. Er starb am 14. August 1870 in Portsmouth, New Hampshire. Er hatte 59 seiner 69 Lebensjahre in Marineuniform verbracht.

Im Rückblick auf diese Karriere wäre es zu einfach, zu dem Schluss zu gelangen, dass Farragut nur ein aggressiver oder impulsiver Kommandant war. Es besteht ein Unterschied zwischen der Entscheidung und dem entschlossenen Handeln inmitten eines Gefechts und dem bloßen Abwägen von Bedenken oder reinen Spekulationen und Ahnungen – und es wäre unklug, den Satz »Zum Teufel mit den Torpedos!« völlig aus dem Zusammenhang zu reißen, um damit seine Unbesonnenheit zu unterstreichen. Wenn wir jedoch sein Leben und seine Handlungen im Auge behalten, bietet Farragut mehrere wichtige Lektionen für Entscheidungsträger unserer Zeit.

Erstens erwies sich Farragut als anpassungsfähig an revolutionäre technische Veränderungen, die wiederum einen Einfluss hatten auf die Ausübung seines Berufes. Die Anfänge seiner Dienstzeit ähnelten denen von Vizeadmiral Lord Nelson, dem berühmtesten aller Segeladmirale; gegen Ende seiner Karriere bekam man gerade erst eine Vorahnung der *Dreadnought*-Ära mit ihren Stahlschiffen, Zugrohrkanonen und bedrohlichen U-Booten. Vor dem Hintergrund der heutigen Friedenszeiten sollte man sich vergegenwärtigen, dass viele leitende Angestellte großer etablierter Unternehmen ebenfalls Zeugen und Akteure einer Ära großer Veränderungen sind, von der Welt der handschriftlichen Notizen über die Welt des Faxgeräts und der Smartphones bis hin zu der heute

---

zu verwechseln. Nach heutiger Praxis würde Dewey sechs Sterne tragen, Halsey fünf und Farragut vier – aber alle hatten den höchsten Marine-Rang inne, der während ihrer Dienstzeit zulässig war. Seit 1945 sind keinem US-Admiral mehr als vier Sterne verliehen worden).

allgegenwärtigen Videokommunikation. Farragut war zwar kein Pionier der neuen Technologien, aber er konnte seine Einstellung gegenüber Neuerungen (wie Panzerschiffen) ändern, sobald sie sich bewährt hatten, und es gelang ihm, ihre Einsatzmöglichkeiten an seine Bedürfnisse anzupassen (beispielsweise indem er in der Mobile Bay seine Holzschiffe durch Eisenschiffe abschirmen ließ). Gute Entscheidungsträger nutzen alle Vorteile, die die Technologie ihnen bieten kann.

Zweitens war Farragut ein äußerst überzeugendes Beispiel für den Wert eines entschlossenen Handelns auf der Grundlage kalkulierter Gewinnchancen. In New Orleans und vor allem in der Mobile Bay bewährte sich dies für ihn. In seinem detaillierten Bericht über die Schlacht bei Mobile erläuterte er die Schlussfolgerungen, die er über das Minenfeld gezogen hatte, Tage bevor er sich entschloss, mit voller Geschwindigkeit hineinzusegeln:

> Ich schipperte zwischen den Bojen hindurch, unter denen die Torpedos angeblich versenkt waren. Diese Bojen waren zuvor von meinem Adjutanten, J. Crittenden Watson, in mehreren nächtlichen Erkundungen inspiziert worden. Obwohl er die versenkten Torpedos nicht entdecken konnte, wurde uns deren Existenz von Geflüchteten, Deserteuren und anderen Personen bestätigt. Da ich jedoch davon ausging, dass sie, nachdem sie einige Zeit im Wasser gelegen hatten, wahrscheinlich unschädlich waren, beschloss ich, das Risiko einzugehen, dass sie explodieren könnten.[4]

Diese akribische Vorbereitung auf die Schlacht – in der Erkundung, in den allgemeinen Befehlen an sein Geschwader, in der Koordinierung mit den Landstreitkräften und vor allem in seinem eigenen Denken und Empfinden – zeigt, dass »Zum Teufel mit den Torpedos!« nicht nur ein leichtsinniger spontaner Ausruf war. Um Sun Tzu zu paraphrasieren: Farragut hatte den Sieg durch sorgfältige Studien im Vorfeld umfassend vorbereitet. Seine Entscheidung im richtigen Moment war nicht nur ein Produkt des Augenblicks – es ist diese berechnende Vorbereitung, die Farragut als Entscheidungsträger auszeichnet und nicht nur als glücklichen Haudegen. Je mehr sich ein Entscheidungsträger mit den Details beschäftigt, bevor er handelt, desto größer sind die Chancen, eine erfolgreiche Entscheidung zu treffen.

Schließlich verband Farragut seinen analytischen Verstand und seinen unbestrittenen physischen Mut mit einer echten persönlichen Ausstrahlung, die ihn bei den Matrosen unter seinem Kommando beliebt machte. Obwohl wir uns heute an ihn als *den* Helden von Mobile Bay erinnern, stellte er seine eigenen Entscheidungen und Handlungen im Vergleich zu denen seiner Matrosen ganz nüchtern dar. In seinem Bericht erwähnt er kurz und ohne einen Hauch von Vorwürfen, dass er während der Schlacht mit Blick auf die *Brooklyn* »einige Schwierigkeiten vorausgesehen« habe; über seine eigene Tapferkeit schreibt er: »Ich beschloss sofort, wie ursprünglich beabsichtigt, die Führung zu übernehmen, und ... preschte mit der *Hartford* voraus, und die Schiffe folgten, wobei ihre Offiziere glaubten, dass sie mit ihrem Oberbefehlshaber in einen edlen Tod gehen würden.«[5] Der Bericht schließt mit »wärmsten Lobesworten« an seine Offiziere und Männer – ausführlich und in vielen Fällen namentlich –, »nicht nur für den unermüdlichen Eifer, mit dem sie ihre Schiffe auf den Kampf vorbereitet haben, sondern auch für ihre Geschicklichkeit und Kühnheit bei der Ausführung meiner Befehle während des Gefechts«.[6] Kein noch so mutiger Anführer von Menschen kann es wirklich allein schaffen, und Farraguts Berichtsstil macht deutlich, dass er sich das Vertrauen und die eifrige Gefolgschaft derer verdient hatte, die mit ihm dienten. Es war typisch für Farragut, dass er die Hingabe seiner Mannschaften hervorhob, anstatt seine eigene Entschlusskraft zu unterstreichen, und dies zeigt, dass er sich der Bedeutung bewusst war, die über eine lange Zeit hinweg aufgebautes Vertrauen für die organisatorische Ausführung seiner Unterfangen haben kann. Wenn ein Entscheidungsträger die eigene Haut riskiert, macht ihn das nicht nur scharfsinniger, sondern er inspiriert auch seine Kameraden.

Die sorgfältige Anwendung neuer Technologien und Techniken, entschlossenes Handeln auf der Grundlage gründlicher Vorbereitung und kalkulierter Chancen sowie Tapferkeit kombiniert mit menschlicher Wärme sind allesamt Qualitäten, die von modernen Entscheidungsträgern gefordert und erwartet werden, und Farragut stellt in allen drei Bereichen ein gutes Vorbild dar. Wenn man sich die Sturheit von John Paul Jones im Nahkampf und den Einfallsreichtum von Stephen Decatur im Kampf vor Augen führt, wird deutlich, welch großen Einfluss Farragut auf die noch sehr junge U.S. Navy hatte. Seine Entscheidungsprozesse waren gleichzeitig technologie- und faktenbasiert, erforderten aber auch eine hohe Risikobereitschaft.

Farragut verkörpert die Übergangsphase zwischen dem eleganteren Zeitalter der Segelschiffe und der nahenden Ära der schweren Stahlschiffe mit massiven Kanonen mit großer Reichweite. In Zeiten des Wandels Entscheidungen zu treffen ist vielleicht das schwierigste aller Metiers – denn das, was bekannt ist und als gegeben vorausgesetzt wird, ändert sich, oft in rasantem Tempo. Dies gilt insbesondere dann, wenn die Dinge durch die Anforderungen eines Krieges beschleunigt werden. Diese Art der Entscheidungsfindung war der Beginn dessen, was man als moderne Analyse in Kampfsituationen bezeichnen könnte, und ist bis heute die Grundlage für das Handeln der U.S. Navy. Und obwohl Farragut den Höhepunkt des Segelzeitalters (John Paul Jones und Stephen Decatur) verkörpert, schuf er ebenso einen Großteil dessen, was wir heute als den Kampfentscheidungsprozess der Stahlmarine betrachten – der, wie wir noch sehen werden, Teil des Entscheidungsprozesses anderer Persönlichkeiten in diesem Buch ist.

Wie ich bereits in der Einleitung erwähnt habe, bestand Donald Rumsfeld, als ich drei Jahre nach dem 11. September 2001 als leitender militärischer Assistent für den Verteidigungsminister arbeitete, zu Beginn jeder Briefing-Sitzung darauf zu erfahren, welche Annahmen der Analyst zugrunde gelegt hatte, bevor er mit der Analyse begann. Damit meinte er das Konzept von »Known and Unknown«, wie er seine Memoiren über seinen Dienst in der zweiten Bush-Regierung betitelte.[7] Von einem Entscheidungsträger wie Farragut bekommen wir ein Gefühl dafür, wie wichtig es ist, die schwere Arbeit der Analyse mit Würde unter extremem Druck zu verbinden – um Ernest Hemingways Beschreibung von Mut zu zitieren. Bei meinen vielen Einsätzen auf See habe ich versucht, die Prämissen zu verstehen, von denen sich die Befehle von Vorgesetzten leiten ließen, ein tiefes Verständnis für die Technik meiner Kriegsschiffe und – was vielleicht noch wichtiger war – meiner Gegner zu entwickeln, mich gründlich auf die wichtigsten Ereignisse vorzubereiten und auch in den intensivsten Momenten die Ruhe zu bewahren. Das ist mir nicht immer gelungen, aber ich hatte gute Vorbilder: sowohl Farragut als auch Dewey, der Gegenstand des nächsten Kapitels ist. Ich schließe mit dem größten Lob, das ich einem der Protagonisten in diesem Buch aussprechen kann:

Admiral David Farragut war ein mutiger und zugleich umsichtiger Entscheidungsträger, unter dessen Flagge ich gerne gesegelt wäre.

Kapitel 4

Cool Hand George

Commodore George Dewey, United States Navy[1]
Kommandeur der US-amerikanischen Asienflotte

Die Schlacht in der Bucht von Manila
1. Mai 1898

»Schießen Sie, sobald sie bereit sind, Gridley.«

KAPITEL 4

Im Mai 2018 wurde ich gebeten, die Abschlussrede für die Graduierten der Norwich University in Vermont zu halten. Zu dieser Zeit war ich Dekan der Fletcher School of Law and Diplomacy und hatte mein Leben in der Navy bereits einige Jahre hinter mir. Ich hatte zuvor schon mehrere Reden bei Abschlussfeiern gehalten, und das Format gefiel mir. Die eigentliche Herausforderung besteht darin, sich kurz zu fassen, das Interesse der Studierenden nicht zu verlieren und die Dozenten ebenfalls einigermaßen bei der Stange zu halten. Dabei ist es von entscheidender Bedeutung, Binsenweisheiten und Plattitüden zu vermeiden (sagen Sie niemals Dinge wie »Greifen Sie nach den Sternen«, »Sie müssen nur davon träumen« oder »Seien Sie gütig zu anderen«). Ebenso wichtig ist es, Bescheidenheit und seinen Sinn für Humor zu bewahren. Es ist von immensem Vorteil, wenn man als Aufhänger eine Anekdote aus der Gegend bringen kann – etwas, das den Anwesenden zeigt, dass Sie Ihre Hausaufgaben gemacht haben und die Kultur und Geschichte der Institution kennen.

Die Norwich University ist die älteste private Militärakademie der Vereinigten Staaten. Sie wurde 1819 gegründet – noch vor Annapolis, vor »The Citadel« (The Military College of South Carolina) und vor dem Virginia Military Institute. Sie hat mehr als 4000 Studierende und ein lebhaftes Korps von Kadetten, sprich: Offiziersanwärtern, die in allen Teilstreitkräften eingesetzt werden. Die Militärakademie liegt in der kleinen Stadt Northfield in Vermont, was weit vom Meer entfernt ist, und erwartungsgemäß hat sie im Laufe ihrer 200-jährigen Geschichte eine Reihe hervorragender Army-Offiziere hervorgebracht (darunter weit über 100 Generäle). Als ich mich auf die Suche nach einem geeigneten »Aufhänger« machte, stellte ich zu meiner Überraschung fest, dass die ranghöchste Person, die diese Bildungsstätte jemals durchlaufen hat, kein General war, sondern ein Admiral. Und zwar nicht irgendein Admiral, sondern der einzige formell ernannte *Admiral of the Navy* auf Lebenszeit in der amerikanischen Geschichte: George Dewey, Sieger der ungleichen Schlacht in der Bucht von Manila von 1898.

Bis zu diesem Zeitpunkt war mir der Name George Dewey nur flüchtig geläufig, und zwar als Antwort auf die Frage »Wer ist der ranghöchste Offizier in der Geschichte der Marine?«. Und natürlich hatte ich als Midshipman in Annapolis die Grundzüge der Schlacht in der Bucht von

Manila studiert, in der Dewey als Kommandeur des US-amerikanischen Asiengeschwaders ganz ruhig seine Truppen mit dem einfachen Befehl an seinen Flaggkapitän in die Schlacht führte: »Schießen Sie, sobald Sie bereit sind, Gridley.« Doch je mehr ich über das Leben dieses damals 62-jährigen Marineveteranen recherchierte, der seine militärische Laufbahn im Amerikanischen Bürgerkrieg begann und seinen Dienst mit einer zutreffenden (wenn auch umstrittenen) Vorhersage eines kommenden Weltkriegs mit Deutschland im 20. Jahrhundert beendete, desto mehr interessierte mich, wie er Entscheidungen traf. In der Rede in Norwich wollte ich ihn für das Publikum lebendig werden lassen und den Offiziersanwärtern und der übrigen Studentenschaft einige Lektionen fürs Leben mitgeben.

Ich begann mit seiner äußerst lesenswerten Autobiografie, die seine ruhige, besonnene und entschlossene Stimme wiedergibt, obwohl seit seiner Geburt im Jahr 1837 fast 200 Jahre vergangen sind. Der eher nüchterne Ton erinnert an den Klassiker schlechthin – die Memoiren von Ulysses S. Grant, die viele Menschen für die besten militärischen Memoiren der amerikanischen Geschichte halten. Deweys Werk hat eine ähnlich zurückhaltende Gangart und Ehrlichkeit – sein Buch ist in gewisser Weise eine Seefahrer-Version von Grant, angesiedelt Mitte bis Ende des 19. Jahrhunderts. Er beschönigt zwar einige Momente seiner langen Karriere (siehe den etwas skeptischen Befund in Ronald Spectors *Admiral of the New Empire*[2]), aber insgesamt empfand ich das Buch als sehr direkt und ehrlich.

Bei meinen Nachforschungen entdeckte ich zu meiner Überraschung, dass Dewey in seiner Jugend ein wahrer Draufgänger war, der sich immer wieder gegen Autoritäten auflehnte, in Schlägereien verwickelt war und mehrfach mit dem Gesetz in Konflikt geriet. Daraufhin schickte ihn sein Vater auf eine Militärschule, weil er dachte, dass dies dem Wildfang ein wenig Disziplin einflößen würde. Diese Schule war natürlich Norwich. Obwohl es in der Autobiografie nicht ausreichend erklärt wird, gibt es doch Berichte, dass er von Norwich verwiesen wurde, weil er »betrunken war und Schafe in die Kaserne getrieben hatte«. Diese Erfahrung war offenbar kein unüberwindliches Hindernis für seine spätere Einschreibung an der Naval Academy in Annapolis, die ihn ebenfalls einen der ihren nennt.

In vielerlei Hinsicht war er *kein* außergewöhnlicher Offizier der unteren oder mittleren Ränge, auch wenn er während des Bürgerkriegs auf dem Mississippi einige denkwürdige Momente erlebte, als die Südstaaten durch die weiträumige Blockade abgeschnitten wurden. Er strahlte eine gewisse Normalität aus, und nur wenige hätten vorausgesagt, dass er zu den absoluten Größen der Marine aufsteigen würde. In den Jahren zwischen dem Bürgerkrieg und dem, was er als den »Spanischen Krieg« bezeichnete, diente er beispielsweise zwei Jahre lang als Leuchtturminspektor und vier Jahre lang als Vorsitzender des Lighthouse Board, das für den Bau und die Unterhaltung von Leuchttürmen und Navigationsvorrichtungen zuständig ist.[3] Aber er war mutig, gründlich und stieg – nachdem er sein Temperament in den Griff bekommen hatte – stetig, wenn auch nicht spektakulär, in der Hierarchie auf. Es ist wichtig, sich daran zu erinnern, dass er auch ein großer Bewunderer von Admiral Farragut war und tatsächlich unter ihm in mehreren bemerkenswerten Schlachten des Bürgerkriegs am Mississippi kämpfte.[4] Dewey behielt jedoch ein Leben lang eine gewisse raue Art bei, die in bestimmten Situationen zum Vorschein kam. Ein Biograf beschrieb ihn als jemanden, der »sein ganzes Leben lang erst zuschlug und danach dann die Formulare ausfüllte«[5].

Als er den Rang eines Flaggoffiziers erreichte, hatte Dewey sich bereits ein festes Leben aufgebaut und hegte eine Freundschaft (inklusive politischem Einfluss) mit Theodore Roosevelt und einigen anderen aufstrebenden Persönlichkeiten Washingtons. Mit seiner Ernennung zum Kommandeur der Asienflotte erfüllte sich für Dewey ein Lebenstraum: Er wollte ein Geschwader in Angriffsoperationen führen – und kam gerade rechtzeitig, um den Aufruf zum Einsatz gegen die spanischen Kolonien im Pazifik zu erhalten. Seine Entscheidung, sofort in die Bucht von Manila zu segeln, ohne dabei auf seine Nachschublinien Rücksicht zu nehmen, mit dem einzigen Ziel, die spanische Flotte hart und schnell anzugreifen, und ohne in Betracht zu ziehen, dass in dem riesigen Hafen Minen sein könnten, ist es wert, genauer untersucht zu werden.

George Dewey wurde am 26. Dezember 1837 in Montpelier, der Landeshauptstadt von Vermont, geboren. Seine Mutter starb, als er gerade fünf Jahre alt war, und so entwickelte der junge George schon früh eine große Bewunderung für seinen Vater. Julius Dewey war Arzt, gläubiger

Anhänger der Episkopalkirche und eine gut vernetzte Persönlichkeit in der politischen Szene von Vermont. Das ungezügelte Temperament des jungen George manifestierte sich auf vielfältige Weise. Am ersten Tag einer Legislaturperiode lief er mit verbundenen Augen die Treppe des Vermont Statehouse hinunter, um die Zuschauer zu schockieren. Nach einem schweren Sturm beschloss er, einen Fluss zu durchqueren, nur um zu sehen, ob er es schaffen würde; dabei verlor er das Fuhrwerk seines Vaters und beinahe sein eigenes Leben. Dewey beschrieb sein Verhalten später mit großzügiger Nachsicht: »Meine natürliche Veranlagung führte mich in viele Abenteuer. Ich war eben voller Tatendrang, und ich wollte, dass etwas passierte, wo immer ich auch war.«[6] Wenn man zwischen den Zeilen liest, erkennt man: Er war ein richtiger Draufgänger.

Dewey wurde 1852 in die Schule nach Norwich geschickt, blieb dort aber nur zwei Jahre. Sein rebellisches Verhalten setzte sich fort. Als die Rechnungen für den Privatunterricht ins Übermäßige stiegen, stoppte der Vater die Unterhaltszahlungen für seinen Sohn und holte ihn zurück nach Montpelier. Von dort aus nahm George die Naval Academy ins Visier. Sie war erst neun Jahre zuvor gegründet worden, befand sich zu großen Teilen noch in der Aufbauphase und fand nicht immer die nötige Unterstützung seitens der hochrangigen militärischen Führungskräfte, die der Army zugehörig waren (diese Meinungsverschiedenheit zwischen Navy und Army wird selbst heute noch beim jährlichen Navy-Army-Footballspiel ausgetragen). Es gelang George, sich dank der politischen Beziehungen seines Vaters einen Platz auf der Warteliste zu sichern. Zu seinem Glück entschied sich der vor ihm platzierte Bewerber rechtzeitig, lieber ein Leben als Priester führen zu wollen, und so bekam George die Zusage. Als Julius und George Dewey sich auf den Weg entlang der Ostküste nach Annapolis machten, wandte sich der ältere Dewey an seinen Sohn mit Worten, die 45 Jahre später in der Bucht von Manila nachhallen sollten: »George, ich habe alles für dich getan, was ich konnte. Den Rest musst du selbst erledigen.«

George Deweys Zeit in Annapolis war nach wie vor von emotionalen Ausbrüchen und körperlicher Gewalt geprägt. Wenn er von seinen Mitschülern provoziert wurde, teilte Dewey immer mindestens so viel aus, wie er einstecken musste. Er war an mindestens einem Duell beteiligt, das erst abgebrochen wurde, als besorgte Freunde beider Parteien die

Schulbehörden verständigten. Die größten Spannungen gab es zwischen den Schülern aus den Nord- und den Südstaaten, was den Ausbruch des Bürgerkriegs nur wenige Jahre später vorwegnahm. Deweys Durchhaltevermögen darf nicht unterschätzt werden: Nur 15 der 60 Studenten, die 1854 aufgenommen wurden, verließen die Akademie mit einem Abschluss – eine Abbrecherquote von 75 Prozent, mehr als das Fünffache der heutigen Quote. Dewey schloss als Fünftbester seiner kleinen Klasse ab.[7]

Deweys eigentliche Karriere bei der Marine begann am 19. April 1861, als er nur eine Woche nach der Beschießung von Fort Sumter und dem Beginn des Bürgerkriegs zum Lieutenant befördert wurde. Er diente zunächst an der Seite seines Kommandanten und Vorbilds David Farragut. Tatsächlich war Dewey ein begeisterter Mitstreiter während des gesamten Kriegseinsatzes von Farragut. Während der Schlacht von New Orleans diente er auf dem Dampfer *Mississippi* und rettete einen ertrinkenden Matrosen, als dessen Schiff während der Schlacht von Port Hudson sank. Dewey wurde zum Ersten Offizier eines Schiffes in Farraguts Geschwader befördert, wo er eine tiefe Bewunderung für dessen Entschlossenheit und dessen Führungstalent entwickelte. Er zeigte weiterhin gute Leistungen und wurde daraufhin zum Ersten Offizier der *USS Colorado* ernannt.[8]

Deweys Karriere blühte während des Bürgerkriegs auf, geriet aber nach Kriegsende ins Stocken. Zwischen Lees Kapitulation in Appomattox und Deweys Rendezvous mit dem Schicksal im Mai 1898 sollten über 30 Jahre vergehen. Die Navy schrumpfte nach 1865 rapide, und mit ihr schwanden auch die Möglichkeiten, in den Rängen schnell aufzusteigen. Wie viele andere Marineoffiziere jener Zeit musste auch der ehrgeizige Dewey sich in Friedenszeiten neu orientieren. 1867 arbeitete er auf der Marinewerft von Portsmouth in Kittery, Maine; im selben Jahr heiratete er Susan B. Goodwin, die aber tragischerweise wenige Tage nach der Geburt ihres ersten Kindes starb. Später unterrichtete er an der Naval Academy, kommandierte das Lazarettschiff *USS Supply* und war Mitglied des Lighthouse Board mit Sitz in New York City. Diese Aufgaben wurden durch das gelegentliche Kommando über Kriegsschiffe unterbrochen, die aber nie an Kampfhandlungen teilnahmen.

Dewey zog eindeutig jeden Dienst auf See seiner Zeit in Washington vor. Dieses Leben schien ihm zu eingeengt, zu politisch und zu bürokratisch zu sein. 1889 wurde er zum Leiter des Ausrüstungsbüros ernannt, das für alle Beschaffungen der Navy zuständig war, als Dampfantrieb, Metallpanzerung und Zugrohrkanonen zur Norm wurden. Die Navy versuchte, technologisch mit ihren europäischen Konkurrenten gleichzuziehen. Aber diese Aufgabe dauerte nur vier Jahre, dann kehrte er zum Lighthouse Board zurück. Später kehrte er als Commodore nach Washington zurück, um das Board of Inspection and Survey zu leiten, dessen Aufgabe darin bestand, Schiffe der U.S. Navy zu inspizieren und zu evaluieren.

Dennoch ebnete Deweys Zeit in Washington ihm den Weg nach Manila, wenn auch nicht unbedingt wegen seiner Arbeit, sondern aufgrund der Personen, die er kennenlernte. 1897 wurde Theodore Roosevelt Assistant Secretary of the Navy, also stellvertretender Marineminister – zu dieser Zeit gehörte Dewey noch dem Board of Inspection and Survey an. Der künftige Präsident fand großen Gefallen an Deweys dynamischer Persönlichkeit, zweifellos, weil sie Roosevelts eigenen Hang zum Tatendrang widerspiegelte. Diese Partnerschaft kam zum Tragen, als die US-Asienflotte Ende 1897 einen neuen Kommandeur brauchte. Der mutmaßliche Favorit, Commodore John Howell, wurde von Konteradmiral Crowninshield unterstützt, dem Leiter des mächtigen Bureau of Navigation. Es folgten politische Ränkespiele, die einen an die TV-Serie *Game of Thrones* erinnern. Briefe aus Capitol Hill, die sich für Howell aussprachen, gingen bereits bei Marineminister John Long ein, doch Roosevelt überzeugte Dewey, jeglichen politischen Einfluss, den er auf dem Capitol Hill haben mochte, zu nutzen, um seine eigene Nominierung zu sichern. Deweys enge politische Verbindungen nach Vermont zahlten sich aus; sein Senator konnte sich direkt bei Präsident McKinley für Dewey einsetzen und dessen Zustimmung erhalten, womit er das Votum der Führung der Navy umging. Im Marineministerium sorgte dies verständlicherweise für Unmut, und so verweigerten Minister Long und Konteradmiral Crowninshield Dewey das übliche Recht, Konteradmiral auf Zeit zu werden, während er die Asienflotte befehligte.

Und als ob die kleinkarierte Politik nicht schon schlimm genug gewesen wäre, sah sich Dewey in Asien einer noch schwierigeren politisch-militärischen Situation gegenüber: An der politischen Front verschlechterten sich die Beziehungen zwischen den Vereinigten Staaten und Spanien zusehends. Kuba war zu dieser Zeit immer noch eine spanische Kolonie, die von sporadischen Aufstandsversuchen heimgesucht wurde. In der Zwischenzeit begannen die Vereinigten Staaten, die erst neuerdings ihren Blick auf die Außenpolitik lenkten, die Insel als einen viel zu nahe gelegenen Außenposten einer fremden Macht zu betrachten, und so halfen sie 1895 bei der Vermittlung eines Übergangsabkommens zwischen Spanien und den kubanischen Aufständischen, das 1898 zur Unabhängigkeit Kubas führte. Doch schon 1897 brach eine neue Welle revolutionärer Gewalt aus, die zu spanischen Vergeltungsmaßnahmen und zum Zerwürfnis Spaniens mit den Vereinigten Staaten führte.

Dewey selbst stürzte sich zu dieser Zeit am entgegengelegenen Ende der Welt in eine ungewisse militärische Situation. Die spanischen Kolonialbesitzungen auf den Philippinen lagen in seiner Region. Sollte Dewey die Spanier bekämpfen, müsste er dies mit einer kleinen Schiffsflotte tun, die Tausende von Kilometern von der nächsten amerikanischen Nachschubbasis entfernt war. Er erhielt nur wenig Hilfe aus Washington und musste erbittert darum kämpfen, überhaupt ausreichend Munition und Kohle zu erhalten. Dewey befürchtete, dass ihm bei einem langwierigen Konflikt nicht genügend Material zur Verfügung stehen würde, um die Operationen so weit weg von zu Hause fortzusetzen. Auch die nachrichtendienstlichen Erkenntnisse waren nicht sehr hilfreich. Als er sein Amt antrat, »war ein langes offizielles Schreiben, in dem die Akten und Aufzeichnungen des Kommandos an den neuen Oberbefehlshaber übermittelt wurden, insofern interessant, als es keinen Hinweis auf die bedeutsamen Ereignisse enthielt, die damals bevorstanden. Die unruhige Lage in Korea, einige Aufstände gegen Missionare in China, die Einnahme der Bucht von Kiau Chau durch die Deutschen einen Monat zuvor, die Haltung der Japaner und einige geringfügige internationale Angelegenheiten wurden erwähnt; aber in keiner Weise wurde ein Ausblick auf die Aufgabe gegeben, mit der sich die [Asienflotte] bald so intensiv würde befassen müssen«.[9] Als Dewey nach Landkarten für die Philippinen fragte, bekam er welche, die 20 Jahre alt waren. Es war eindeutig: Dewey war im Wesentlichen auf sich allein gestellt.

George Deweys Entschlossenheit und seine Bereitschaft, notfalls auch allein zu handeln, waren für diese Situation wie geschaffen. Im

Januar 1898 erreichte er Asien und machte sich daran, sein zusammengewürfeltes Geschwader zusammenzustellen, das schließlich sechs Kriegsschiffe unterschiedlicher Qualität und einen versprengten Kutter der Küstenwache umfassen sollte. Am 11. Februar erkannte Dewey, dass die Beziehungen zu Spanien sich zunehmend verschlechterten, und verlegte sein Flaggschiff *USS Olympia*, ohne dafür einen Befehl erhalten zu haben, von Japan nach Hongkong. Vier Tage später explodierte die *USS Maine* im Hafen von Havanna. Am 25. Februar kam der offizielle Befehl aus Washington, die gesamte Flotte nach Hongkong zu verlegen. Von März bis Mitte April lieferten sich die Vereinigten Staaten und Spanien ein diplomatisches Geplänkel, beriefen Diplomaten zurück und drohten gegenseitig mit Waffengewalt. Am 21. April verkündeten die Vereinigten Staaten eine Blockade Kubas mit dem Ziel, die spanische Präsenz auf der Insel zu beenden. Der Krieg war ausgebrochen. Doch obschon die patriotisch jubelnden Zeitungen der damaligen Zeit einen Sieg der Amerikaner vorhersagten, war ein solcher Ausgang keineswegs sicher. Dewey erzählte später, wie sich britische Offiziere in Hongkong wehmütig von ihren amerikanischen Kollegen verabschiedeten, da sie annahmen, diese würden angesichts der vermeintlich uneinnehmbaren spanischen Verteidigungsanlagen auf den Philippinen in ihren sicheren Untergang segeln.

Der britische Generalgouverneur von Hongkong forderte, dass die US-Asienflotte unter Einhaltung der Neutralitätsgesetze am 24. April seinen Zuständigkeitsbereich verlasse. Commodore Dewey wartete derweil immer noch auf Anweisungen von Generalkonsul Oscar F. Williams. Um Zeit zu gewinnen, verlegte er die Flotte in die Bucht von Mirs, östlich von Hongkong. Er setzte darauf, dass die zentralen Behörden in China weniger in der Lage sein würden, seine Flotte zu vertreiben, als die Briten in Hongkong.

Am 25. April erhielt Dewey vom US-Marineminister eine offizielle Nachricht über den Ausbruch des Krieges und seinen neuen Auftrag: »Der Krieg zwischen den Vereinigten Staaten und Spanien hat begonnen. Begeben Sie sich sofort zu den Philippinen. Beginnen Sie mit Operationen insbesondere gegen die spanische Flotte. Sie müssen Schiffe kapern oder zerstören. Unternehmen Sie alle erforderlichen Anstrengungen.«[10] Das war alles, was Dewey an Anweisungen erhielt. Er befehligte eine kleine

Flotte, die weit von amerikanischen Nachschubbasen entfernt war, illegal in einem neutralen Land ankerte und eine verschanzte Streitmacht von unbekannter Stärke in einem sehr gut zu verteidigenden Hafen angreifen sollte. Die Flotte blieb drei quälende Tage lang in der Bucht von Mirs, bevor Williams eintraf. Am Morgen wurde das Schiff mit dem Konsul an Bord noch gesichtet, doch schon vor 14 Uhr hatte Dewey die Flotte auf den Weg gebracht.

Am 30. April erreichte die Flotte den Eingang zur Subic-Bucht, einem geschützten Gewässer, von dem Dewey annahm, dass dort der spanische Widerstand lauern würde. Die Kontrolle über die Subic-Bucht wäre für ihn entscheidend für den Schutz seiner stark ausgelasteten Nachschublinien. Er schickte zwei Schiffe vor, um die Bucht zu erkunden, fand aber nichts. Die spanische Flotte war nicht vor Ort, die Befestigungsanlagen waren nur halb fertiggestellt und lagen verlassen da. Er konnte nicht ahnen, dass der spanische Admiral Patricio Montojo fünf Tage zuvor selbst in der Subic-Bucht eingetroffen war und die gleiche Situation vorgefunden hatte – und ebenso überrascht war. Der spanische Admiral hatte eine befestigte Stellung erwartet, die die Amerikaner daran hindern würde, auch nur in die Nähe von Manila zu gelangen. Stattdessen zog er sich nach Manila zurück, um dort seine Verteidigung im Schutz der städtischen Kanonen der Stadt vorzubereiten.

In die Bucht von Manila zu gelangen würde nicht einfach sein. Der Eingang ist von einer Reihe von Inseln gesäumt: die legendäre Bastion Corregidor, die Insel Caballo im Süden und eine winzige Landzunge namens El Fraile (kaum mehr als ein Felsen mit einer Festung, die die gesamte Oberfläche einnimmt). Es gibt nur zwei enge Wasserstraßen, auf denen man an diesen Inseln vorbeifahren kann: die zwei Meilen breite Boca Chica im Norden und die drei Meilen breite Boca Grande im Süden. Dewey entschied sich für eine nächtliche Fahrt durch die größere, aber kartografisch weniger detailliert erfasste Boca Grande, da er sich hier besser vor den Kanonen, die an Land stationiert waren, geschützt wähnte. Wie sein Mentor Farragut rechnete auch Commodore Dewey mit Minen – und er war ebenfalls davon überzeugt, dass die lange Zeit, die die Minen in den tropischen Gewässern eingetaucht waren, diese relativ unbrauchbar gemacht haben dürfte.

Am 30. April um 23.30 Uhr erreichte das Geschwader Boca Grande. Die Durchfahrt begann ruhig, Neumond und ein bewölkter Himmel sorgten für genug Dunkelheit. Doch wenige Minuten nach Mitternacht am schicksalhaften 1. Mai eröffneten die kleinen Geschütze auf El Fraile das Feuer und ließen Geschosse zwischen der *USS Raleigh* und der *USS Petrel* landen. Es kam zu einem kurzen Feuergefecht – El Fraile verstummte, nachdem von dort nur drei Schüsse abgegeben worden waren. Auf Corregidor und Caballo blieb es ungewöhnlich ruhig. Dewey vermutete später, dass der Kommandeur der Garnison wohl davon ausgegangen war, dass die Flotte nicht in der Lage sein würde, Boca Grande ohne Karten oder erfahrene Lotsen, die mit den engen Gewässern vertraut waren, zu navigieren.[11] Der Schusswechsel forderte nur ein einziges Todesopfer: den Chefingenieur des Küstenwachen-Kutters *McCulloch*, der durch den Stress des Gefechts und die drückende Hitze, die im 19. Jahrhundert in einem solchen Maschinenraum vorherrschte, an einem Herzinfarkt starb.

Zwischen Mitternacht und 5 Uhr morgens verlangsamte die Flotte ihre Fahrt und bewegte sich kaum. Ziel war es, die Morgendämmerung zu nutzen, um die Position der spanischen Flotte erkennen zu können. Die *McCulloch* und die Versorgungsschiffe wurden in eine weit entfernte Ecke der Bucht geschickt, um Schäden zu vermeiden und den Kriegsschiffen möglichst viel Platz zum Navigieren zu geben. Doch als die Sonne am Morgen des 1. Mai aufging, fand Dewey keine spanischen Schiffe in der Nähe der Verteidigungsanlagen von Manila vor. Um 5.05 Uhr morgens eröffneten die Geschützbatterien in Manila das Feuer. Die Flotte erwiderte zwar das Feuer, aber Dewey dachte nur an die spanischen Schiffe. Die Geschütze an der Küste waren zwar gefährlich, aber unbeweglich; mit ihnen konnte man sich später befassen. Die US-Flotte segelte weiter nach Süden. Eine lange, angespannte Nacht auf den Decks lag hinter der amerikanischen Flotte.

Um 5.15 Uhr entdeckten die Seestreitkräfte einander. Admiral Montojo hatte seine Flotte mit sieben Schiffen in seichtem Wasser in der Nähe von Cavite City, der Festung südwestlich von Manila, in Halbmondformation angeordnet. Angeblich hatte er dies angeordnet, um das Leben der Besatzung zu retten, falls ein Schiff sinken sollte. Das war ein nobles Ziel, aber dadurch blieb seine Flotte unbeweglich und verwundbar. Die

US-Asienflotte segelte trotz des Beschusses von der Festung von Cavite bis auf weniger als 4500 Meter heran, um die Zielgenauigkeit ihrer Geschütze zu optimieren.

Ich kann Ihnen versichern, dass knapp 4500 Meter für ein großes Schiffskanonenduell eine sehr knapp bemessene Distanz ist, vor allem, wenn der Gegner den zusätzlichen Vorteil hat, dass er von Land aus Geschützstellungen unterhält. Und wenn man sich am Ende einer unvorstellbar langen Nachschublinie befindet und keine lokalen Nachschubbasen für Brennstoff oder Munition zur Verfügung stehen, schränkt sich der Spielraum der Möglichkeiten schnell ein. Jeder Matrose und Offizier in Deweys Flotte muss gewusst haben, dass sie angreifen und gewinnen mussten, da sie sich sonst einer sehr ungewissen Zukunft gegenübersehen würden. Dewey muss deutlich gesehen haben, wie die Kanonen der spanischen Schiffe in seine Richtung schwenkten, ja, aus dieser Nähe muss er selbst die Mündungen der feindlichen Kanonen durch sein Fernglas ganz klar erkannt haben. Dies war der Moment der Entscheidung, in dem Dewey für die bevorstehende richtungsweisende Schlacht ein Beispiel für ruhige und vernünftige Führung postulieren musste. Für die besten Entscheidungsträger ist dies der Moment, in dem sie sich zwingen müssen, bewusst zu spüren, wie die Zeit plötzlich langsamer wird. Wie Farragut war auch George Dewey bereits über 60 Jahre alt. Er trug einen riesigen Schnurrbart, der ihn ein wenig wie ein Walross mit einem besonders stechenden Blick aussehen ließ. Aber seine Stimme war fest, und seine Augen waren auf die feindlichen Schiffe gerichtet.

Um 5.40 Uhr morgens sprach Dewey seinen berühmten Satz als Befehl an seinen Flaggenkapitän aus, während er die unbeweglichen Ziele der spanischen Flotte beobachtete: »Schießen Sie, sobald sie bereit sind, Gridley.«

Zwei Stunden lang lieferten sich die Asienflotte und die Spanier ein Feuergefecht. Die *USS Olympia* führte die Flotte an und passierte die spanische Linie fünfmal. Die Spanier hatten mehr Schiffe und die Unterstützung durch Geschütze an Land, aber die amerikanische Flotte verfügte über größere Geschütze als ihre Gegner. Viele spanische Schiffe waren veraltet und langsam: Das zweitgrößte Schiff der Flotte, die *Castilla*, musste geschleppt werden, um sich fortbewegen zu können, und das

Flaggschiff von Admiral Montojo, die *Reina Christina*, war hauptsächlich aus Holz gebaut und hatte noch eine Takelage für Segel.

Nach einer Stunde des Gefechts war klar, dass Dewey dank seiner überlegenen Kanonentechnik, Panzerung und Mobilität den Sieg davontragen würde. Um 6.30 Uhr hatte die amerikanische Flotte noch keinen nennenswerten Schaden erlitten. Inzwischen hatten die Kanoniere ihre Reichweite so weit justiert, dass die Granaten mit Regelmäßigkeit und Präzision auf die spanischen Schiffe niederprasselten und sie verwüsteten. Dewey feuerte weiterhin gezielt auf einzelne spanische Kriegsschiffe, und schließlich versuchten die *Reina Christina* und die *Don Juan de Austria* aus ihrer unbeweglichen Position auszubrechen, um die Asienflotte aus nächster Nähe unter Beschuss zu nehmen. Diese mutige Aktion wurde jedoch von der Heftigkeit des amerikanischen Geschützfeuers übertroffen, das die spanischen Schiffe in die seichten Gewässer zurückdrängte. In den ersten Stunden der Schlacht verdeckte der Rauch noch die Schäden der feindlichen Flotte.

Um 7.35 Uhr erhielt Commodore Dewey die – wie sich herausstellen sollte – falsche Meldung, dass seinen Schiffen die Munition ausgegangen sei. Seine Bedenken, dass sich der Konflikt mit den Spaniern hinziehen könnte, traten angesichts der logistischen Herausforderungen wieder in den Vordergrund, sodass er beschloss, sich in eine sichere Position zurückzuziehen, um die Munition nach Bedarf neu zu verteilen. Soweit er durch den dichten Rauch der Schlacht sehen konnte, war die spanische Flotte noch intakt und zu weiteren Kämpfen fähig. Um die Moral der Männer aufrechtzuerhalten, teilte er ihnen mit, dass sie sich nur zurückziehen würden, um in aller Ruhe ein Frühstück zu sich zu nehmen.

Doch als sich der Rauch verzogen hatte, zeigte sich, dass die spanische Flotte schwer angeschlagen war. Die meisten Schiffe standen in Flammen und sanken. Die *Reina Christina* war fast vollständig zerstört, die Hälfte der Besatzung war gefallen, und ihr Kapitän erlag seinen Wunden, während er noch heldenhaft versuchte zu retten, was zu retten war. Die *Don Juan de Austria* brannte. Die *Castilla* hatte nur noch eines von sechs Geschützen einsatzbereit. Admiral Montojo war gezwungen, seinen Kommandostand auf die *Isla de Cuba* zu verlegen, ein Schiff mit einem Drittel der Kapazität der *Reina Christina* und einem Fünftel der Kapazität der *Olympia*. Um 9.30 Uhr morgens wusste Montojo, dass er die Schlacht verlieren würde.

Um 11.16 Uhr bemerkte Kommodore Dewey, dass die Nachricht über den Nachschub, die den Abbruch der Kampfhandlungen verursacht hatte, missverständlich formuliert worden war. Anstatt nur noch 15 Granaten pro Geschütz zu *haben*, hatte die Flotte nur 15 Granaten pro Geschütz *verbraucht*. Nachdem er das versprochene Frühstück bereitgestellt hatte, widmete sich Dewey wieder der unerbittlichen Bekämpfung der spanischen Flotte. Der Rauch hatte sich gelichtet, und er konnte den Schaden sehen, den die Geschütze angerichtet hatten. Nun wurde der Beschuss mit verheerender Wirkung fortgesetzt.

Um 12.30 Uhr mittags kapitulierten die Spanier. Selten in der Geschichte der U.S. Navy waren die Zahlen so einseitig verteilt: Die US-Flotte verzeichnete während der gesamten Schlacht nur sieben Verletzte. Leider sollte es neben dem Maschinisten der *USS McCullough* noch einen weiteren Toten zu beklagen geben: Kapitän Charles Gridley von der *USS Olympia*, der nur einen Monat später einer Krankheit erlag. Für die Spanier dagegen war die Schlacht eine materielle und menschliche Katastrophe. Alle Schiffe sanken und 371 von knapp 1500 Kombattanten kamen ums Leben. Da keine Schiffe mehr übrig waren, die seine US-Asienflotte hätten bedrohen können, griff Dewey nun die verbliebenen stationären Verteidigungsanlagen an. Am 2. Mai kapitulierte die Festung in Cavite. Corregidor folgte am 3. Mai. Manila fiel erst am 13. August, nachdem eine 10 000 Mann starke Truppe der US-Army auf den Philippinen eingetroffen war, um die philippinischen Rebellen zu unterstützen, die gegen die Spanier um ihre Unabhängigkeit kämpften.

Die Nachricht von diesem überraschenden Sieg elektrisierte die Bevölkerung der Vereinigten Staaten und schockierte die Welt. Manila Bay war der erste Seesieg der USA über eine ausländische Streitmacht seit 170 Jahren. George Dewey wurde sowohl wegen seiner persönlichen Tapferkeit als auch wegen seiner bemerkenswerten Leistungen zu einem Nationalhelden. Für den Rest der Welt war sein Sieg ein Zeichen dafür, dass die Vereinigten Staaten von einer regionalen zu einer globalen Macht aufgestiegen waren, die in der Lage war, in 7000 Meilen Entfernung von ihrer Pazifikküste letale militärische Kräfte einzusetzen und dabei eine europäische Kolonialmacht zu demütigen. Zudem war dies der Beginn einer schwierigen kolonialen Beziehung zu den Philippinen, deren Nachwirkungen bis zum heutigen Tag andauern.

Für George Dewey war es die Krönung seiner Karriere. Das ganze Land wurde vom »Dewey-Fieber« erfasst. Sein Gesicht war überall zu sehen: in Zeitschriften, Zeitungen und auf patriotischen Plakaten. Bilder mit seinem Chow Chow Bob, den er in Hongkong adoptiert hatte, machten die Rasse in Amerika quasi über Nacht populär. Er erhielt endlich seine lange verweigerte Beförderung zum Konteradmiral, rückwirkend zum Datum der Schlacht in der Bucht von Manila. Der Kongress und das Weiße Haus schufen für ihn im März 1899 einen besonderen Rang: den Titel des *Admiral of the Navy*. Wie sein Held Farragut erhielt Dewey diesen beispiellosen Rang auf Lebenszeit – und obwohl die Marine nach Farragut noch zahlreiche Admirale hatte, trug vor und nach Dewey keiner den Rang mit sechs Sternen. Dewey war so beliebt, dass er plante, als Demokrat für das Präsidentenamt zu kandidieren, um den Präsidenten, der ihm das Kommando übertragen hatte, abzulösen. Doch das Dewey-Fieber war nicht von Dauer, und diverse politische Fehltritte machten Deweys Präsidentschaftsambitionen zunichte, bevor sie jemals richtig in Schwung gekommen waren.

Stattdessen wurde Dewey eine graue Eminenz der Navy. Er widmete den Rest seines Berufslebens dem General Board der Navy, das 1900 als Beratungsgremium für den Marineminister geschaffen wurde. Er leitete dieses Gremium während der gewaltigen Investitionen in die Navy durch Präsident Theodore Roosevelt, seinen politischen Förderer, dem seine Heldentaten auf Kuba während des Spanisch-Amerikanischen Krieges beim Einzug in das Weiße Haus geholfen hatten. Deweys Arbeit in diesem Gremium trug dazu bei, die Leitlinien für die globale Ausrichtung der U.S. Navy zu schaffen.

Warum entschloss sich George Dewey, den Kampf mit den Spaniern aufzunehmen, obwohl er keinerlei Unterstützung erwarten konnte und andere ihn gewarnt hatten, dass die spanischen Festungen uneinnehmbar seien? Darauf gibt es eine einfache Antwort: Er folgte seinem Befehl, die Flotte so schnell wie möglich anzugreifen. Doch das Telegramm, das er vom Marineminister erhielt, war sehr allgemein gehalten – der Inbegriff dessen, was das Militär als »missionsspezifische Befehle« bezeichnet, also ohne festen Zeitrahmen oder Planungsvorgaben. Die

Dringlichkeit eines Angriffs ging hauptsächlich von Dewey aus. Warum also dieses aggressive Vorgehen?

In gewisser Hinsicht übernahm Dewey damit Farraguts »Zum Teufel mit den Torpedos!«-Risikobereitschaft, als er sich entschloss, die Boca-Grande-Wasserstraße zu durchfahren, obwohl es Gerüchte über Minen gab und keine guten Karten vorlagen. Mit seinem vehementen Angriff auf die spanische Flotte vor Cavite bewies er seine Überzeugung, dass Initiative jeder Befestigungsanlage überlegen ist, was sich dann auch bewahrheitete. Er wartete nicht darauf, dass Washington ihm mitteilte, dass Spanien der Krieg erklärt worden war, sondern verlegte die *Olympia* bereits vorsorglich nach Hongkong, um für den Kampf auf den Philippinen gerüstet zu sein. Er bat nicht um die Erlaubnis, sich in der Bucht von Mirs aufzuhalten, sondern verlegte seinen Standort dorthin, um auf den Konsul mit seinen dringend benötigten Nachrichten zu warten. Und er beschaffte sich seine beiden Versorgungsschiffe in Hongkong, weil er sie eben für seine Mission brauchte.

George Deweys Initiative beruhte jedoch nicht auf Unkenntnis oder rücksichtsloser Angriffslust. Wie Farragut hatte auch Dewey sich eingehend informiert und vorbereitet, bevor er sich in die Schlacht begab. Dank seiner hartnäckigen Kämpfe mit dem Marinestab, um mehr Munition zu bekommen, bevor er nach Asien aufbrach, hatte er sich genügend Vorräte verschaffen können, um so weit entfernt von jeglicher weiteren Unterstützung operieren zu können. Er wartete in der Bucht von Mirs auf die Ankunft des Generalkonsuls, um fundierte Beschlüsse über das Vorgehen in der Subic-Bucht und in Manila fassen zu können. Mit Schiffen kundschaftete er die Subic-Bucht aus, um sicherzustellen, dass sie nicht befestigt war. Er suchte die Bucht von Manila methodisch ab, um die spanische Flotte zu finden, selbst unter dem Beschuss der Küstenbatterien. Diese Vorgehensweise und seine Geduld bildeten die Grundlage für das Gedeihen seiner Pläne. Später schrieb er in seinem Buch, dass »es die unaufhörliche Routine harter Arbeit und Vorbereitung in Friedenszeiten war, die den Sieg über Manila ermöglichte«.

Dieses Ethos der Vorbereitung als Grundlage für mutiges Handeln hat sich in der U.S. Navy als funktionstüchtige Truppe fest verankert. Seit meinen ersten Tagen auf See habe ich von Kapitänen Abwandlungen der alten militärischen Maxime gehört: »Amateure reden über Taktik, Profis über Logistik.« Jeder Kapitän, unter dem ich gedient habe, konnte aus dem Stand den Treibstoffvorrat des Schiffes, die Anzahl der Raketen und die Menge an Geschützmunition sowie den Zustand der Kampfsysteme – einschließlich der noch fehlenden Reparaturteile – nennen. Die Kapitäne wissen, woher die nächste Ladung Treibstoff, weitere Munition und allgemeine Vorräte kommen werden und wann sie eintreffen. Eine intensive Schulung der Besatzung ist ein wichtiger Teil von Deweys Vermächtnis, was die Wichtigkeit von Vorbereitungen betrifft. Als ich mein erstes Kommando auf See innehatte, die *USS Barry*, bestimmte ich, dass mir jeden Morgen mit meiner ersten Tasse Kaffee alle oben genannten Daten auf den neuesten Stand gebracht wurden.

Gleichzeitig suchen die Befehlshaber der Navy in der Flotte des 21. Jahrhunderts nach Möglichkeiten, schnell zu handeln, wenn der Moment der Entscheidung gekommen ist. Als Kommandeur einer Einsatztruppe, der an Bord eines Flugzeugträgers über 10 000 Seeleute und ein Dutzend Kriegsschiffe befehligte, war ich stolz darauf, die Kapitäne der Zerstörer und Kreuzer unter meinem Kommando dabei zu beobachten, wie sie ihre Schiffe aktiv in Schussposition brachten. Nur wenige warteten auf Anweisungen des Flaggoffiziers auf dem Flugzeugträger; sie wollten in der besten Ausgangslage sein, um schließlich für den Abschuss der Tomahawk-Raketen oder der Luftabwehrraketen ausgewählt zu werden, mit denen die hochwertigen Verbände der Einsatzgruppe verteidigt wurden. Die Kapitäne, die ich am meisten schätzte (und denen ich die besten Zeugnisse über ihre Eignung als Offizier ausstellte), waren diejenigen, die beides taten – sie konzentrierten sich auf die Vorbereitung ihrer Befehle, agierten aber auch ohne spezifische Anweisungen mit großer Schlagkraft.

Ich erinnere mich vor allem an eine Kapitänin auf einem meiner Zerstörer – sie hat es später zur Admiralin gebracht. Sie hatte den Ruf, es mit der Logistik sehr genau zu nehmen. So schickte sie stets sehr klare und detaillierte Beurteilungen über den Zustand ihres AEGIS-Luftabwehrraketensystems, die Bereitschaft ihrer Tomahawk-Batterie, die Leistungsfähigkeit ihrer vorderen Geschützlafette, den Zustand der Gasturbinenmotoren des Schiffes – und so weiter. Mit ihren ständigen Forderungen nach logistischer Unterstützung trieb sie meine Mannschaft oft nahe an den Wahnsinn. Aber sie war auch sehr aggressiv in der Art und Weise, wie sie ihr Schiff in Kampfhandlungen manövrierte und positionierte, und sie folgte immer ihrem Instinkt, wenn sie sich schwierigen Situationen auf See stellte. Nachdem sie in den Jahren 2003 bis 2004 im Arabischen Golf ein feindliches Schiff übernommen hatte, nahm sie eine Gruppe sehr gefährlicher Terroristen gefangen und hielt sie nach der Festnahme erfolgreich an Bord ihres Schiffes fest, um sie zu verhören. Ihr Name war Cindy Thebaud, und der Name ihres Zerstörers lautete *USS Decatur*, was angesichts ihrer Vorliebe für Action und ihrer Risikobereitschaft durchaus angemessen war. Wann immer ich sie so im Laufe ihrer sehr erfolgreichen Karriere beobachtete, die sie als Zwei-Sterne-Admiralin und Kommandeurin einer Einsatzflotte beendete, war ich beeindruckt von ihrer Fähigkeit, sowohl ein hohes Maß an Vorbereitung als auch Mut im Einsatz zu zeigen.

George Dewey bietet uns allen einen wirkungsvollen Ansatz zur Entscheidungsfindung. Sein Leben und seine Erfahrungen lehren uns, dass wir die besten Entscheidungen treffen, wenn wir eine Begabung für die eher banale Logistik und Verwaltung – die Art von Person, die zum Beispiel einen guten Leiter der Lighthouse Board Commission der Navy abgeben würde – mit der Fähigkeit kombinieren, im richtigen Moment einen mutigen Schritt zu wagen. Je besser Sie vorbereitet sind, desto gewagter können Ihre Entscheidungen ausfallen. Ein bekanntes römisches Sprichwort besagt: »Das Glück ist mit den Mutigen«. Was viele nicht wissen, ist, dass Tacitus, einer der großen römischen Geschichtsschreiber, trocken anmerkte: »Das Glück ist mit den Vorbereiteten«, wahrscheinlich, weil er sah, dass zu viele seiner Landsleute voreilige Entscheidungen trafen, die sich als schlecht erwiesen. Deweys wahre Stärke bestand darin, dass er beide Aphorismen in sich vereinte. Er war sehr gut vorbereitet, um etwas zu wagen, tat dies aber im richtigen Moment, der sich durch seine Vorbereitung ergab. Diese Strategie machte ihn zu einem National- und Marinehelden.

Kapitel 5

Der Beschützer

Cook Third Class Doris »Dorie« Miller, United States Navy
Crew-Mitglied, USS West Virginia (BB-48)

Angriff auf Pearl Harbor
7. Dezember 1941

»Für herausragende Pflichterfüllung, außergewöhnlichen Mut und bedingungslose Opferbereitschaft während des Angriffs auf die Flotte in Pearl Harbor«[1]

KAPITEL 5

Im Sommer 1979 war ich in Newport in Rhode Island stationiert. Ich war noch Lieutenant auf den unteren Rängen und musste auf dem Flugzeugträger *USS Forrestal* einen achtwöchigen Kurs besuchen, der mich in das Ingenieurswesen für Dampftechnik einweisen sollte. Bevor ich nach Newport kam, war ich zuletzt annähernd drei Jahre lang zuständig für U-Boot-Bekämpfung auf einem brandneuen Zerstörer der *Spruance*-Klasse, also im High-Tech-Bereich der Navy. Aber die Entscheidungsträger der Navy hatten in ihrer Weisheit entschieden, dass ich tief unter Deck auf einen sehr alten Flugzeugträger gehen sollte, um die Ingenieure einer Hochdruck-Dampfanlage in den schwülheißen Hauptantriebsräumen zu leiten. Da ich absolut nichts über die Funktionsweise einer Dampfdruckanlage wusste (mein neuer Zerstörer wurde von hochmodernen Gasturbinen angetrieben), hatte die Marine beschlossen, mich für ein paar Monate zum Marineschulungsstützpunkt in Newport zu schicken, wo ich in die Geheimnisse des Dampfantriebs eingeweiht werden sollte.

Newport im Sommer war (und ist) sehr reizvoll – Jazzfestivals, Baseball in der Minor League, eines der letzten verbliebenen Rasen-Tennisturniere in den Vereinigten Staaten, viele schöne Villen und sehr schöne Strände. Doch ich musste mich leider damit beschäftigen, wie Dampfkraftanlagen auf See funktionieren. Kurz gesagt wird in einem riesigen Tank oder Kessel frisches Wasser gekocht, und der dabei entstehende energiereiche Dampf wird in riesige Maschinen geblasen, die wiederum die Propeller antreiben, die das Schiff durch das Wasser schieben. Nachdem der Dampf aus den Maschinen ausgetreten ist, wird er wieder zu Wasser und wird erneut durch den Kreislauf gepumpt. Das klingt einfach, oder? Allerdings steht der Dampf unter hohem Druck (rund eine halbe Tonne pro Quadratzoll) und wird durch massive Rohre geleitet. Bei diesem Druck nutzt der Dampf selbst die kleinste Schwachstelle in einem Rohr aus – und austretender Dampf kann für Menschen tödlich sein. Selbst wenn der Dampf in den Rohren bleibt, heizt das überhitzte Metall die Umgebungsluft regelmäßig auf etwa 40 Grad Celsius auf. »Für ausreichend Flüssigkeit sorgen« ist als Ratschlag noch weit weg davon, was man an einem Tag in einer Dampftechnikanlage der Navy benötigt.

Man kann die Grundlagen im Unterricht lernen, aber um wirklich zu verstehen, wie eine Dampfkraftanlage funktioniert, muss man eine tatsächlich in Betrieb befindliche Maschine besichtigen. Nach ein paar Wochen Unterricht im Klassenzimmer wurde meine Gruppe junger Offiziere mit dem Bus zu den Piers der Marinebasis Newport gefahren und an Bord eines »Ausbildungsschiffes« gebracht. Das bedeutete, dass die Ingenieure auf dem Ausbildungsschiff uns herumführten, uns die Grundlagen beibrachten und uns dann versuchen ließen, die Anlage zu betreiben. Ich freute mich nicht besonders darauf, den größten Teil eines jeden Sommertages unter Deck in einem stickigen Maschinenraum zu verbringen, aber um mich auf meinen nächsten Einsatz vorzubereiten, blieb mir nichts anderes übrig.

Als wir mit dem Marinebus vor dem Schulungsschiff anhielten, warf ich einen Blick auf das Schild an der Planke, das zum Schiff führte. Darauf stand *USS MILLER (FF-1091)*. Ich war nicht gerade beeindruckt. Die Fregatten der *Knox*-Klasse waren bekanntermaßen schwierige Schiffe mit einer einzigen Schiffsschraube und einer unzuverlässigen technischen Anlage. Sie waren auf rauer See nicht sehr handlich und mit einem einzigen Hauptgeschütz im Bug und einem Kurzstrecken-Raketenwerfer zur U-Boot-Abwehr völlig unzureichend bewaffnet. Als wir an Bord gingen, fragte ich mich, wer der Miller sein könnte, nach dem es benannt war. Der einzige Miller, der mir einfiel, war der berühmte Dramatiker und Schriftsteller Arthur Miller (er hatte *Tod eines Handlungsreisenden* geschrieben und war einer der Ehemänner von Marilyn Monroe, was ihn nicht gerade qualifizierte, ein Schiff nach ihm zu benennen). Wenn ich damals an Miller dachte, bestellte ich normalerweise ein Miller High Life, den »Champagner der Biere«.

Als ich das Achterdeck betrat und vor dem Deckoffizier salutierte, bemerkte ich ein großes Schwarz-Weiß-Foto eines hochgewachsenen afroamerikanischen Matrosen in weißer Uniform. Er stand vor dem Vier-Sterne-Admiral Chester W. Nimitz, der ihm eine Medaille anheftete. Die Szene erinnerte mich vage an etwas. Pearl Harbor? Sobald ich abends nach Hause gekommen war, ging ich in die Bibliothek des Stützpunkts, denn ich musste noch an einem Artikel über die Handhabung von Schiffen arbeiten, aber die *USS Miller* ging mir nicht aus dem Kopf. Also zog ich ein paar Nachschlagewerke und Artikel heran und begann, mehr über die Geschichte von Petty Officer Doris »Dorie« Miller herauszufinden. Es ist eine beeindruckende und sehr inspirierende Geschichte, aber sie ist leider auch untrennbar mit der von Rassentrennung geprägten Vergangenheit der Navy verbunden: Als schwarzer Matrose in den frühen 1940er-Jahren waren die Aufstiegsmöglichkeiten an Bord eines Schiffes extrem eingeschränkt. High-Tech-Spezialgebiete wie Seefunk, Waffentechnik, Navigation und Ingenieurswesen waren Afroamerikanern verwehrt; die einzigen Tätigkeiten, die sie ausüben durften, waren Kochen, Putzen und die Arbeit als Bediensteter für die höheren Offiziere auf den Schiffen. Bei der Marine zu dienen muss wahrlich zermürbend gewesen sein.

Doch dann begann der Krieg. Als an einem ruhigen Sonntagmorgen des 7. Dezember 1941 im Hafenbecken des Marinestützpunkts Pearl Harbor auf Hawaii plötzlich die Hölle losbrach, weil die Japaner einen überwältigenden Luftangriff durchführten, traf Petty Officer Doris Miller auf der *USS West Virginia* die schwierige Entscheidung, alles zu riskieren. Er verließ seinen relativ sicheren Dienstplatz in der Offiziersmesse unter Deck und machte sich auf den Weg zur Brücke, die unter Beschuss lag. Dort fand er seinen lebensgefährlich verwundeten befehlshabenden Offizier. In der Begründung für die Verleihung des Navy Cross heißt es: »Während er an der Seite seines Kapitäns auf der Brücke war, half Miller trotz feindlichen Beschusses und Bombardements und trotz eines schweren Feuers, seinen Kapitän, der lebensgefährlich verwundet worden war, an einen sichereren Ort zu bringen. Später bediente er ein Maschinengewehr, das er auf japanische Angriffsflugzeuge gerichtet hatte, bis ihm befohlen wurde, die Brücke zu verlassen.« Er war verwundet und hatte sich trotzdem dem kontinuierlichen feindlichen Beschuss ausgesetzt und weiter sein Geschütz gefeuert, in der Hoffnung, eines der angreifenden japanischen Flugzeuge abschießen zu können – was ihm möglicherweise auch gelungen ist. Während ich in den Quellen las, dachte ich über ihn nach. Was hat ihn dazu veranlasst, in Reaktion auf das gegnerische Feuer zurückzuschießen? Folgte er seinem Instinkt? Oder war es Teil eines lang gehegten Wunsches zu zeigen, was er in den anspruchsvollsten Situationen zu tun vermochte? Ich fand heraus, dass er ursprünglich ein Sportler war, der in seiner High School in Zentraltexas Football gespielt hatte, und dass er später auf dem Schlachtschiff Boxchampion wurde. War das Teil seiner Entscheidung – der Wettbewerbsgeist?

In den folgenden Jahren las und lernte ich immer mehr über Petty Officer Miller, und meine Wertschätzung wuchs stetig. Nur wenige Jahre nach Pearl Harbor wurde er auf See vermisst und schließlich für tot erklärt. Er starb wohl im November 1943 bei einem Angriff auf sein nächstes Schiff, die *USS Liscome Bay*, ein kleiner Flugzeugträger. Aber seine Lebensgeschichte wurzelt in den tiefgreifenden und schmerzhaften Erfahrungen der Afroamerikaner in diesem Land, und sie sollten heutzutage unbedingt nachvollzogen und gewürdigt werden. Als meine Gruppe von Ingenieuren in Newport in den nächsten Wochen auf das Ausbildungsschiff *USS Miller* zurückkehrte, fiel mir auf, dass eine Fregatte ein viel zu kleines Symbol ist, um die Lebensgeschichte von Doris Miller zu würdigen. Blicken wir 40 Jahre in die Zukunft: Im Jahr 2020 beschloss die Navy, den nächsten nuklearen Flugzeugträger der USA nach Petty Officer Miller zu benennen. Dies ist eine sehr gute Entscheidung, und ich bin sicher, dass er überwältigt wäre, wenn er wüsste, dass die schwierige Entscheidung, die er am 7. Dezember 1941 traf, schlussendlich dazu geführt hat, dass sein Name auf einem 100 000 Tonnen schweren nukleargetriebenen Flugzeugträger steht.

Doris »Dorie« Miller wurde am 12. Oktober 1919 als drittes von vier Kindern einer Familie von Farmpächtern in McLennan County in Texas geboren (in der Nähe liegt Waco, wenig mehr als ein Städtchen). McLennan County war zu jener Zeit ein gefährlicher Ort für eine afroamerikanische Familie. Nur drei Jahre vor Dories Geburt hatten Tausende von Einwohnern – einschließlich des Bürgermeisters – einem berüchtigten Lynchmord in Waco beigewohnt. Doch die Familie Miller hielt trotz der Marginalisierung durch und versuchte, ein gutes Leben aufzubauen, obwohl sie furchtbar behandelt wurden und sich tiefsitzendem institutionellen und kulturellen Rassismus gegenübersahen.

Dorie als »sanften Riesen« zu bezeichnen klingt wie ein simples und billiges Klischee, aber in vielerlei Hinsicht passte der Begriff auf ihn. Mit 1,92 Meter Größe und 102 Kilo Körpergewicht überragte Dorie andere, vor allem in der Mitte des 20. Jahrhunderts, als der durchschnittliche amerikanische Mann knapp über 1,75 Meter groß war. Er war ein guter Footballspieler, aber er hatte ein angenehmes Wesen und eine freundliche Ausstrahlung, was seine Kameraden in der Navy während seiner gesamten Laufbahn immer wieder hervorhoben. In der Schule gab Dorie sein Bestes – seine Mutter half ihm dabei nachdrücklich. Aber als afroamerikanischer Mann in McLennan County ging es, wie Dorie es ausdrückte, »nirgendwo hin«.[2] Während der Wirtschaftskrise hatte die Familie kaum etwas zu essen, und Dorie musste 1938 die High School abbrechen, um die Familie zu unterstützen. Der 20-Jährige meldete sich 1939 bei der Navy, um eine bessere Beschäftigung zu finden und den Auswirkungen der Jim-Crow-Gesetze in McLennan County zu entkommen.

Die U.S. Navy unterlag zu der Zeit, als Dorie anheuerte, strenger Rassentrennung und beschränkte alle People of Color (hauptsächlich Afroamerikaner und Filipinos) auf niedere Aufgaben als Bedienstete in der Messe, sogenannte Messmen, und entsprechender Ränge. Noch unterhalb der Köche angesiedelt, bereiteten die Messmen einfache Mahlzeiten zu, deckten den Tisch, wuschen die Wäsche und putzten Schuhe. Ironischerweise ist vielen Amerikanern nicht bewusst, dass die Navy *vor* dem Ende des Bürgerkriegs stärker schwarze Seeleute integrierte als nach dem Krieg. Acht schwarze Seeleute der Union erhielten die Medal of Honor. Die U.S. Navy setzte ihre Praxis, Schwarze für den Krieg und andere nationale Notfälle zu rekrutieren, bereitzuhalten und einzusetzen, während des 19. Jahrhunderts weitläufig fort, doch mit dem Ende der Reconstruction-Ära im Jahr 1877 nahmen Rassentrennung und Diskriminierung im gesamten Militär wieder zu. Als sich die beruflichen Möglichkeiten für sie verringerten, sank der Anteil der Afroamerikaner in der Navy um die Hälfte – von 20 Prozent auf 10 Prozent in den 1890er-Jahren.[3] Es folgte der berüchtigte Fall *Plessy vs. Ferguson* vor dem Obersten Gerichtshof, der die Diskriminierung unter dem Motto »getrennt, aber gleich« rechtlich absicherte. Der endgültige Schlag erfolgte unter der Regierung von Woodrow Wilson, der 1913 die Rassentrennung in den gesamten USA durchsetzte, womit auch die Wiedereinführung der Rassentrennung bei der Marine feststand. Nicht einmal die Erfordernisse eines Krieges vermochten diese Politik zu ändern. Während des Ersten Weltkriegs waren alle Schwarzen mit Blick auf die Arbeitsplätze, die sie bekleiden konnten, stark eingeschränkt – und von den Offiziersrängen waren sie von vornherein ausgeschlossen. Obwohl Marineminister Josephus Daniels in dieser Zeit auch Frauen die Chance auf eine Karriere bei der Navy eröffnete, waren nur 14 der 11 000 Navy-Soldaten Schwarze.

Dies ist eines von vielen traurigen Kapiteln in der Geschichte der Navy und unseres Landes.

Dorie erhielt seine Ausbildung von September bis November 1939 in einer segregierten Einrichtung in Norfolk, Virginia. Anschließend diente er in mehreren ersten Einsätzen, zunächst auf dem Munitionsschiff *Pyro* und dann auf dem Schlachtschiff *USS Nevada*. Doch seine eigentliche Heimat in seiner Karriere bei der Navy war das Schlachtschiff, auf dem er seine folgenschwere Entscheidung treffen sollte: die *USS West Virginia*. Nach seiner Ankunft kümmerte er sich um die jüngeren Offiziere, servierte ihnen die Mahlzeiten, wusch ihre Wäsche und weckte sie pünktlich zum Wachdienst. Doch er fand auch andere Möglichkeiten, seine Energie und seinen Wunsch, sich in seiner neuen Umgebung zu beweisen, zu nutzen. In seiner Karriere als Boxer an Bord der *West Virginia* konnte es niemand mit Miller aufnehmen: Er besiegte alle Kontrahenten und gewann die Schwergewichtsmeisterschaft unter der gesamten, mehrere Tausend Mann starken Besatzung des Schiffes.

Währenddessen nahmen die Spannungen zwischen den Vereinigten Staaten und Japan wegen des Krieges in China und der Übernahme der französischen Kolonien in Südostasien zu. Im Januar 1941 stellten die Vereinigten Staaten ihre Pazifikflotte neu auf und richteten ihr Hauptquartier in Pearl Harbor ein, wo der unvergleichliche Naturhafen von Oahu in der Nähe von Honolulu seit der Zeit vor der hawaiianischen Monarchie als maritimer Knotenpunkt diente. Im Februar 1941 beorderte die Marine die *West Virginia* nach Pearl Harbor, um einen japanischen Angriff auf die Vereinigten Staaten zu verhindern. Die amerikanischen Einsatzplaner wussten jedoch nicht, dass die Kaiserlich Japanische Marine zu diesem Zeitpunkt bereits einen Angriff auf Pearl Harbor plante. Nach langer Vorbereitung waren die Japaner im Dezember 1941 zum Angriff bereit.

Am 7. Dezember um 6 Uhr morgens stand Dorie Miller auf, um einige einfache Arbeiten zu erledigen, bevor er seinen wohlverdienten Urlaubstag genießen konnte. Er zog es vor, den Tag mit einem Freund, der gerade aus dem Militärgefängnis entlassen worden war, auf dem Schiff zu verbringen, anstatt ein Angebot anzunehmen, an Land zu gehen.[4] Die Geschichte hätte ganz anders verlaufen können, wenn er sich dafür entschieden hätte, seine Freizeit in Honolulu zu verbringen. Aber an einem ruhigen 6. Dezember war es für ihn eine leichte Entscheidung, den nächsten Tag mit einem Schiffskameraden an Bord zu bleiben. Die Art und Weise, wie er auf den Überraschungsangriff am nächsten Morgen reagierte, sollte den Rest von Millers Leben und sein Vermächtnis bestimmen.

Die japanischen Flugzeuge begannen ihren Angriff auf Pearl Harbor um 7.48 Uhr. Um 7.57 Uhr wurde die *West Virginia* aus der Luft mit einer Reihe von Torpedos und panzerbrechenden Bomben unter Beschuss genommen. Bald brannte das Deck, auf dem sich Benzin ausgebreitet hatte. Während eines Gefechtsalarms hatten alle Besatzungsmitglieder einen festgelegten Gefechtsstand. Millers Aufgabe bestand darin, einem Flugabwehrkanonier die Munition zu reichen. Doch als Miller sich auf seinem Posten in der Offiziersmesse meldete, waren die Schäden am Schiff bereits so groß, dass er beschloss, sich an der Abwehr des Angriffs zu beteiligen, und so verließ er seinen Gefechtsposten, um selbst aktiv zu werden.

Versetzen Sie sich in die Lage dieses jungen Matrosen aus Zentraltexas. Es sind seine ersten Kampfhandlungen, überall auf dem Schiff riecht es streng nach Kordit, und es wird von Bomben verwüstet, die sowohl an Bord als auch auf nahe gelegenen Schwesterschiffen landen. Miller muss eigentlich völlig verunsichert gewesen sein, denn nichts in seinem Vorleben oder in seiner Ausbildung wird ihn auf diesen Moment vorbereitet haben. Im Gegensatz zu Dewey oder Farragut war er weder ein reifer Mann mit zahlreichen Kampf- und Segelerfahrungen, noch war er verpflichtet, seinen Untergebenen Mut und Entschlossenheit zu demonstrieren – er war der unbedeutendste unter den Tausenden von Matrosen, die dem Schiff zugeteilt waren. Dennoch entschied er sich gegen 8 Uhr morgens, seinen sicheren Platz zu verlassen und ein hohes persönliches Risiko einzugehen, indem er alles für das Schiff und seine Kameraden tat, was er konnte. Allen Berichten zufolge, sowohl von denen, die mit ihm vor Ort waren, als auch in seinen eigenen Worten, wollte er einfach das Schiff schützen und verteidigen.

Etwa um 8.15 Uhr wurde die Brücke des Schiffes durch heftigen Beschuss zerstört, und der befehlshabende Offizier wurde schwer verwundet. Miller, der sich nach oben begeben hatte, um selbst aktiv zu werden, traf auf einen jungen Offizier, den Lieutenant (und späteren

Admiral) Claude V. Ricketts. Dieser versuchte verzweifelt, das Leben des Kapitäns der *West Virginia*, Mervyn Bennion, zu retten, und gemeinsam gelang es ihm und Miller, den Kapitän auf eine tiefer gelegene Brücke zu bringen. Die beiden Retter mussten sich durch eine brennende Brücke und gegen die starke Seitenneigung des Schiffes kämpfen, während um sie herum in der Luft und auf dem Meer das reinste Chaos herrschte.

Um 8.54 Uhr griff die zweite Welle japanischer Kampfflugzeuge die Flotte an. Lieutenant Junior Grade Frederic White sah in der Nähe zwei unbemannte Flugabwehrkanonen, und er und Miller begannen, die Waffen für einen eventuellen Einsatz zu laden. Nachdem beide Geschütze geladen waren, sprang Miller gegen 9.10 Uhr auf den Sitz des Richtschützen und begann, den Lauf in Richtung der japanischen Flugzeuge zu lenken, obwohl er im Umgang mit dem Geschütz nicht ausgebildet war. Er blickte durch das Visier und begann zu feuern, schwenkte das Geschütz und schoss auf die ankommenden Flugzeuge, die weiter angriffen. In mehreren Berichten von Offizieren liest man, wie erstaunt sie über seine entschiedene Vorgehensweise waren, wie gut er das Geschütz beherrschte und welchen Mut er bewies. Gegen 9.30 Uhr hatte er keine Munition mehr. Nach der Schlacht gab Miller an, dass seine natürliche Begabung für das Schießen darauf zurückzuführen sei, dass er zu Hause oft Eichhörnchen gejagt hatte.

Nachdem die gesamte Munition verbraucht war, kehrten Miller und White gegen 9.45 Uhr zu ihrem verletzten Kapitän Bennion zurück. Ein vierköpfiges Team versuchte unter großen Schwierigkeiten, den Kapitän aus dem Tower unterhalb der Brücke zu holen und sicher auf das Hauptdeck zu bringen. Da die Flammen immer näher kamen, versuchte die Gruppe, ihn über eine Leiter herunterzulassen, was jedoch nicht möglich war, da das Schiff zu stark nach Backbord geneigt war. Der heldenhafte Kapitän Bennion wies sie an, ihn an Bord zurückzulassen, aber die Mannschaft versuchte stattdessen, mit einem Wasserschlauch die Brände zu bekämpfen und dadurch Zeit zu gewinnen. Kurz nach 10.15 Uhr, zwei Stunden nach der endgültigen Zerstörung der Brücke, erlag Bennion seinen Verletzungen, während die Retter weiter gegen die Flammen ankämpften.

Gegen 10.30 Uhr, als sie keinen Kapitän mehr hatten, den sie beschützen mussten, begriffen Miller und die anderen, dass sie sich auf den Hauptteil des Decks zurückziehen mussten. Doch sie waren nun bereits ringsum von Feuer umgeben, und es gab kein Entkommen. Sie wurden von einem anderen Matrosen gerettet, der ihnen von einem Kran in der Nähe ein Seil zuwarf. Miller und seine Schiffskameraden mussten sich 15 Meter weit über das Feuer hangeln, das in diesem Teil des Decks wütete. Selbst nachdem er den Flammen entkommen war, verließ Miller das Schiff nicht; stattdessen arbeitete er zusammen mit mehreren anderen, noch unverletzten Kameraden daran, andere Matrosen aus dem mit brennendem Öl bedeckten Wasser an Deck zu ziehen, wo sie wenigstens etwas sicherer waren, während das Schiff langsam weiter sank.[5] Miller rettete dabei mehrere Menschenleben, was nicht nur von seiner Tapferkeit, sondern auch von seiner hervorragenden körperlichen Verfassung und Stärke zeugt.

Dorie Miller muss erschöpft, dehydriert und vielleicht auch orientierungslos gewesen sein. Es gab mehrere Momente, in denen er das Schiff hätte verlassen können, und viele von der Besatzung taten dies, obwohl kein formeller Befehl zum Verlassen des Schiffes gegeben worden war. Der Tod des Kapitäns und anderer Mitglieder der Befehlskette veranlasste viele Seeleute zur Flucht von dem Schiff, das zunehmend einem Inferno glich. Dorie Miller blieb jedoch, bis der stellvertretende Kapitän der *West Virginia* gegen 14.00 Uhr den Befehl zum Verlassen des Schiffes gab. Miller war einer der Letzten, die die Flucht ergriffen. Die letzte Gruppe von Überlebenden schwamm die Länge von drei Football-Feldern, um zur nahe gelegenen Ford Island zu gelangen. Erst vom Ufer aus konnte Miller einen Blick zurück auf das brennende Schiff werfen, die allgemeine Zerstörung im Hafen wahrnehmen und die Ereignisse des Tages auf sich wirken lassen. In all seinen späteren Interviews und Gesprächen mit seiner Familie schrieb er sein Überleben der göttlichen Vorsehung und dem Eingreifen Gottes zu. Um 15.00 Uhr wusste er, dass er diesen Tag überleben würde – ein trauriger Tag, der in die Geschichte eingehen sollte.

Warum hat Miller sich so entschieden und so gehandelt? Bei einem Überraschungsangriff wäre eine Flucht für die meisten Menschen die verständliche Reaktion gewesen, und es wäre gerechtfertigt gewesen, wenn er sich einfach aus der Schusslinie herausgehalten hätte, wie es die meisten Mitglieder der Besatzung taten. Der ruhige Sonntagmorgen verwandelte sich innerhalb weniger Minuten in ein flammendes Inferno. Das Wasser selbst stand in Flammen und brannte durch die Ölteppiche, die von den untergehenden Schiffen freigesetzt wurden. Der Lärm war ohrenbetäubend, und aus allen Richtungen regnete feindliches Feuer auf die Schiffe. Je weiter sich dieser unheilvolle Morgen entwickelte, desto schlimmer wurden die Umstände. Millers Welt geriet aus den Fugen, und zwar im wahrsten Sinne des Wortes, wenn man die dramatische Schlagseite des Schiffes in Betracht zieht. Doch anstatt sich in Sicherheit zu bringen, entschied sich Dorie Miller dafür, sich während des gesamten grauenhaften Vormittags von einer bedrohlichen Situation in die nächste zu begeben. Sicherlich kam ihm dabei seine Ausbildung als Seemann zugute, aber es gab eindeutig etwas Tieferes, das ihn an diesem Tag antrieb und zu bemerkenswerten Taten veranlasste.

Seine Entscheidung ist umso bemerkenswerter, als sie in einem besonderen Kontext steht. Abgesehen von dem menschlichen Instinkt, sich in Sicherheit zu bringen, wurde er, wie viele seiner Kameraden, in seinem Heimatland und von der Navy gezielt und systematisch als Bürger zweiter Klasse behandelt. Messmen erfüllten zwar eine wichtige Aufgabe an Bord, aber keine geschätzte; sie waren nicht nur im Rang niedriger als alle anderen an Bord, sondern wurden häufig auch verachtet oder trotz ihrer schweren Arbeit angefeindet. Warum also blieb Miller an Bord und kämpfte für sein Schiff und seine ausschließlich weißen Offiziere, zumal an einem Tag, an dem viele verzweifelte Seeleute versuchten, sich schwimmend in Sicherheit zu bringen?

Es ging ihm sicher um mehr als nur darum, seine Familie zu unterstützen: Wenn ein regelmäßiger Gehaltsscheck seine einzige Motivation gewesen wäre, wäre es schlauer gewesen, sofort ans Ufer zu schwimmen. Auch konnte Miller nicht mit Ruhm und Ehre rechnen. Obwohl er später zu einer frühen Ikone der Bürgerrechtsbewegung im Zweiten Weltkrieg wurde, konnte er das nicht wissen, als er sich 1941 in den Kampf stürzte. Wie kein Geringerer als Napoleon mehr als ein Jahrhundert vor Pearl Harbor festgestellt hatte: »Ein Mann lässt sich nicht für einen halben Penny am Tag oder für eine unbedeutende Auszeichnung umbringen.«

Hat Miller lediglich Befehle befolgt? Bis zu einem gewissen Grad sicherlich: Er begab sich zunächst auf seinen normalen Dienstposten und dann, an der Seite eines Offiziers, auf die Brücke, um bei der Rettung des Kapitäns zu helfen. Zurück an Deck, nach der waghalsigen Flucht von der Brücke, gab es sicherlich hochrangige Offiziere, die versuchten, Ruhe in das ganze Chaos zu bringen. Aber ob er sich nun selbst an das Geschütz setzte oder ob er bis zum bitteren Ende auf dem brennenden Deck blieb, immer wieder ergriff Miller die Initiative und ging dabei ein persönliches Risiko ein, das weit über den Rahmen der Befehle hinausging, die er erhielt. Wieder und wieder riskierte er sein Leben.

Patriotismus, Verbundenheit mit seinem Schiff und seiner Besatzung und der angestrebte Sieg über den Feind spielten eine zentrale Rolle. Nach der Schlacht sprachen Überlebende von ihrem innigsten Wunsch, sich gegen die japanischen Angreifer zu wehren. Doch die berühmte Episode an dem Geschütz machte nur wenige Minuten von Millers stundenlanger Tortur an Bord der *West Virginia* aus. Wenn er nur versucht hätte, das Feuer auf die Überraschungsangreifer zu erwidern, dann wäre er über Bord gegangen, sobald seine Waffe keine Munition mehr hatte. Etwas, das über die Umstände, die Befehle oder die Hitze des Gefechts hinausging, muss Millers Entscheidungen angetrieben haben, als er versuchte, seinen Kapitän in Sicherheit zu bringen, oder als er sich zurück auf das Hauptdeck schwang, um seinen Mannschaftskameraden zu helfen.

Nach meiner Meinung bestand Millers entscheidender Charakterzug in dem Drang, andere zu beschützen. Das hat er in seinem Leben immer wieder getan: beim Blocken und Tackling auf den Football-Feldern im tiefsten Texas, beim freiwilligen Einsatz in der von Rassentrennung geprägten United States Navy, als er und seine Familie jede Gelegenheit, die sich ihnen bot, ergreifen mussten, und an jenem berüchtigten Tag, als er weit über das hinausging, was seine Pflicht erforderte. Er war in jeder Hinsicht ein »Beschützer«, und seine Entscheidung an jenem Tag beruhte auf seinem Wunsch, sich für andere einzusetzen. Er ist ein klassisches Beispiel für den Ehrenkodex der Spartaner im antiken Griechenland: Für sie war das Gegenteil von Furcht auf dem Schlachtfeld nicht Mut, sondern Liebe – Liebe zu den Mitmenschen. Dorie Miller hat das am 7. Dezember 1941 in jeder Hinsicht bewiesen.

Als die Navy die Berichte über die Heldentaten während der Schlacht veröffentlichte, wurden Millers Taten im Detail geschildert, aber sein Name wurde zunächst nicht öffentlich erwähnt. Er wurde nur als nicht näher definierter Messman bezeichnet. Doch Matrosen, die ihn in

Aktion gesehen hatten, verbreiteten Millers Geschichte bald über inoffizielle Kanäle, und sein Heldentum erzeugte großes öffentliches Mitgefühl in der Heimat, als der *Pittsburgh Courier* und andere Zeitungen der schwarzen Presse darüber berichteten. Gruppen wie die National Association for the Advancement of Colored People (NAACP) und die National Urban League lobten Millers selbstlosen Einsatz trotz ungleicher Behandlung und trugen dazu bei, dass Miller neben Joe Louis, dem Schwergewichtsboxer, der gegen ethnische Stereotypen ankämpfte und an vielen PR-Kampagnen während des Krieges beteiligt war, im öffentlichen Bewusstsein anerkannt wurde. Die Roosevelt-Regierung nutzte Millers Beispiel, um die Rekrutierung von Afroamerikanern für die bevorstehenden Kriegsanstrengungen zu fördern. Als sich sein Name und sein Ruhm weiter verbreiteten, erwog der Kongress, ihm die Medal of Honor zu verleihen, die nationale Ehrenmedaille. Doch obwohl weiße Abgeordnete sowohl im Repräsentantenhaus als auch im Senat die Verleihung der Auszeichnung an ihn vorschlugen, wurde das Vorhaben letztlich von Senatoren aus den Südstaaten verhindert. Beschämenderweise setzte auch Marineminister William Frank Knox alles daran, diese öffentliche Ehrung zu unterbinden.[6]

Doch sechs Monate später erhielt Miller die höchste Auszeichnung der Navy (nicht gleichbedeutend mit der höchsten Auszeichnung der Nation) für seine Leistungen im Kampf: das Navy Cross. Die Auszeichnung wurde ihm persönlich vom Kommandeur der Pazifikflotte, Admiral Chester Nimitz, der auch Oberbefehlshaber aller Seestreitkräfte im Pazifik war, während einer Zeremonie auf dem Deck des Flugzeugträgers *USS Enterprise* in Pearl Harbor verliehen. Die Navy bot ihm auch die Möglichkeit, eine bisher nicht für Schwarze zugelassene Spezialausbildung zu absolvieren und sich als Scharfschütze auszubilden. Doch Miller entschied sich dafür, Koch zu werden, und durchbrach damit zwar das durch die Rassentrennung auferlegte Limit der Rangordnungen, diente aber weiterhin Seite an Seite mit anderen Messmen. In Interviews sagte er, dass er plane, nach seinem Ausscheiden aus der Navy ein Restaurant zu eröffnen.

Doch leider sollte es nicht zu einem Hollywood-Happy-End kommen. Während seiner verbleibenden Dienstzeit wurde klar, dass die Navy nichts aus Millers Beispiel gelernt hatte: Er war nach wie vor mindestens ebenso heftigem Rassismus ausgesetzt wie zuvor, und seine alten Kameraden, die Messmen, beäugten ihn nun ebenfalls mit Misstrauen. Wie bei viel zu vielen Vorbildern vor und nach ihm stieß Millers wachsendes Ansehen außerhalb der Navy auf wachsende Ressentiments innerhalb. Nachdem die Navy Miller ihre höchste Auszeichnung für Tapferkeit verliehen hatte, verhielten die Offiziere und Matrosen um ihn herum sich so, als habe er sich über seinen Stand erhoben. Der seit Jahrzehnten in der Organisation verankerte institutionelle Rassismus war einfach zu stark, als dass die Menschen das klare Beispiel von echtem Heldentum vor ihren Augen akzeptieren konnten. Miller blieb bei der Navy und setzte seinen Dienst im weiteren Verlauf des Krieges fort. Nachdem er sich auf dem Festland für eine Reihe von Kriegsanleihe- und Rekrutierungskampagnen verwendet und diverse zivile Auszeichnungen für seine Heldentaten erhalten hatte, wurde er einem neuen Schiff zugeteilt.

Miller bekam leider nie die Gelegenheit, sein Restaurant zu eröffnen. Im Juni 1943 wurde er auf den frisch vom Stapel gelaufenen Geleitflugzeugträger *USS Liscome Bay* versetzt. Die Geleitträger zeichneten sich in erster Linie durch Kompromisse bei ihrer Konstruktion aus: Sie waren etwa so groß wie die regulären Flugzeugträger, verfügten aber über weit weniger Panzerung, wodurch die Produktion beschleunigt werden konnte. Offiziell wurden sie als CVE bezeichnet – die Abkürzung für »Carrier, Escort«, wie sie in der Navy genannt wurden –, und die Matrosen sagten spöttisch, aber zu Recht, dass die Abkürzung in Wirklichkeit für »combustible, vulnerable, and expendable« (brennbar, verwundbar und entbehrlich) stehe. Am 24. November 1943 um 5.13 Uhr wurde die *Liscome Bay* in der Nähe der Gilbert-Inseln im Südpazifik von einem Torpedo getroffen – abgefeuert von einem einzelnen unbegleiteten japanischen U-Boot. Die dadurch ausgelöste Explosion war so gewaltig, dass sie den Morgenhimmel erhellte und die Metallteile auf 5000 Meter entfernte Schiffe herabregnen ließ. Nur 200 Menschen von über 1000 Besatzungsmitgliedern überlebten die Explosion – tragischerweise war Cook Third Class Doris Miller nicht unter ihnen. Seine Leiche wurde nie gefunden, und ein Jahr später wurde er offiziell für tot erklärt.

Millers Vermächtnis lebt bis heute in der U.S. Navy fort. Obwohl es gleich nach Pearl Harbor offensichtlich keine unmittelbare Wende mit Blick auf den institutionellen Rassismus gab, wurden nach dem Tod von

Marineminister Knox im Jahr 1944 erste Schritte zur Integration in der Navy eingeleitet. James Forrestal, sein Nachfolger, argumentierte, dass eine segregierte Navy zu viel koste. Er glaubte nicht an die Stereotypen und Vorstellungen über Ethnie, die die Politik der Navy rechtfertigten. Doris Kearns Goodwin schrieb: »Das Beispiel von Millers Heldentum wurde zu einer Hauptwaffe im Kampf um die Beendigung der Rassendiskriminierung in der Navy.«[7] Es ist schwer zu sagen, wann die Marine die Rassentrennung aufgehoben hätte, wenn er nicht so tapfer gewesen wäre. Admiral Elmo Zumwalt, Chief of Naval Operations, bezeichnete ihn in den späten 1990er-Jahren mir gegenüber persönlich als eine Ikone unter den afroamerikanischen Seeleuten. Ich zeige oft ein Bild der Besatzung eines Zerstörers der Marine aus den späten 1940er-Jahren, auf dem die Messmen hinten in der Formation stehen mussten – seitdem hat sich viel geändert. Die Admiralin Michelle Howard, die Sie später in diesem Buch kennenlernen werden, war der dritte schwarze und erste weibliche Vier-Sterne-Admiral. April D. Beldo wurde 2013 die erste schwarze Befehlshaberin einer Flotte. Aber es bleibt noch viel zu tun. Insgesamt gibt es nach wie vor nur wenige Afroamerikaner in den höheren Rängen sowohl der uniformierten als auch der zivilen Führungsebene der Navy. Admiral Mike Gilday, Chief of Naval Operations, hat im Juni 2020 die Task Force One beauftragt, Rassismus, Sexismus und Vorurteile innerhalb der Navy zu untersuchen. Ich hoffe, dass dies der erste Schritt in die richtige Richtung für die Navy ist, denn so können wir Millers Vermächtnis gerecht werden.

Als die *USS Miller*, durch die ich den heldenhaftesten Koch, den die Navy je erlebt hat, kennengelernt hatte, 1991 außer Dienst gestellt wurde, bedauerte ich die Nachricht, erinnerte mich an Millers Heldentaten und wünschte mir, er wäre noch mit uns in der Flotte unterwegs, etwa in Form eines nach ihm benannten Kriegsschiffes. Während meiner langen Laufbahn, die sich über mehr als drei Jahrzehnte erstreckte, seit ich an Bord der *Miller* ging, habe ich mich bemüht, sein Vermächtnis und all das, was ihm und anderen Afroamerikanern vorenthalten worden war, in Erinnerung zu behalten. Wir müssen uns unablässig die Frage stellen: »Was tun wir heute, das in 30 oder 40 Jahren als völlig falsch betrachtet werden könnte?« Diese Frage habe ich mir in der Navy oft gestellt, als ich alles in meiner Macht Stehende tat, um auf allen Ebenen meiner

Laufbahn Veränderungen zu bewirken. Es ist eine gute Frage, die sich jeder stellen sollte, wenn er mit schwierigen Entscheidungen ringt, nicht nur unter Beschuss im Kampf, sondern auch in der Stille des Sitzungssaals oder der Poststelle eines Unternehmens, in einer Polizeistation in einer Kleinstadt, in der Gemeinde einer Kirche oder in der Fakultät einer Universität. Dorie Miller hat zu unserem Wohle eine schwierige Entscheidung getroffen; wir können im Gegenzug nicht weniger als das Gleiche tun, wenn es um die Entscheidungen geht, die wir in unserer Gesellschaft treffen.

Glücklicherweise wissen wir jetzt, dass Dories Name irgendwann in diesem Jahrzehnt auf einem prächtigen Flugzeugträger der *Ford*-Klasse wieder die Meere zieren wird. Aber es gibt eine Anerkennung, die ihm noch verwehrt bleibt: die Medal of Honor. Die Verleihung der Ehrenmedaille an Dorie Miller wird nicht alle Wunden heilen, die unser Land aufgrund der Rassentrennung erlitten hat. Ein Großteil der Argumente gegen die Verleihung der Medal of Honor an Dorie Miller dreht sich um die anhaltenden Meinungsverschiedenheiten darüber, ob er japanische Flugzeuge abgeschossen hat oder ob seine Handlungen ausreichend »über das Maß der Pflicht« hinausgingen, um diese Auszeichnung zu rechtfertigen. Doch ein Großteil der anhaltenden Diskussionen geht an der Frage vorbei, was Dorie Miller so bemerkenswert machte.

Als er mit einer Situation konfrontiert wurde, in der er sich in Sicherheit hätte bringen und trotzdem seine Pflichten hätte leisten können, traf Miller stattdessen eine härtere und edelmütigere Entscheidung. Er überwand die Hindernisse, die die Gesellschaft ihm in den Weg legte, und brachte sich für unser Land in Lebensgefahr. Wir sollten den Menschen, die Entscheidungen wie Dorie Miller treffen, die höchste Ehre erweisen. Das ist ein Vermächtnis, das noch immer unerfüllt ist, und ein würdiges Ziel für unsere Navy, das wir anstreben sollten.

Letztendlich sollten wir uns fragen, was wir aus Dorie Millers schwieriger Entscheidung in Pearl Harbor lernen können. Ich würde sagen, dass für jeden von uns ein Moment kommen kann, in dem sich die Gelegenheit ergibt, eine schwierige, ungewohnte Herausforderung anzunehmen, um jemand anderem zu helfen oder ihn zu beschützen. Für die große Mehrheit von uns wird dies natürlich nicht mitten in einer Kampfsituation sein. Vielleicht sind wir am Ort eines Autounfalls oder in einer Bar, wo wir einer betrunkenen Person helfen können, oder auf einem winterlichen Bürgersteig, wo wir jemandem aufhelfen können, der auf dem Eis gestürzt ist, oder wir unterbrechen einfach unsere Arbeit im Büro oder in der Kantine, um uns jemandem in echter Not zuzuwenden und sie oder ihn zu trösten. Es ist immer viel zu einfach, sich zurückzuziehen, wenn es jemand anderem schlecht geht, den wir nicht gut kennen oder zu dem wir keine intensive Beziehung haben. In diesen Momenten der Entscheidung ist die Lektion von Dorie Miller meiner Meinung nach ganz eindeutig: aufstehen und sich einsetzen, ohne an den persönlichen Vorteil zu denken. Heldentum bedeutet, im Namen eines anderen ein Risiko einzugehen, wenn es einfacher wäre, einfach vorbeizugehen. Dorie Miller hat sich selbst in Gefahr gebracht und dient als Beispiel für die schwierigsten, aber besten Entscheidungen, die wir treffen können. Seine mutige Entscheidung, sich unter den riskantesten Umständen für andere einzusetzen, sollte das Beste in jedem von uns zum Vorschein bringen.

Kapitel 6

Diese Frage stellt sich die Welt

Admiral William »Bull« Halsey, United States Navy
Kommandeur der Dritten US-Flotte

Schlacht im Golf von Leyte
23.–26. Oktober 1944

»Schlag mit aller Kraft zu! Schlag schnell zu! Schlag oft zu!«

In den 1970er-Jahren verbrachte ich meine wohl glücklichsten Stunden als Midshipman an der United States Naval Academy im Halsey Field House, der riesigen Mehrzwecksportanlage direkt hinter dem Eingangstor. Ehrlich gesagt, war Annapolis für mich nicht immer eine angenehme Erfahrung. Ich fand die Disziplin extrem restriktiv, den Verlust der persönlichen Freiheit bedrückend und die akademische Ausbildung streng, aber selten inspirierend. Aber fast das ganze Jahr über konnte ich alle meine Einwände gegen die Akademie vergessen, sobald ich einen Squash-Platz im Field House betrat.

Squash ist ein kurioser Sport, der damals fast ausschließlich im Nordosten der Vereinigten Staaten gespielt wurde, und ich hatte keinerlei Erfahrung darin, bevor ich nach Annapolis kam. Während meiner gesamten Jugend war ich ein begeisterter Tennisspieler gewesen und hatte in meinem letzten Jahr an der Highschool in Arizona sogar die Klassenmeisterschaft gewonnen. Als ich an der Akademie ankam, bewarb ich mich für das Tennisteam und schaffte es gerade noch so, den letzten Platz auf der Liste zu ergattern. Die meisten Spieler in meiner Klasse und in meinem Alter waren größer und konnten den Platz besser ausnutzen, und viele von ihnen konnten einfach besser mit dem Schläger umgehen. Nach einer glanzlosen Herbstsaison im Freien nahm mich unser Tennistrainer, Bobby Bayliss, zur Seite und sagte: »Jim, du wirst es hier nie zum Top-Tennisspieler bringen. Mit etwas Glück könntest du dir vielleicht noch das Recht erlangen, die Tennis-Initiale auf deinem Jackett zu tragen. Aber ich denke, du wärst ein hervorragender Squash-Spieler. Versuche es diesen Winter mit dem Squash-Team. Ich glaube, du würdest dort besser reinpassen.«*

Nach der kurzen Tennissaison im Herbst erschien ich also pflichtbewusst im Halsey Field House und probierte Squash aus. Squash wird vierwandig in einem geschlossenen Raum gespielt, ähnlich wie sein populäreres Pendant Racquetball. Der Gummiball in der damaligen amerikanischen Variante des Spiels war klein, sehr hart und tat höllisch weh, wenn man getroffen wurde (was viel zu oft vorkam). Das Spielfeld ist so klein, dass ein Spieler wie ich, schnell und mit guten Reflexen, sich in den meisten Fällen gut gegen größere Gegner mit größerer

---

* Ich bekam schließlich den »Tennis-Buchstaben« aufs Jackett – gerade noch.

Reichweite durchsetzen konnte. Es ist ein Spiel der Winkel und Ecken, sehr strategisch, sehr athletisch, eine Art sofortige Vektoranalyse. Und es ist der perfekte Sport für Außenseiter, weil man körperlich begabtere Gegner ausmanövrieren und ausstechen kann. Ein Freund beschrieb es einmal treffend als Kampf, der im Kopf stattfindet. Jeden Tag verbrachte ich Stunden auf dem Squash-Court und verlor mich in der intensiven Bewegung und den mentalen Herausforderungen dieses Sports, den ich bis heute ausübe – allerdings bin ich inzwischen viel langsamer.

Damals dachte ich nicht viel über Flottenadmiral Halsey nach, nach dem die Sporthalle benannt worden war. Aber mit der Zeit – als ich in Annapolis Kurse über Kräfteausübung auf See und Militärgeschichte belegte – begann ich die Persönlichkeit und die Entscheidungsprozesse von Halsey zu schätzen, die mich in gewisser Weise an Squash erinnerten. Er war ein impulsiver, instinktiver Kämpfer, der sich keine Gedanken über eine bestimmte Entscheidung machte. In der Tat waren viele seiner Siege zu Beginn des Zweiten Weltkriegs (beispielsweise in der Schlacht um die Insel Guadalcanal) nicht so sehr das Ergebnis von Glück oder eines gut durchdachten Schlachtplans, sondern vielmehr das Ergebnis schneller und bestimmter Entscheidungen, die mit Nachdruck umgesetzt wurden. Im erbitterten Kampf gegen die Kaiserlich Japanische Marine setzte Halsey seine Streitkräfte direkt mitten im Geschehen ein – so gewinnen auch die meisten Squash-Spieler, denn dies ist ein Sport, in dem sich der Ball mit fast 300 Stundenkilometern bewegt, der Gegner im Nahkampf gleich neben einem steht und bei dem einfach keine Zeit bleibt, viel über Details nachzudenken.*

Ein weiterer Aspekt, den man an Halsey schätzen muss, ist seine Bereitschaft, sich auf die Neuerungen in der Navy einzulassen, die auch einige Risiken in sich bargen. Während des größten Teils seiner Karriere war er ein klassischer Seekriegsoffizier, der sich zunächst auf Torpedoboote und Zerstörer konzentrierte, dann auf die Großkampfschiffe seiner Zeit, die schweren Schlachtschiffe und Kreuzer. Doch als sich die Chance bot, an der Entwicklung des neuen Bereichs der Marinefliegerei

* Jai Alai, eine Variante des baskischen Pelotaspiels, ist die einzige Sportart, in der der Ball noch schneller beschleunigt – wenn man nur die Sportarten betrachtet, bei denen die Spieler auf einem Platz stehen und der Gefahr ausgesetzt sind, getroffen zu werden.

mitzuwirken, ergriff Halsey sie. Im Alter von 52 Jahren erwarb er seine goldenen Flügel als vollwertiger Marineflieger und ist bis heute der älteste Absolvent dieser Ausbildung.[1] Es war übrigens keine sorgfältig durchdachte Karrierestrategie, sondern eher eine spontane Entscheidung, als sein Mentor, Flottenadmiral Ernest King, ihm diese Veränderung anbot. Seine Frau bezeichnete ihn als »alten Narren«, weil er sich für den längeren und gefährlicheren Fliegerkurs entschied, obwohl er ursprünglich den viel kürzeren und sichereren Kurs zum Marineflugbeobachter hatte absolvieren wollen.

In den Squash-Courts in dem nach Halsey benannten Sportgebäude habe ich viele Lektionen in Sachen instinktiver Entscheidungsfindung gelernt. Dort konnte ich viele Spiele für die Navy für mich entscheiden und wurde schließlich ganz oben auf der Rangliste geführt. Als Team kamen wir innerhalb der drei Jahre, in denen ich für die Mannschaft der Akademie spielte, zweimal unter die besten fünf des Landes, und ich wurde jedes Jahr ausgezeichnet, wobei ich zweimal gegen die Army gewann. In diesen knappen Matches lernte ich auch – wie Halsey –, dass nicht alle Entscheidungen zu unseren Gunsten ausfallen, wenn die Schnelligkeit des Spiels es erfordert, dass man instinktiv eine Entscheidung fällt. In der entscheidenden Schlacht im Golf von Leyte war Halseys Entschluss, die mächtige Dritte Flotte nach Norden zu führen, um eine japanische Köderflotte zu bekämpfen, wohl die schlechteste seiner Karriere und endete beinahe in einer Katastrophe. Er traf seine Entscheidungen jedoch im Einklang mit den Fähigkeiten und der Persönlichkeit eines Anführers und Offiziers, der er war, und er hat es nie bereut.[2]

In seinem brillanten Buch über die Schlacht im Golf von Leyte, *Sea of Thunder*, beschreibt der Historiker und Journalist Evan Thomas die Art der Entscheidungsfindung, die Halsey bevorzugte, folgendermaßen:

Wer kann schon wissen, wie es wirklich ist, völlig erschöpft auf der Brücke eines Schiffes im Einsatz zu stehen, verantwortlich für Hunderte, wenn nicht Tausende von Menschenleben, ohne zu wissen, wie stark der Feind ist und wo er sich aufhält, und dennoch gezwungen zu sein, schwerwiegende Entscheidungen zu treffen? In jeder Kultur gibt es Krieger, die zeitlose und universelle Kriterien für Mut und Entschlossenheit erfüllen, die scheinbar nicht nachdenken, nicht überlegen oder etwas infrage stellen müssen – die instinktiv wissen, wann sie ihr Leben und das ihrer

Männer aufs Spiel setzen müssen. Das heißt nicht, dass ihr Urteil immer richtig ist, sondern nur, dass ihre Tapferkeit nicht zu leugnen ist.[3]

Flottenadmiral Halsey war ein solcher Krieger.

Darin liegt eine wichtige Lektion, aber auch eine Warnung vor einer gefährlichen Verführung. In vielen Situationen fühlt es sich einfach richtig an, »seinem Bauchgefühl zu vertrauen«. Die wahre Kunst der Entscheidungsfindung besteht jedoch darin, das Gleichgewicht zwischen einer sorgfältigen Analyse der Optionen und der Abwägung des Risikos zu finden und nicht einfach bloß zu entscheiden, dass man nun den gordischen Knoten durchschlagen und in den Kampf ziehen wird. Wie der Kolumnist und Satiriker H. L. Mencken im 20. Jahrhundert gesagt haben soll: »Für jedes komplexe Problem gibt es eine Lösung, die klar, einfach und falsch ist.«

In Halseys Fall gab es viele Situationen, in denen die schnelle, instinktive Entscheidungsfindung zu seinen Gunsten ausfiel, vor allem zu Beginn des Krieges. Aber zu anderen Zeiten, wie im Golf von Leyte, ging diese klare und einfache Herangehensweise furchtbar schief. Manchmal fühlte er sich von Kräften getrieben, die sich seiner Kontrolle entzogen, darunter eine unglücklicherweise schlecht getimte und schlecht formulierte Anweisung von Flottenadmiral Nimitz, seinem Vorgesetzten, im entscheidenden Moment der Schlacht.[4] Entscheidungen, die unter Stress und im Eiltempo getroffen werden, sind voller Unwägbarkeiten; bei dem von Natur aus übermütigen und ungeduldigen Halsey konnten Temperament und Impulsivität leicht die Oberhand gewinnen.

Halsey war übrigens kein Squash-Spieler, sondern ein Fullback in der Annapolis-Footballmannschaft, und zwar ein ziemlich guter.[5] Lord Wellington soll einmal gesagt haben: »Die Schlacht von Waterloo wurde auf den Spielfeldern von Eton gewonnen.« Das mag eine zweifelhafte Aussage sein, aber es ist etwas Wahres dran an der Vorstellung, dass Leistungssport – bei dem Entscheidungen schnell und unter Inkaufnahme der Konsequenzen für Wohl und Wehe getroffen werden müssen – uns auf die folgenreicheren Entscheidungen vorbereitet, die wir später im Leben treffen müssen. Ich könnte zwar behaupten, dass es im Allgemeinen der richtige Ansatz ist, sich alle Zeit zu nehmen, um wichtige Entscheidungen zu treffen, aber meine Zeit auf den Squash-Courts im Halsey Field House hat mir, gepaart mit dem Beispiel von Flottenadmiral

Halsey, auf meinem Lebensweg immer dann geholfen, wenn nicht viel Zeit zum Abwägen der Optionen zur Verfügung stand. Ich bin in vielerlei Hinsicht kein »Bull« Halsey, aber es gibt viele Momente, in denen ich versucht habe, seine Fähigkeit, sofort eine Entscheidung zu treffen, imitieren zu können, und mir versprochen habe, nicht mit Wut oder Bedauern zurückzublicken, ganz gleich, wie die Sache ausgeht.

»Blut ist dicker als Wasser« lautet eine Redewendung, und das gilt auch von jeher für die Navy. So tief wie die Liebe zur See in den Adern eines jeden Offiziers fließt, so ist die Seefahrt – und insbesondere Führungsposten bei der Marine – oft über Generationen hinweg in der Familie weitervererbt worden. Stephen Decaturs Vater war ein Marineoffizier, und sowohl David Farraguts leiblicher als auch sein Adoptivvater waren ebenfalls Marineoffiziere. William F. Halsey Sr., dessen Namensvetter es als Footballspieler in Annapolis und später als einer der Fünf-Sterne-Admirale im Zweiten Weltkrieg zu Ruhm brachte, war ebenfalls Marineoffizier. Meine eigene Familie folgt übrigens diesem Muster: Mein Vater war Marineoffizier, der Vater meiner Frau war Marineoffizier, und eine unserer Töchter und ihr Mann haben ebenfalls als Marineoffiziere gedient.

William F. Halsey Jr. wurde am 30. Oktober 1882 in Elizabeth, New Jersey, geboren. Bill, wie er zeitlebens genannt wurde, strebte schon früh eine Laufbahn bei den Seestreitkräften an. (»Bull« war übrigens eine Bezeichnung, die ihm von der Presse zu Kriegszeiten verpasst wurde, aber sie passte so gut zu Halseys Persönlichkeit, dass sie auch 75 Jahre später noch geläufig ist.) Der junge Halsey stieß bei seinen Eltern zwar nicht auf große Einwände, aber es gelang ihm nicht, an die United States Naval Academy berufen zu werden, die damals praktisch die einzige Zugangsmöglichkeit zu der eingeschworenen Gemeinschaft der Marineoffiziere war.

Nach anfänglichen Rückschlägen, von denen er sich aber nicht abbringen ließ, schrieb sich Halsey an der University of Virginia ein, um Medizin zu studieren und durch die Hintertür als Arzt in die Navy einzutreten. Nachdem er im Jahr 1900 dank eines direkten Bittgesuchs seiner Mutter an Präsident William McKinley endlich eine Zulassung zur Akademie erhalten hatte, nutzte Halsey die Chance, legte die Uniform eines Midshipman an und stellte sich den harten Bedingungen einer Militärakademie. Zu seinem Leidwesen musste er dabei die Frau, die er später heiraten würde, Frances »Fan« Cooke Grandy, an der Universität zurückzulassen, aber sie versprach, während der vierjährigen Dienstzeit in Annapolis auf ihn zu warten, was sie auch tat.

Seine beachtliche Karriere als Footballspieler war nicht der bedeutendste Teil von Halseys Zeit in Annapolis. Das entscheidende Element seiner Zeit an der Naval Academy war damals die Aufnahme in die »Bruderschaft« der noch kleinen Flotte jener Zwischenkriegszeit. Annapolis legte den Grundstein für ein fruchtbares und lebenslanges Netzwerk: »Fast alle führenden Navy-Kommandeure des Zweiten Weltkriegs waren zwischen 1901 und 1905 gemeinsam Midshipmen an der Akademie.«[6] Zu diesen Offizieren gehörten Halseys Vorgesetzter, Flottenadmiral Chester Nimitz, sein stellvertretender Befehlshaber, Admiral Raymond Spruance, und sein Rivale bei der entscheidenden Schlacht im Golf von Leyte, Admiral Thomas Kinkaid. Es ist übrigens erwähnenswert, dass der intellektuelle Spruance heute insgesamt ein besseres berufliches Ansehen genießt als Halsey, auch wenn er mit seiner ruhigen Art in der Gunst der Medien zurückblieb. Am Ende war er »nur« ein Vier-Sterne-Admiral, obwohl er nie ein Wort des Grolls über seinen berühmteren Zeitgenossen verlor.[7]

Nach seinem Abschluss an der Akademie begann Halsey seine Karriere auf See, wie es die meisten ehrgeizigen Offiziere seiner Zeit taten: auf Kriegsschiffen. Obwohl er schlussendlich auf dem absoluten Höhepunkt der U.S. Navy kommandieren würde, die größer war als jede andere Marine, die die Welt je gesehen hat, war die Navy, unter der Halsey begann, sehr klein und fing gerade erst an, sich auf der Weltbühne zu behaupten. Als junger Ensign, der niedrigste Offiziersrang in der U.S. Navy, segelte er mit der berühmten »Großen Weißen Flotte«, die Präsident Theodore Roosevelt 1907–1909 auf eine Weltumsegelung aussandte. Nach seiner Rückkehr in die Vereinigten Staaten wurde er direkt zum Lieutenant befördert und übersprang damit den unteren Dienstgrad dieses Ranges. Etwa zur gleichen Zeit machten sich in seiner Ehe mit Fan die Belastungen des Seedienstes bemerkbar. Dem Paar war kein dauerhaftes Glück beschieden: Tragischerweise litt Fan seit den 1930er-Jahren an einer manisch-depressiven Störung, die zeitweise so schwerwiegend war, dass sie nicht mit Halsey und den beiden Kindern zusammenleben konnte.

Im Laufe der Zeit wechselte Halsey von Schlachtschiffen zu Zerstörern und dann zu noch kleineren Torpedobooten. Für seinen Dienst als Kommandant des Zerstörers *USS Shaw* im Ersten Weltkrieg wurde er mit dem Navy Cross ausgezeichnet. In der Zwischenkriegszeit diente Halsey in einer Reihe von Funktionen an Land und zu Wasser, unter anderem als Marineattaché in Berlin (wie die berühmte Romanfigur Kapitän Pug Henry in Herman Wouks Meisterwerk *Der Feuersturm*), als Kommandant von Zerstörern auf See und als Kommandant des (unbeweglichen) Stationsschiffs an der Naval Academy. Nach dieser erneuten Zeit in Annapolis fuhr Halsey wieder mit Zerstörern zur See, ging dann aber wieder an Land, um das Naval War College in Newport zu besuchen.

Sein großer Durchbruch erfolgte schließlich im Jahr 1934. Admiral Ernest King, der damals das expandierende Bureau of Aeronautics der Navy leitete und schließlich als Chief of Naval Operations und Oberbefehlshaber der US-Flotte im Zweiten Weltkrieg der mächtigste Marineoffizier in der Geschichte der USA wurde, bot Halsey das Kommando über den Flugzeugträger *Saratoga* an – unter der Bedingung, dass Halsey sich sein Flieger-Abzeichen verdient. Halsey stimmte mit Begeisterung zu. Obwohl die kürzere und sicherere Qualifikation als Marineflugbeobachter ausgereicht hätte, entschied er sich stattdessen für die umfassende Ausbildung zum Marineflieger. Nach der erfolgreichen Landung eines Flugzeugs auf dem Deck eines Flugzeugträgers erhielt Halsey am 15. Mai 1935 sein Flieger-Abzeichen. Fan, die dies verständlicherweise für eine Torheit hielt, schrieb an ihre Tochter: »Was glaubst du, was der alte Narr jetzt macht? Er lernt fliegen!«[8]

Mit 52 Jahren ist Halsey der älteste Mensch, der jemals die »goldenen Flügel«, das Abzeichen eines US-Marinefliegers, erhalten hat. Aber er war keineswegs töricht, zumindest was die Zukunft der Seekriegsführung betrifft. Es wird berichtet, dass er gesagt haben soll, dass »der Marineoffizier im nächsten Krieg auch die Kampffliegerarena beherrschen muss, und zwar gut«. Unabhängig davon, ob er dies tatsächlich jemals so gesagt hat, war diese Erkenntnis richtig. Damals wie heute verlangt die Navy, dass Offiziere, die Flugzeugträger befehligen, qualifizierte Flieger sind, und Halsey und King waren nicht die einzigen Mitglieder ihrer

Annapolis-Klassen, die diesen Schritt relativ spät im Leben vollzogen. Der nächste Krieg würde in der Tat Admirale erfordern, die nicht nur auf See kommandieren, sondern auch die Streitkraft in der Luft verstehen und beherrschen konnten.

Tatsächlich waren es die Seeluftstreitkräfte des japanischen Kaiserreichs, die die Vereinigten Staaten mit ihrem Überraschungsangriff am 7. Dezember 1941 in den Zweiten Weltkrieg stürzten. Obwohl der Angriff auf Pearl Harbor die Schlachtschiffe, die an einem Sonntagmorgen an der Pier lagen, und die Flugzeuge, die dicht an dicht auf dem Flugplatz stationiert waren, schwer in Mitleidenschaft zog, wurde die Navy nicht vernichtend getroffen. Glücklicherweise waren Halsey und die Flugzeugträger sicher auf See; sie kehrten gerade von einem Einsatz zur Verstärkung der winzigen Marinegarnison auf Wake Island zurück (wo der Geheimdienst der Marine auf einen bevorstehenden Überraschungsangriff hingewiesen hatte). Auf der Rückreise hatte Halsey Glück: Schlechtes Wetter sorgte dafür, dass die Flugzeugträger einen Tag länger als geplant auf See blieben und dem Angriff auf Pearl Harbor knapp entgingen. Das Wetter hat natürlich Auswirkungen auf alle Seeleute, aber seine Erlebnisse mit den rauen Stürmen des Pazifiks waren während des gesamten Krieges ein Thema für Halsey, sowohl zum Guten als auch zum Schlechten.

Während das Land in den Tagen und Wochen nach Pearl Harbor für den Krieg mobilisiert wurde, musste die Navy sich einer Reihe von wichtigen Fragen stellen. Wie hatte sie den Überraschungsangriff »zulassen« können? Und wie konnte sie den Kampf nach Japan verlagern, obwohl der Großteil der jüngsten Kriegsanstrengungen auf Europa gerichtet war?

Halsey brachte sich mit Blick auf beide Fragen aktiv ein. Zunächst machte er eine Aussage zur Entlastung seines alten Freundes und Annapolis-Klassenkameraden Admiral Husband Kimmel, der zum Zeitpunkt des Angriffs auf Pearl Harbor das Kommando über die Pazifikflotte innehatte. Nach den Angriffen wurde Kimmel des Kommandos enthoben und vor eine Kommission berufen, die die Schuld an diesem Überraschungsschlag klären sollte. Halsey sagte vor der Kommission aus, dass auch er nicht geglaubt habe, dass die Japaner Pearl Harbor angreifen würden. Danach traf er sich mit Admiral Chester Nimitz, Kimmels Nachfolger als Befehlshaber der Pazifikflotte, und anderen hochrangigen Admirälen in Pearl Harbor, um zu besprechen, wie man den Japanern am besten einen Schlag versetzen könne. Während einige dieser Offiziere der Meinung waren, die Navy sei noch nicht bereit für einen Gegenangriff, wollte Nimitz so schnell wie möglich zuschlagen, um zu zeigen, dass die Navy noch immer einsatzfähig und kampfbereit war. Halsey, angriffslustig wie eh und je, unterstützte nicht nur lautstark den Plan seines neuen Chefs, sondern meldete sich auch freiwillig, um den Angriff selbst zu leiten.[9] Halseys Mut brachte ihm bei Nimitz dauerhafte Dankbarkeit ein. Nun befand er sich, als die Vereinigten Staaten im Pazifik in den Krieg zogen, mitten im Geschehen.

Der erste Einsatz fand Anfang Februar 1942 auf den Marshallinseln statt. Unter enormem Risiko segelte Halsey mit der Kampfgruppe Enterprise an mehreren von Japanern gehaltenen Inseln vorbei und blieb dann einige Tage lang vor den Marshalls vor Anker, wo er Sturzkampfbomberangriffe auf die Japaner flog und gleichzeitig feindlichen Bomben auswich. Der Angriff hatte zwar nur einen geringen militärischen Nutzen, war aber für die Moral von entscheidender Bedeutung. Durch ein weiteres glückliches Sturmtief auf See abgeschirmt, segelte Halsey sicher zurück nach Pearl Harbor und wurde dort als Held empfangen. Die Kriegsberichterstatter, die einen starken Protagonisten brauchten und von Halseys Pressekonferenz nach dem Einsatz fasziniert waren, in der er halb schmunzelte und halb knurrte, »verloren keine Zeit damit, ihn zum Urfeind der Japaner zu machen, zu einer nahezu mythischen Figur, die sie ›Bull Halsey‹ nannten«.[10]

Die Presse bauschte die Auswirkungen der Angriffe auf die Marshallinseln ebenso wie die Rolle Halseys gewaltig auf. Pearl Harbor war alles andere als gerächt, und die U.S. Navy war immer noch dabei, sich als echte Kampftruppe zu organisieren, doch noch war sie ein Schatten jenes Schwergewichts in der Kriegführung, das sie später werden sollte.

Im Laufe des März 1942 wurden zwischen Washington und Pearl Harbor diverse Pläne erörtert, die alle das Ziel verfolgten, den Japanern verstärkt zuzusetzen. Letztendlich kristallisierte sich der gewagteste aller Pläne heraus: der Bombenangriff auf Tokio, der von Army-Piloten in Army-Fliegern von den Decks der von Halsey befehligten Flugzeugträger aus gestartet werden sollte. Halsey stach am 8. April 1942 unter strengster Geheimhaltung von Pearl Harbor aus in See. Zehn Tage später hoben die schwer beladenen Bomber von James Doolittle von den Trägerdecks ab – der Rest ist Geschichte. Obwohl ihre Bomben nur wenig Schaden anrichteten, gab die Kühnheit dieses Angriffs der amerikanischen Moral einen enormen Auftrieb, gleichzeitig schürte er bei den Japanern große Rachegelüste. Als Halsey und die Flugzeugträger am 25. April nach Pearl Harbor zurückkehrten, wurden sie nicht für ihren Angriff bejubelt, denn die Einzelheiten der »unmöglichen« Mission wurden während des gesamten Krieges geheim gehalten, um die Japaner im Ungewissen zu lassen. Sogar Präsident Franklin Roosevelt mischte mit und behauptete auf einer Pressekonferenz, die Bomber seien von der sagenumwobenen Insel Shangri-La aus gestartet.[11]

Halsey selbst war nicht in Feierlaune. Er war abgemagert und von den Strapazen des Kommandos auf See gezeichnet, zudem litt er unter einer schweren Dermatitis. Da seine Haut am ganzen Körper juckte und sich schmerzhaft ablöste, wurde Halsey schließlich von den Ärzten gezwungen, auf das Festland zurückzukehren, um sich in San Francisco zu erholen und behandeln zu lassen. Halseys Krankheit hinderte ihn daran, die Flotte 1942 in die dramatische Schlacht von Midway zu führen. Stattdessen segelte Spruance und fügte den Japanern eine vernichtende Niederlage zu. Midway ist auch die Schlacht, die von der heutigen U.S. Navy am meisten gefeiert wird; sie gilt neben Trafalgar, Lepanto und Salamis als eine der großen, entscheidenden Schlachten der Geschichte. Zwar war Halsey wütend darüber, dass er die Schlacht verpasst hatte, doch er erholte sich wieder, und er und Spruance wechselten sich während des gesamten Krieges in ihren tödlich effektiven Kampfeinsätzen ab.

Zum Glück für Halsey lagen noch viele Kämpfe vor ihm: Tausende von Meilen, Hunderte von Inseln und Atollen und mehr als drei Jahre bis zum endgültigen Sieg. Sobald er von seiner Hautkrankheit geheilt war, flog Halsey von San Francisco aus zurück, um seinen neuen Posten als Kommandeur für den Südpazifik anzutreten. Er löste damit seinen alten Freund und Football-Mannschaftskameraden Admiral Robert Ghormley aus Annapolis ab. Halsey richtete im Oktober 1942 in Nouméa in Neukaledonien sein Hauptquartier ein, mitten während der verzweifelten und ungewissen Kämpfe auf der Insel Guadalcanal. Er verkündete sofort, dass die Marines auf der Insel bleiben und ihre japanischen Gegner besiegen würden. Zwei Tage später ließ sich sein Kampfgeist in seinem gesamten Kommandostil ablesen, als er den Befehl erteilte, die Uniformkrawatte für alle im Südpazifik dienenden Matrosen und Marines abzuschaffen. Dies mag wie eine Kleinigkeit erscheinen, aber es brachte einen großen moralischen Schub und war absolut typisch für Halsey. Zwar war er wahrhaftig kein »Bulle«, aber die Kriegskorrespondenten hatten reichlich Material und konnten sich an ihm abarbeiten.

Das ganze Jahr 1943 hindurch war der Südpazifik das Gebiet, auf dem sich die US-amerikanische und die japanische Marine gegenseitig bekämpften. Während der Kampagne um die Salomonen zeigten die Seeluftstreitkräfte der Navy weiterhin ihre Dominanz, und Halsey bewies wieder und wieder seine Verbissenheit. »Solange ich ein Flugzeug und einen Piloten habe«, blaffte er einen Stabsoffizier an, »werde ich in der Offensive bleiben.«[12] Im November, als er die Chance hatte, eine japanische Kreuzerflotte zu zerschlagen, startete Halsey den gewagtesten Trägerangriff nach Pearl Harbor. Die Ergebnisse waren verblüffend – nicht nur wurden die schweren japanischen Kreuzer im Hafen von Rabaul versenkt, Halseys Jagdbomber richteten auch an Land mehr Schaden an, als viele gegen ein so gut verteidigtes Ziel für möglich gehalten hätten. Doch der Angriff setzte mehr als nur Flugzeugträger und Flugzeuge aufs Spiel: Wäre er fehlgeschlagen, wären die bevorstehenden amphibischen Landungen auf Bougainville im November 1943 völlig ungeschützt gewesen. Halsey erinnerte sich später daran, dass dies die heikelste Situation seiner Zeit als Kommandant im Südpazifik gewesen sei.

Anfang des Jahres 1944 verlagerten sich die Kämpfe in den Zentralpazifik – und die Dynamik nahm zu. Zu diesem Zeitpunkt ging die Initiative entscheidend an die Amerikaner über, und sie bemühten sich, das Beste daraus zu machen. Die US-Industrie erwachte zu neuem Leben und schickte Schiffe, Flugzeuge und Material in unfassbaren Mengen an die Front. Ein straffes und effizientes Ausbildungssystem ermöglichte es den Männern (und einigen Frauen), diese materielle Macht gegen die Japaner einzusetzen. Halsey und Spruance wechselten sich im Kommando ab, um dem Feind keine Pause zu gönnen. Die Flotte blieb auf See und tauschte lediglich die Bezeichnung von der Dritten Flotte zur Fünften Flotte und wieder zurück, wenn die beiden Admirale abwechselnd ein- und ausrückten.

Spruance behielt das Kommando über die schnelle Einsatztruppe der Flugzeugträger während eines Großteils des Jahres 1944, sodass Halsey und seine engsten Adjutanten, das sogenannte »Dirty Tricks Department«[13] (»Abteilung schmutzige Tricks«), mehr Zeit zum Ausruhen und Planen an Land hatten. In der Zwischenzeit verlagerten sich die Ziele und Befehlsstrukturen der USA im gesamten Pazifik. Als die Flotte an Größe zunahm und die Japaner sich vor dem Angriff zurückzogen, beschlossen die Generalstabschefs, einen direkten Vorstoß über den Zentralpazifik zu versuchen. Im Juni kämpften die amerikanischen und japanischen Trägerstreitkräfte in der Schlacht in der Philippinensee zum letzten Mal direkt gegeneinander. Obwohl die Amerikaner die Oberhand behielten, entkamen mehrere feindliche Flugzeugträger, und die Kaiserlich Japanische Marine blieb weiterhin kampfbereit. Bald darauf wechselte Spruance an Land, und Halsey übernahm wieder das Kommando auf See. Die Fünfte Flotte wurde wieder zur Dritten Flotte; sie hatte den Auftrag, die massive amerikanische Landung auf der philippinischen Insel Leyte zu unterstützen. Die Japaner stellten ihnen alles entgegen, was von der Kaiserlich Japanischen Marine noch übrig war – dies bereitete die Bühne für die größte Seeschlacht der Geschichte und sogleich die wohl denkwürdigste und schicksalhafteste Entscheidung in Halseys Karriere.

Die US-Invasion der Philippinen begann am 20. Oktober 1944. General Douglas MacArthur watete an diesem Nachmittag kurz nach 13 Uhr an Land, schritt den Strand ab und verkündete der philippinischen Bevölkerung über Funk, dass er zurückgekehrt sei. In den folgenden Tagen strömten die US-Streitkräfte unter den wachsamen Augen ihrer Schutztruppen auf See, darunter Halsey und die Dritte Flotte, weiter an Land. Verwirrenderweise waren an der Leyte-Operation zwei verschiedene US-Flotten beteiligt, die Dritte und die Siebte Flotte, die jeweils unterschiedlichen Befehlsketten unterstellt waren. Halseys Dritte Flotte unterstand dem Marinekommando in Pearl Harbor und Washington, während die Siebte Flotte unter Admiral Thomas Kinkaid der Army, General Douglas MacArthur, angegliedert war. Nach fast drei Jahren Krieg mit Japan waren die Spannungen und Widersprüche zwischen den verschiedenen Teilstreitkräften der USA immer noch nicht gelöst. Obwohl sie das gleiche Ziel verfolgten, waren die von der Army geführten Landungen militärischer Einheiten kaum mit den Bemühungen der Navy koordiniert, diese Landungen vor japanischen Angriffen in den umliegenden Seegebieten zu schützen. Diese Verwirrung sollte in den kommenden Tagen nahezu katastrophale Folgen haben und war Teil der Matrix an Entscheidungen, die Halsey zu schaffen machte.

Gegen die überwältigend großen, aber gefährlich schlecht organisierten US-Streitkräfte beschloss Admiral Soemu Toyoda, die letzten Kräfte der Kaiserlich Japanischen Marine einzusetzen. Da nach dem »Great Marianas Turkey Shoot«, dem »Truthahnschießen« bei den Marianeninseln, wie die US-Piloten die Zerstörung der japanischen Seeluftstreitkräfte während der Schlacht in der Philippinensee nannten, nur noch wenige Marineflugzeuge oder kompetente Piloten übrig waren, blieb ihm nur noch die enorme Kanonenkraft der verbliebenen Schlachtschiffe und Kreuzer der vereinigten japanischen Flotte. Außerdem beschloss er, die Flugzeugträger in einem separaten Vorstoß einzusetzen, obwohl sie dadurch eher als verlockende Köder für einen aggressiven Befehlshaber denn als eigenständige Offensivkräfte dienen würden. Alles in allem stellte Admiral Toyoda von der verbliebenen Bastion der Vereinigten Flotte in Brunei aus eine gewaltige Streitmacht auf, aber auch ihm gelang es nicht, eine kohärente Kommandostruktur zwischen den nördlichen Flugzeugträgern und den zentralen und südlichen Verbänden (den angreifenden Kriegsschiffen) zu schaffen.

Die Schlacht im Golf von Leyte begann am 23. Oktober kurz nach 1 Uhr nachts, als die US-U-Boote *Darter* und *Dace* die japanischen Hauptstreitkräfte, darunter die beiden größten jemals gebauten Schlachtschiffe *Yamato* und *Musashi*, entdeckten und meldeten, dass sie langsam in die Einfahrt zur Palawan-Passage südwestlich der großen philippinischen Inseln vorstießen. Nachdem sie diesen Kontakt über Funk an die Siebte Flotte gemeldet hatten, nahmen die beiden U-Boote Kurs auf die japanischen Schiffe, tauchten ab und feuerten eine große Zahl von Torpedos auf sie ab. Zwei schwere Kreuzer, darunter das Flaggschiff, explodierten und sanken innerhalb weniger Minuten; ein weiterer musste sich mit schweren Schäden aus dem Gefecht zurückziehen. Der japanische Befehlshaber, Vizeadmiral Kurita, wurde aus dem Wasser geborgen und übernahm dann das Kommando auf dem Superschlachtschiff *Yamato*.

Halsey verbrachte diesen Tag mit der Vorbereitung auf den Kampf. Seine Schiffe tankten und rüsteten auf, dann fuhren sie westwärts, um die Japaner aufzuspüren und zu vernichten. Als der Morgen des 24. Oktober anbrach, trafen Flugzeuge beider Seiten aufeinander. Die amerikanischen Suchflugzeuge funkten Kuritas Position an ihre Flugzeugträger zurück, aber die Flugzeugträger der Task Group 3 wurden bald von japanischen Flugzeugen vom Land her angegriffen. Obwohl die Jäger der Task Group die meisten Angreifer ausschalteten, gelang einem japanischen Bomber der Durchbruch und ein Volltreffer auf den Flugzeugträger *Princeton*, der sechs Stunden lang brannte, bevor er kurz vor 15.30 Uhr explodierte, was zu großen menschlichen Verlusten führte. In der Zwischenzeit wurde der zentrale Verband der Japaner von Flugzeugen der Task Group 4 beschossen, einer separaten Gruppe von US-Flugzeugträgern, die nicht von japanischen Flugzeugen angegriffen wurden. Die amerikanischen Jagdbomber der Task Group 4 lieferten ein wahres Feuerwerk ab: Die *Musashi* wurde von 19 Torpedos und mehr als einem Dutzend Bomben getroffen, drei weitere Schlachtschiffe und ein leichter Kreuzer wurden leicht beschädigt, und ein schwerer Kreuzer musste sich aus dem Kampf zurückziehen. Gegen 15 Uhr beschloss Kurita, der keinen Kontakt zu seinen nördlichen und südlichen Flotten herstellen konnte und dem zweifellos von den Kämpfen des Tages immer noch die Ohren dröhnten, lieber den Rückzug anzutreten, als durch die San-Bernardino-Straße zu fahren und in die Fänge weiterer amerikanischer Kampfflieger zu geraten. Um 19.35 Uhr erlag die mächtige *Musashi* schließlich ihren schweren Schäden, kippte um und sank.

Doch gerade als Kurita sich zurückzog, rückte Halsey vor. Ironischerweise waren die einzigen japanischen Schiffe, die die Amerikaner den ganzen Tag über nicht gesichtet hatten, die Flugzeugträger des Nordverbandes, obwohl diese sich verzweifelt bemühten aufzufallen. Der japanische Befehlshaber schickte seine schnellsten Schiffe nach Süden in Richtung Halsey, dessen Flugzeuge sie schließlich um 16 Uhr entdeckten. Die amerikanischen Piloten folgten der Spur der schnelleren Schiffe und entdeckten schließlich um 17 Uhr die vier japanischen Flugzeugträger, und endlich fügte sich eins zum anderen.[14]

In diesem Augenblick kamen Halseys Kampfgeist, seine Entschlossenheit und vor allem sein erbitterter Hass auf die japanischen Flugzeugträger ungebremst zur Geltung. Wie ein Fullback im American Football, der in eine Lücke vor sich stößt, blendete er alles andere aus und stürmte voran. Er dachte nicht an den ihm zugewiesenen Auftrag, die Landungstruppen zu schützen. Sobald er die Meldung über den Aufenthaltsort der japanischen Flugzeugträger erhielt, nahm der stets aggressive Halsey Kurs nach Norden, um sie zu vernichten. Dies war der Moment der Entscheidung, der Halseys impulsiven Geist widerspiegelte und der ihn für den Rest seines Lebens nicht mehr loslassen sollte. Die Entscheidung mag im Sinne seiner Befehle gewesen sein, die ihn ermutigten, den Großteil der feindlichen Flotte zu vernichten, aber sie war ein großes Wagnis. Da Halseys Dritte Flotte in Richtung Norden unterwegs war, um die Flugzeugträger anzugreifen, und Kinkaids Siebte Flotte weit im Süden positioniert war und den Vormarsch des südlichen japanischen Verbandes durch die Surigao-Straße blockierte, waren die US-Landungstruppen vor Luzon für einen Angriff des zentralen Verbandes weit offen, sollte Kurita den Kurs ändern und die San-Bernardino-Straße durchqueren.

Halseys Fehler bei der Entscheidung, seine gesamte Truppe nach Norden zu verlegen, um die feindlichen Flugzeugträger anzugreifen, wurde durch seine ungeschickte Kommunikation mit den anderen Kommandeuren noch verschlimmert. Er hatte seine Entscheidung, die gesamte Flotte nach Norden zu verlegen, nicht klar genug formuliert, denn früher am Nachmittag, gegen 15.15 Uhr, als er noch immer nach den japanischen Flugzeugträgern suchte, hatte Halsey seinen Untergebenen telegrafisch mitgeteilt, dass sich eine starke Überwassereinheit – die Task Force 34 – von seiner angreifenden Flotte ablösen würde. Die Nachricht war nicht eindeutig formuliert, aber sie wurde von Admiral Kinkaid (im Süden, Befehlshaber der Siebten Flotte), Admiral Chester Nimitz (Halseys Vorgesetzter in Pearl Harbor) und Admiral Ernest King (oberster Admiral der Navy in Washington, D.C.) empfangen und gelesen – alle gingen davon aus, dass Halsey die Task Force 34 gebildet und an der östlichen Mündung der San-Bernardino-Straße zurückgelassen hatte, um seine Jagd auf die Flugzeugträger zu decken. Das war nicht der Fall.[15] Die Landungstruppen wurden nur von einer Handvoll Zerstörern, Zerstörer-Eskorten und ein paar leichten Flugzeugträgern geschützt.

Wie Halsey in einer späteren Mitteilung um 17.10 Uhr klarstellte, sollte sich Task Force 34 nur auf seinen ausdrücklichen Befehl hin absetzen. Da er diesen Befehl noch nicht gegeben hatte, fuhren die Schiffe der Task Force 34 mit dem Rest von Halseys Streitkräften nach Norden. Und da er diese Erklärung nicht telegrafisch, sondern per Sprechfunk übermittelte, las kein ranghoher US-Befehlshaber auf den Philippinen, in Pearl Harbor oder in Washington diesen Zusatz oder verstand die Zusammenhänge. Als Kinkaid um 20 Uhr eine Nachricht von Halsey erhielt, in der es hieß, dass Halsey »mit drei Einsatzgruppen nach Norden fährt, um im Morgengrauen die Flugzeugträger anzugreifen«, nahm er an, dass Halsey seine drei Flugzeugträgergruppen meinte und eine abgesetzte vierte Gruppe – die Task Force 34 – zurückgelassen hatte. Die Landungstruppen waren jedoch im Wesentlichen ungeschützt, und die schwere japanische Flotte rückte unterdessen immer näher.

Vom 24. Oktober auf den 25. Oktober häuften sich die Missverständnisse. Kurita kehrte tatsächlich um und wagte sich durch die San-Bernardino-Straße, die er jedoch unbewacht vorfand. Er passierte sie und wurde von einem US-Überwachungsflugzeug gesichtet. Halsey erhielt Nachricht über Kuritas Vorgehen, entsandte aber keinen Teil seiner Streitkräfte dorthin zurück, um den vorrückenden zentralen Verband zu blockieren. Halseys Untergebene wurden immer nervöser, stellten ihren Befehlshaber aber auch nicht direkt infrage. Stabsoffiziere weckten Vizeadmiral Marc Mitscher, Halseys Luftwaffenkommandeur, um ihn zu bitten, Halsey zur Umkehr zu bewegen, aber Mitscher antwortete: »Wenn er meinen Rat will, wird er schon danach fragen«, und legte sich wieder schlafen.[16] Fast gleichzeitig, gegen Mitternacht, zerstörten Kinkaids Schlachtschiffe den japanischen Südverband in der Surigao-Straße vollständig, aber Kuritas zentraler Verband drang unbemerkt und unbehelligt in die Philippinensee vor. Während Kinkaid seinen Offizieren zu ihrem durchschlagenden Erfolg gratulierte, drehte Kurita nach Süden ab und nahm die ungeschützten US-Landungstruppen ins Visier.

Halsey gab schließlich um 2.40 Uhr am 25. Oktober den Befehl, Task Force 34 zu bilden, aber nur, um sie vor seinen Flugzeugträgern loszuschicken, damit sie die Japaner unter Beschuss nehmen, während die

US-Flugzeuge über ihnen angriffen. Um 4.12 Uhr morgens fragte Kinkaid per Funk bei Halsey nach dem Verbleib von Task Force 34. Es dauerte fast drei Stunden, bis Halsey diese Nachricht las und beantwortete. Um 7 Uhr morgens, als Halsey gerade seinen Angriff auf die japanischen Flugzeugträger Hunderte von Meilen nördlich begann, las Kinkaid mit Schaudern, dass Task Force 34 noch immer mit Halsey nach Norden unterwegs war. Kinkaid hatte kaum Zeit, sich Sorgen zu machen. Um 7.20 Uhr füllte sich der Funkverkehr mit Hilferufen von den wenigen Schiffen, die Kuritas Vorstoß nach Süden noch entgegenstanden – den winzigen Begleitschiffen, die unter den Funkrufnamen Taffy One, Taffy Two und Taffy Three geführt wurden. Die Männer dieser Zerstörer, Geleitträger und ihrer Luftgeschwader stellten sich der mächtigen japanischen Streitmacht heldenhaft entgegen und baten über Funk verzweifelt um Hilfe von größeren Streitkräften in diesem Gebiet. Obwohl Halsey ihre Notrufe hören konnte, hielt er an seinem Angriff auf die japanischen Flugzeugträger fest. Für Halsey hatte sich die Welt auf die einzige Aufgabe reduziert, die vor ihm lag: die Zerstörung der feindlichen Flugzeugträger. Die Erinnerung an Pearl Harbor und die Chance, sich an den verhassten Flugzeugträgern zu rächen, verdrängten alle anderen Überlegungen aus seinem Kopf. Er hatte sich entschieden und ließ sich nicht beirren.

Während die Zerstörer des Taffy-Verbandes ihren verzweifelten und fast selbstmörderischen Kampf gegen die massiven japanischen Schlachtschiffe und Kreuzer fortsetzten, machten sich Halseys Vorgesetzte große Sorgen. Um 8.00 Uhr morgens liefen sowohl Admiral Nimitz in Pearl Harbor als auch Admiral King in Washington, D.C., in ihren Büros auf und ab. Um 9.45 Uhr konnte Nimitz es nicht mehr aushalten: Die Taffys hatten den Kampf länger aufrechterhalten, als irgendjemand hätte erwarten können, und Task Force 34 war nach wie vor nirgends zu entdecken. Er brach mit seiner üblichen Gewohnheit, sich nicht bei einem Kommandeur im Kampf einzumischen, und diktierte Halsey eine Anfrage:

»Wo ist Task Force 34?«

Was in Pearl Harbor nur eine aus fünf Worten bestehende Anfrage war, wurde zu einem der berühmtesten Funksprüche des Krieges. Nimitz' Funker hoben die Nachricht des Admirals zunächst durch eine Wiederholung hervor und verschlüsselten sie dann, wobei sie, wie es üblich war, am Anfang und am Ende zufällige »Füllwörter« einfügten. So wie sie von Halseys Funker empfangen wurde, lautete die Nachricht »TRUTHAHN TRABT ZUM WASSER ... WO IST WIEDERHOLE WO IST TASK FORCE 34 RR DIESE FRAGE STELLT SICH DIE WELT«.

Halseys Funkoffiziere entfernten korrekterweise den einleitenden Satzteil »Truthahn trabt zum Wasser«, der der Nachricht vorausging. Aber sie ließen den unbeabsichtigt passenden Schlusssatz stehen – der auf den doppelten Konsonanten »RR« (Reply Requested – Antwort erbeten) folgte, der das Ende der Nachricht bedeutete – und übergaben ihrem Kommandeur einen Zettel mit der Frage: »Wo ist, ich wiederhole, wo ist Task Force 34, fragt sich die Welt!«[17]

Um 10 Uhr morgens las Halsey, im Kreis seiner Offiziere, die Nachricht und war außer sich. Auf der Brücke seines Flaggschiffs entlud er seine haltlose Wut über die enorme und vermeintlich persönliche Kritik, die hinter der Frage stand. Erst als sein Stabschef, der spätere Admiral Mick Carney und spätere Chief of Naval Operations, ihn zur Rede stellte, konnte sich Halsey wieder unter Kontrolle bringen.[18] In der Zwischenzeit setzte seine Streitmacht ihren Weg nach Norden fort – inklusive Flugzeugträgern, Schlachtschiffen und allem anderen. Ob Halsey gemerkt hatte, dass er einen entscheidenden Fehler gemacht hatte, oder nicht, er setzte ihn noch über eine Stunde lang fort. Schließlich, als seine Kampfschiffe in Reichweite der japanischen Flugzeugträger waren, befahl Halsey ihnen um 11.15 Uhr, nach Süden abzudrehen. Zu diesem Zeitpunkt mussten die Zerstörer der Task Force 34 auf See aufgetankt werden, sodass die gesamte Truppe noch einige Stunden wartete, bevor sie gemeinsam nach Süden fuhren. Es war nun schon 13 Uhr und zu spät, um die Situation im Süden zu retten. Aber hier spielte neben den heldenhaften Angriffen der kleinen Zerstörer auch das Glück eine Rolle.

Als die Task Force 34 sich schließlich zur Rettung einfand, war die Schlacht bereits vorbei. Kurita, der durch die Heftigkeit der Angriffe der Taffy-Zerstörer davon überzeugt war, dass er auf eine von Halseys Hauptträgergruppen gestoßen war, hatte seinen Angriff abgebrochen, um sich neu zu formieren, und teilte seinem Oberkommando um 12.30 Uhr telegrafisch mit, dass er sich auf demselben Weg zurückziehen würde, den er gekommen war. Vier Stunden später, als alle vier japanischen Flugzeugträger versenkt waren, setzte Halsey zu einem weiteren, späten

Schlag an: Er löste die schnellsten Überwasserschiffe seiner Streitkräfte ab und schickte sie zur Unterstützung nach Süden. Obwohl sie die langsameren Schiffe der Task Force 34 überholten, gelang es dieser Ablösung nur, die Überlebenden der Taffy-Schiffe aufzunehmen und einen zurückgebliebenen japanischen Zerstörer des mächtigen zentralen Verbandes zu versenken. Die Invasion war gesichert, aber Kurita war mit nahezu all seinen Schiffen entkommen. Halsey hatte eine schlechte Entscheidung getroffen, die durch seine persönliche Wut noch verschlimmert wurde. Zu seinem Glück jedoch wurde er durch eine ebenso schlechte Entscheidung des plötzlich ängstlichen japanischen Admirals vor einer Schmach bewahrt.

Die Taffy-Kampfschiffe wurden sofort zu Legenden der U.S. Navy. Jahrzehnte später wurden sie in einem brillanten Buch des berühmten Marinehistorikers James Hornfischer verewigt. Unter dem Titel *The Last Stand of the Tin Can Sailors* wird darin der besondere Heldenmut des indigenen Kommandeurs der Zerstörer, Ernest Evans, beschrieben. Wir haben ihn in der Einleitung zu diesem Band kennengelernt, und neben mehreren anderen Schiffen und Hunderten von Marinesoldaten, die in diesem Kampf ums Leben kamen, lebt sein Name in den Annalen großer Führungspersönlichkeiten der Marine weiter.

Bei Einbruch der Dunkelheit am 25. Oktober waren die wichtigsten Kampfhandlungen der Schlacht im Golf von Leyte abgeschlossen. Es gab mehrere Nachspiele – einschließlich des ersten Einsatzes von Kamikaze-Flugzeugen gegen die unglücklichen Taffy-Begleitträger beim Rückzug von Kurita –, und einige weitere japanische Schiffe wurden von US-amerikanischen U-Booten versenkt. Doch die strategischen Ergebnisse waren eindeutig: Die US-Invasion auf den Philippinen war gesichert, und das Schicksal des japanischen Kaiserreichs war besiegelt. Obwohl der Krieg zu Lande und zu Wasser noch fast zehn Monate lang mit zunehmend verheerender Gewalt fortgesetzt wurde, bedeutete der Verlust der Philippinen auch das Ende der Materialeinfuhren aus Japans verbliebenen Kolonien in Südostasien. Die Kaiserlich Japanische Marine würde die US-Marine nie wieder ernsthaft herausfordern, und von November 1944 bis zum Abwurf der Atombomben Anfang August 1945 wurden die japanischen Kriegsanstrengungen Schritt für Schritt abgewürgt, während die japanische Bevölkerung unter den strategischen Bombenangriffen furchtbar litt.

Obwohl dieser Kampf letzten Endes für die Kriegsanstrengungen glücklich endete, entging niemandem, dass die Männer und Schiffe der Landungstruppen, ganz zu schweigen von den zusätzlichen Monaten und Menschenleben, die eine verlängerte Kampagne hätte kosten können, *trotz* Halseys Entscheidungen gerettet worden waren, nicht wegen ihnen. Die Fragen, Anschuldigungen und gegenseitigen Vorwürfe begannen fast unmittelbar nach dem Ende der Kampfhandlungen und haben sich durch Hunderte von Geschichtsbüchern gezogen, die seitdem geschrieben wurden. Wie konnte es dazu kommen, dass ein so beliebter und erfolgreicher Befehlshaber in einem der wichtigsten Momente des Krieges im Pazifik so miserabel handelte?

Die Fragen wurden einige Wochen später noch dringlicher, als Halsey sich nicht nur entschloss, die Dritte Flotte trotz der (zugegebenermaßen widersprüchlichen) Nachrichten von einem drohenden Taifun auf offener See zu halten, sondern sie auch dicht beieinander zu lassen. Am 17. Dezember steuerte Halsey seine Armada versehentlich genau in das Zentrum des Sturms, und als die Dritte Flotte einen Tag später wieder auftauchte, waren 3 Zerstörer gesunken, 9 weitere Schiffe beschädigt, mehr als 100 Flugzeuge an Deck zerstört oder weggespült worden und fast 800 Männer ertrunken. Meteorologen bezeichneten diesen Sturm als Taifun Cobra – die U.S. Navy nannte ihn »Halseys Taifun«. Kaum war der Sturm vorbei, wurde Halsey in Anwesenheit seines Vorgesetzten, Admiral Nimitz, vor ein Untersuchungsgericht gestellt, doch obwohl er für einen »Ermessensfehler« verantwortlich gemacht wurde, wurde Halsey nicht offiziell für sein Handeln gerügt. Nimitz, der für seine Nachsicht gegenüber seinen Untergebenen bekannt war, behielt den beliebten und inspirierenden Halsey im Einsatz – das Kommando über die Flotte zur See ging jedoch im Januar 1945 an Admiral Spruance zurück.

Halsey legte bis Mai eine Pause ein und übernahm dann das Kommando über die Flotte von Spruance. Im Juni segelte er mit ihr in einen weiteren Taifun, der weitere Verluste an Flugzeugen und Männern nach sich zog. Erneut musste sich Halsey einem Untersuchungsausschuss stellen, der ausdrücklich empfahl, ihm das Kommando zu entziehen, doch Nimitz überstimmte das Gericht und ließ Halsey weiter auf

See. Halsey befehligte die Dritte Flotte bis zum Ende des Krieges und führte erneut Luftangriffe auf das japanische Festland durch. Hätten die Atombomben den Krieg nicht beendet, hätte Halsey die alliierte Invasion der japanischen Heimatinseln unterstützt; so aber wurde die Kapitulationsurkunde am 2. September 1945 auf dem Deck seines Flaggschiffs *USS Missouri* unterzeichnet.

Nach seiner Rückkehr in die Vereinigten Staaten wurde Halsey als der vierte von vier Admiralen auserkoren, die einen fünften Stern für ihren Einsatz im Zweiten Weltkrieg verliehen bekamen. Am 11. Dezember 1945 wurde Halsey zum Flottenadmiral befördert. Er blieb bis März 1947 in Diensten, wobei er als Flottenadmiral theoretisch bis an sein Lebensende im aktiven Dienst blieb. Halsey starb während eines Urlaubs in New York im August 1959. Nachdem er in der National Cathedral aufgebahrt worden war, wurde er neben seinen Eltern auf dem Friedhof von Arlington beigesetzt. Fan überlebte ihren Mann um neun Jahre und wurde 1968 neben ihm begraben.

Was sollen wir heute von der ebenso komplexen wie fesselnden, ungestümen und doch wirkungsvollen Persönlichkeit des »Bull« Halsey halten? Welche Lehren können wir insbesondere aus seiner Entscheidungsfindung in den kritischen Stunden der Schlacht am Golf von Leyte ziehen, als fast einen ganzen Tag lang schlechte Kommunikation und Entscheidungen Hunderte von Schiffen und Tausende von Menschenleben gefährdeten?

In guten wie in schlechten Zeiten zeigte Halseys Einsatz im Zweiten Weltkrieg, dass ein erfolgreicher Stil mit kühnen Entscheidungen enormes Vertrauen und Verantwortung schaffen kann. Schon früh war Halsey ein Kämpfer, als die Navy, insbesondere der neu ernannte Admiral Nimitz, dringend einen Helden brauchte, um den Schock von Pearl Harbor zu überwinden. Die von der damaligen, äußerst wohlwollenden Presse nach den symbolträchtigen Angriffen auf die Marshallinseln im Februar 1942 geschaffene Figur des »Bull« Halsey war die perfekte Antwort auf das Begehren der Öffentlichkeit zu wissen, wo die Navy stand und was sie tat. In ähnlicher Weise lieferte Halseys Beliebtheit bei den Mannschaften der Dritten beziehungsweise Fünften Flotte Nimitz ein starkes Argument, Halsey im Kommando zu belassen, selbst nachdem er in den Taifunen vom Dezember 1944 und Juni 1945 so viele Schiffe, Flugzeuge und Männer verloren hatte. In dieser Hinsicht war Halsey vielleicht das nächstliegende Pendant zu General Douglas MacArthur in der Army: eine überragende Persönlichkeit, die übliche Regeln bewusst nicht anerkannte. Halsey war zwar nie so anmaßend wie MacArthur und mischte sich auch nicht in die amerikanische Innenpolitik ein, aber er war während des gesamten Krieges ein politischer und strategischer Aktivposten für Admiral Nimitz und die obersten Befehlshaber der Navy in Washington. Niemand verkörperte den Kriegergeist der U.S. Navy während der größten Bewährungsprobe in ihrer Geschichte besser.

Halseys Wirken bietet einige wichtige Hinweise sowohl darauf, was es bedeutet, Sachlagen im Nachhinein abwägen zu können, als auch mit Blick auf die Gefahren von unkontrolliertem Ehrgeiz und aggressivem Vorgehen. Halsey zog mit dem Befehl in die Schlacht im Golf von Leyte, den Hauptteil der japanischen Streitkräfte zu vernichten, soweit es ihm möglich war. In seinen Gedanken hatte er die Erinnerung an das »Versagen« von Admiral Spruance, der genau das in der Schlacht auf den Philippinen nicht geschafft hatte. Obwohl die meisten Historiker darin übereinstimmen, dass Spruance die richtige Entscheidung getroffen hatte, wollte Halsey nicht mit »irgendeiner verdammten übervorsichtigen Vorgehensweise« in Verbindung gebracht werden.[19] In Leyte ging Halsey davon aus, dass die Flugzeugträger immer noch die Hauptstreitmacht der japanischen Marine darstellten, und er wollte sich unter keinen Umständen der Kritik aussetzen, zu zögerlich gewesen zu sein.

Auch wenn er nicht wissen konnte, wie blank die Decks dieser Flugzeugträger waren, führte Halseys Eifer, sie zu zerstören (und damit Spruance auszustechen), dazu, dass er die Informationen, die ihn in der Nacht vom 24. auf den 25. Oktober erreichten, ebenso ignorierte wie die wachsenden und ausdrücklichen Bedenken seiner Untergebenen. Im Krieg kann es schnell zu Fehlern kommen, aber Halsey versäumte es immer wieder, seine Taktik oder seine Denkweise den sich ändernden Umständen anzupassen, und behauptete nach dem Krieg standhaft, er habe die richtige Entscheidung getroffen. Dem war aber nicht so, und sein Tunnelblick bei der Verfolgung eines Pyrrhussieges auf Kosten einer Beinahe-Katastrophe sollte eine deutliche Mahnung an alle sein, sich nicht zu weigern, neue Informationen zu berücksichtigen, nicht immer die ultimative Schlacht kämpfen zu wollen und sich nicht von Selbstüberschätzung hinreißen zu lassen.

Halseys Kommunikationsprobleme in der Schlacht von Leyte sind auch im Informationszeitalter von trauriger Aktualität. Halsey war in gewisser Weise nicht für den Erfolg gerüstet, da es an einer einheitlichen Führung und Kommunikation zwischen seiner Dritten Flotte und Kinkaids Siebter Flotte mangelte, obwohl sie dieselbe Operation unterstützten. Aber Halsey machte auch selbst einige schwerwiegende Fehler, von seinen unpräzisen und wenig wirksamen Mitteilungen bezüglich der Zusammenstellung, des Verbleibs und des Auftrags der Task Force 34 bis hin zu seinen zögerlichen Reaktionen (sowohl in Wort als auch in Tat) auf direkte Hilfeersuchen. Auch wenn es nachvollziehbar ist, war sein Wutanfall als Antwort auf Nimitz' Nachricht offen gesagt unentschuldbar. Wir alle haben ein Recht auf unsere Gefühle, vor allem in der Hitze des Gefechts, aber wenn man Fragen oder Kritik zu persönlich nimmt, besteht immer die Gefahr, dass das eigene Urteilsvermögen in einem entscheidenden Moment getrübt wird. Wie Halseys Reaktion zeigt, hilft es nicht, aus der Haut zu fahren, und einen Fehler aus Trotz oder Empörung weiter zu begehen kann den ursprünglichen Fehler noch verschlimmern.

Dennoch wird Halsey von der U.S. Navy bis heute verehrt, nicht nur wegen seiner Verbindung zu wichtigen Siegen im Zweiten Weltkrieg, sondern auch, weil seine forsche und selbstbewusste Persönlichkeit als Teil einer erfolgreichen Organisation wahrgenommen wird. Halsey war ein unverwüstlicher Kämpfer, sei es gegen seine eigenen gesundheitlichen Probleme oder gegen den unglaublichen Druck, den ein Kommando im Krieg mit sich bringt. Damit steht er in der Tradition von Stephen Decatur und David Farragut und ist ein Vorbote der instinktiven Entschlossenheit der Admirale, die ihm in Korea, Vietnam und im Arabischen Golf folgten. Unsere Vorstellungen von Führung sind zwar enorm vielfältiger geworden, aber ein unbeugsamer Charakter und ein Hang zur Tatkraft kennzeichnen nach wie vor die herausragendsten Führungspersönlichkeiten über alle Epochen und Situationen hinweg. So wie John Paul Jones »keine Verbindung zu einem Schiff haben wollte, das nicht schnell segelte«, und der große britische Admiral Nelson sagte, dass »kein Kapitän viel falsch machen kann, wenn er sein Schiff neben das des Feindes stellt«, so verkörpert Halseys berühmtes Diktum »mit aller Kraft zuzuschlagen, schnell zuzuschlagen, häufig zuzuschlagen« den entschlossenen Geist, den alle großen Führungspersönlichkeiten lernen müssen. Seine Entscheidungen im Golf von Leyte waren rücksichtslos und übertrieben aggressiv, aber der Geist, in dem er sie traf, wirkt auch heute noch in der Navy nach und hilft vielen von uns, in schwierigen Momenten mutig zu handeln. Halseys Persönlichkeit ist nicht das richtige Modell für jede Situation, aber seine Entschlossenheit, sein Durchhaltevermögen und seine Zuversicht sind oft der Schlüssel zum Sieg. Sein Esprit segelt mit Stolz weiter.

Kapitel 7

Kein Ausweg

Lieutenant Commander Lloyd M. Bucher, United States Navy
Befehlshabender Kommandant der USS Pueblo (AGER-2)

Einnahme der *USS Pueblo* durch Nordkorea
23. Januar 1968

»Korrekte nachrichtendienstliche Informationen sind die Lebensader für eine erfolgreiche Verteidigung unseres Landes.«[1]

KAPITEL 7

Als junger Kommandeur im Pentagon spielte ich oft Squash mit einem Vizeadmiral im Ruhestand namens Hal Bowen. Er war klein, rüstig und spielte sehr gut, wenn man bedenkt, dass er damals schon Anfang 80 war. Er hatte mich über den Squash-Trainer in Annapolis kontaktiert und suchte nach anspruchsvollen Begegnungen im alten Pentagon Officers' Athletic Club, einer heruntergekommenen Sportanlage mit ramponierten Squash-Plätzen im Keller des Pentagon. Admiral Bowen hat später einige nationale Meisterschaften in der Altersgruppe der über 85-Jährigen gewonnen, was ich ziemlich beeindruckend fand – obwohl er zu mir sagte: »Um mit 80 Jahren auf einem Squashplatz einen nationalen Titel zu gewinnen, muss man nur aufrecht stehen können.« Er tat viel mehr, als nur aufrecht zu stehen, und gewann seinen Teil der Punkte in unseren Spielen, obwohl ich mehr als 40 Jahre jünger war als er und in Annapolis in der Mannschaft der Naval Academy gespielt hatte.

Nach dem Spiel, beim Cool-down, fragte ich ihn nach seinem Werdegang. Wie ich war er Kommandant auf einem Zerstörer gewesen und hatte auch auf Kreuzern gedient, und er hatte im Zweiten Weltkrieg und im Koreakrieg viele Kämpfe erlebt. Er gab mir gute Ratschläge, als ich darüber nachdachte, was ich für mein nächstes Seekommando beantragen sollte, denn ich hatte die Wahl zwischen einem Zerstörergeschwader und einem modernen Lenkwaffen-Kreuzer. Nachdem er mir die Vor- und Nachteile von Zerstörergeschwadern und Kreuzern eingehend erläutert hatte (er hatte auf jeweils drei von ihnen gedient), gingen wir zu allgemeineren Themen über. Eines Tages stellte ich ihm eine Frage, die ich sehr erfahrenen Marineoffizieren oft gestellt habe: »Admiral, was ist Ihnen im Laufe Ihrer Karriere besonders in Erinnerung geblieben?« Er blickte kurz auf und sagte: »Ich war der Vorsitzende der gerichtlichen Untersuchung des *Pueblo*-Zwischenfalls.« Das interessierte mich sehr. Falls Sie sich im Navy-Prozedere nicht so genau auskennen: Ein »Navy Court of Inquiry« ist ein Gericht der U.S. Navy zur Untersuchung von Handlungen, die möglicherweise in erheblichem Maße gegen die Vorschriften der Navy verstoßen, wie zum Beispiel eine Kollision, ein auf Grund gelaufenes oder gesunkenes Schiff oder ein gekapertes Schiff der Marine. Es handelt sich um ein sehr, sehr ernstes und seltenes Verfahren.

Ich bat ihn, mir von dieser Erfahrung zu erzählen, denn ich kannte die Geschichte nur in groben Zügen: Ein kleines Spionageschiff der U.S. Navy, die *USS Pueblo*, war in den späten 1960er-Jahren von nordkoreanischen Marineeinheiten gekapert worden. Ich war damals ein Neuling in der Highschool, und die Geschichte war mir nur deshalb in Erinnerung geblieben, weil ich nach Annapolis gehen wollte. Abgesehen von den allgemeinen Fakten, einschließlich der Tatsache, dass die Besatzung fast ein Jahr lang festgehalten und brutal gefoltert wurde, bevor sie freikamen, wusste ich nicht viel. Der Name des unglücklichen befehlshabenden Offiziers, der damalige Lieutenant Commander Lloyd »Pete« Bucher, war mir nur ein vager Begriff. Ich wusste auch, dass die Entscheidung, Bucher nicht vor ein Kriegsgericht zu stellen, obwohl er nicht einen einzigen Schuss auf die Nordkoreaner abgegeben hatte, sehr umstritten war. Stattdessen hatte er das Schiff aufgegeben, nachdem er festgestellt hatte, dass es umzingelt war – obwohl er sich unbestreitbar in internationalen Gewässern befand. Der ganze Vorfall war alles andere als eine linientreue Einhaltung der Navy-Doktrin »Gib das Schiff nicht auf und kämpfe, bis es sinkt«, wie sie durch die letzten Worte des Seehelden Kapitän James Lawrence geprägt worden war, der 1813 an Bord der *USS Chesapeake* in einer Schlacht gegen das britische Kriegsschiff *Shannon* starb.[2]

Für Vizeadmiral Bowen war der Fall denkbar einfach. Anstatt der langjährigen Tradition der Navy zu folgen und für die Verteidigung der *Pueblo* zu kämpfen, hatte Bucher beschlossen, das Schiff dem Feind zu überlassen. Bucher sagte später, er habe seine Entscheidung ausschließlich aus dem Bestreben heraus getroffen, das Leben seiner Männer zu retten. Admiral Bowen ließ sich den Fall noch einmal durch den Kopf gehen und sagte zu mir: »Bucher hätte ein großer Held der Navy sein können, aber er hat sein Schiff und alle darauf befindlichen Informationen verloren. Das war nicht zu entschuldigen.« Er blickt plötzlich wütend drein und sagte: »Es war ein Fehler der Navy, diesen Mann nicht vor ein Kriegsgericht zu stellen. Ich verstehe, dass er seine Mannschaft retten und sich menschlich verhalten wollte und so weiter, aber das ist nicht die Aufgabe, die wir ihm gegeben haben. Er war der Kapitän des Schiffes, und er hat schlicht und einfach versagt.« Ich erinnere mich an diese Worte von vor 25 Jahren so deutlich, als hätte er sie gestern gesagt. Es war sein

Tonfall, so nüchtern und sachlich, der mir im Gedächtnis geblieben ist. Vizeadmiral Bowen war ein warmherziger und freundlicher Mann, mit dem ich in den Jahren vor seinem Tod im Jahr 2000 viele gute Gespräche geführt habe. Doch an jenem Morgen, im Herzen des Pentagon, war seine Stimme kalt wie Eis. »Wir geben ein Schiff nicht auf, Jim. Das ist Tradition. Und es ist eine Tradition, weil so viele Menschen *traditionell* die *richtige* Entscheidung im Kampf getroffen haben. Einige haben den Preis dafür mit ihrem Leben bezahlt. Er tat es nicht.«

Seitdem habe ich oft über die quälende Entscheidung nachgedacht, vor die Pete Bucher gestellt worden war: sich in einem hoffnungslosen Feuergefecht gegen eine überwältigende Übermacht zu stellen oder sich zu ergeben und hoffentlich zu überleben, um an einem anderen Tag zu kämpfen, wohl wissend, dass die Gefangenschaft wahrscheinlich ebenfalls schrecklich sein würde. Es gab keinen guten Ausweg aus dieser Situation. Eine solche Entscheidung habe ich nie treffen müssen, und ich bin froh, dass es niemals dazu gekommen ist. Wie viele andere Marineoffiziere auch hätte ich wohl mit Schusswaffen geantwortet und versucht, die nicht einsatzbereiten Maschinengewehre der *Pueblo* funktionstüchtig zu machen. Aber wenn ich ehrlich zu mir selbst bin, bin ich mir da nicht so sicher. Von allen Entscheidungen in diesem Buch hat Pete Bucher meiner Meinung nach das schlechteste Blatt erwischt, und für den Rest seines Lebens musste er immerzu seine Entscheidung verteidigen. Die Traditionen der Navy lasteten immer auf ihm, und auch nachdem er in den Ruhestand getreten war (als Commander, was er vermutlich auch ohne den Vorfall auf der *Pueblo* getan hätte), fühlte er sich weiterhin von vielen zu Unrecht beschuldigt und ungerecht beurteilt. Die Geschichte ist ein harter, aber ernüchternder Blick darauf, wie wir unser Leben und das Leben unserer Untergebenen in den gefährlichsten Situationen abwägen, und die Nachwirkungen des *Pueblo*-Vorfalls sind bis heute im Ethos der Navy spürbar. Buchers Entscheidung ist es wert, wirklich gründlich in Betracht gezogen zu werden, und wir sollten die Lehren daraus mit klarem Blick und ohne Vorbehalte ziehen.

Lloyd M. Bucher wurde 1927 in Pocatello, Idaho, geboren. Er hatte einen schweren Start ins Leben: Seine Mutter starb kurz nach seiner Geburt und seine Adoptiveltern, von denen er den Familiennamen Bucher übernahm, starben, als er drei Jahre alt war. Er verbrachte einen Teil seiner Kindheit bei seinen Großeltern und bei seinem vagabundierenden Vater, bis er ein Mündel des Staates wurde. Er kam in verschiedenen Waisenhäusern in Idaho unter, wo er auch einen kurzen Fluchtversuch unternahm, bevor er im Kinderheim Boys Town in Nebraska aufgenommen wurde, das noch heute als Unterbringungsort für Kinder aus schwierigen Verhältnissen dient. Auf den Football-Feldern von Boys Town[3] erhielt er den Spitznamen »Pete«, den er für den Rest seines Lebens beibehalten sollte. Er war ein wildes Kind mit einer Vorliebe für Unfug, aber er schaffte es, die Schule als einer der zehn Besten seiner Klasse abzuschließen. Boys Town blieb ein Fixpunkt in seinem Leben, lange nachdem er es verlassen hatte. In seiner Autobiografie schrieb er voller Begeisterung über seine Verbindungen zu der Einrichtung, über seinen Stolz, der erste Ehemalige zu sein, der ein Schiff der Navy kommandierte, und über die Freude, die er empfand, als sein Priester-Mentor aus Boys Town nach Puget Sound kam, als die *Pueblo* dort in Dienst genommen wurde.

Bei seinen Großeltern in Kalifornien entwickelte Bucher als Junge eine Leidenschaft für das Meer. Als er die Schule in Boys Town mit ausreichend guten Noten abschloss, um aufs College zu gehen, aber kein Geld hatte, sah er in der Seefahrt eine Chance, sich auf seine Zukunft vorzubereiten. Er meldete sich 1946 bei der Navy, nachdem er den Zweiten Weltkrieg knapp verpasst hatte, und erfüllte eine Verpflichtung für zwei Jahre. Mit seinem gesparten Sold besuchte er die University of Nebraska und wurde 1953 zum Offizier ernannt. Zu Beginn seiner Laufbahn diente Bucher auf einem mit Diesel angetriebenen U-Boot und genoss jeden Augenblick. Er schwärmte von der »Elitegruppe, deren engmaschige Organisation und unübertroffener Korpsgeist mich jahrelang mit Stolz erfüllt hat«.[4] Bis heute hat sich die U-Boot-Truppe der U.S. Navy (deren U-Boote jetzt alle nuklear angetrieben werden) eine ganz eigene Kultur bewahrt, die von engem Teamzusammenhalt, einem fanatischen Streben nach Perfektion und einer liebenswerten Verschrobenheit geprägt ist.

Zu seinem großen Bedauern blieb Bucher nicht während seiner gesamten Laufbahn auf dem U-Boot. Nach elf Jahren unter Wasser wurde Bucher im Alter von 40 Jahren zu seiner ersten Kommandotätigkeit auf die *USS Pueblo* und damit »an die Oberfläche« versetzt. Er war sehr enttäuscht, dass er kein U-Boot kommandieren würde, aber er war froh, ein eigenes Schiff zu haben, auch wenn die *Pueblo* von außen betrachtet nicht sehr aufsehenerregend aussah. Wie sich später herausstellte, war sein schwerfälliges Schiff Teil der Operation Clickbeetle, eines geheimen Programms, das von der Navy und der National Security Agency (NSA) entwickelt wurde. Mit Clickbeetle sollten alte Frachtschiffe zu Spionageschiffen umgerüstet werden, die als Forschungsschiffe getarnt waren. Bucher sollte nicht nur den alten Schiffsrumpf auf Vordermann bringen, sondern auch einige der raffiniertesten Abhörgeräte installieren, über die die Vereinigten Staaten verfügten. Dies würde wiederum die U-Boote entlasten, die gelegentlich zu solchen Einsätzen gezwungen wurden, um der wachsenden Macht der sowjetischen Marine unter Admiral Sergej Gorschkow entgegenzuwirken. Die Operation fand unter strengster Geheimhaltung statt. Die Abhörgeräte waren in einem speziellen Raum untergebracht, zu dem nur einige wenige Offiziere der Naval Security Group (NSG) und Kryptologietechniker Zugang hatten. Die meisten anderen Besatzungsmitglieder wussten anfangs kaum etwas über den wahren Zweck des Schiffes, obwohl sie sich im Laufe der Zeit wahrscheinlich eine ziemlich gute Vorstellung davon machen konnten, was vor sich ging.

Der Plan sah vor, dass diese Schiffe auf dem Höhepunkt des Kalten Krieges in internationalen Gewässern vor den feindlichen Küsten kreuzen und Informationen über kommunistische Länder sammeln sollten. Diese Schiffe sollten alle in Japan stationiert werden, um schnell auf drei der größten Bedrohungen hinter dem Eisernen Vorhang reagieren zu können: die Sowjetunion, China und Nordkorea. Das erste Clickbeetle-Schiff, die *USS Banner*, war seit Oktober 1965 im Japanischen Meer im Einsatz.[5] Die *Banner* geriet mehrfach in Bedrängnis, beispielsweise als sie in der Nähe von Schanghai von chinesischen Trawlern umzingelt wurde und als sie vor Wladiwostok von sowjetischen Geschützen beschossen wurde. Doch die von ihr gesammelten nachrichtendienstlichen Informationen (signals intelligence: SIGINT) waren so wertvoll, dass die NSG und die NSA den Einsatz fortsetzten.

Beim Umbau auf der Werft lernte Bucher so viel wie möglich über seine neue Aufgabe, während er mit einer endlosen Reihe von Problemen bei der Nachrüstung zu kämpfen hatte. Der Installationsprozess verlief äußerst chaotisch, einschließlich eines peinlichen Vorfalls, bei dem die elektronischen Überwachungsgeräte vertikal verkehrt herum eingebaut worden waren. Bucher geriet häufig mit seinen Vorgesetzten über den Zustand des Programms und den Mangel an Ressourcen aneinander, sei es in Bezug auf effiziente Zerstörungssysteme für geheime Unterlagen oder angemessen wasserdichte Systeme. Seine Konflikte mit der Führung wurden so heftig, dass sie in Buchers jährlicher Leistungsbeurteilung als Makel auftauchten. Doch diese Auseinandersetzungen waren nicht nur Ausdruck von Buchers streitbarem Wesen, sondern auch davon, wie sehr er sich für seine Mannschaft verantwortlich fühlte. In derselben Beurteilung heißt es: »Er scheint ausschließlich durch ein ausgeprägtes Gefühl der Loyalität gegenüber seiner Einheit motiviert zu sein, wobei die Interessen der Navy für ihn an erster Stelle stehen.«[6]

Die Menschen unter seinem Kommando waren sowohl eingeschüchtert als auch voller Ehrfurcht vor dem »intellektuellen Barbaren«, der sie anführte.[7] Bucher fluchte wie ein Seemann (und trank wie ein Seebär), aber er las auch ausgiebig. Er liebte eine gute Schachpartie ebenso sehr wie das Kräftemessen in einer Bar. Er las jedem die Leviten, der auf dem Schiff nur mittelmäßige Arbeit leistete, aber er setzte seine berufliche Zukunft aufs Spiel, um einige seiner Matrosen vor Ärger mit der Militärpolizei zu bewahren. Er veranlasste, dass jedes Mal, wenn die *Pueblo* in einen Hafen einlief oder ihn verließ, das Lied »The Lonely Bull« gespielt wurde. Alles in allem war Bucher eine Naturgewalt, und seine Mannschaft auf der *Pueblo* war froh, dass sie den Sturm auf ihrer Seite hatten.

Nach Beendigung der problematischen Umrüstung machte sich die *Pueblo* über Hawaii auf den Weg zu ihrem Heimatstützpunkt in Japan, wobei sie mit dem Lied »The Lonely Bull« in die Häfen ein- und auslief und wilde Seemannsgeschichten verbreitete. Von Japan aus brach die *Pueblo* am 11. Januar 1968 zur koreanischen Halbinsel auf. Die Unternehmung erwies sich von Anfang an als unwägbar. Während der Fahrt um Japan herum, durch die Tsushima-Straße und nordwärts ins Japanische Meer tobten heftige Stürme. Selbst erfahrene Matrosen wurden seekrank. Zweifellos dachten die meisten Besatzungsmitglieder, dass dies der schwierigste Teil ihrer Reise sein würde. Nach vier Tagen rauer See erreichten sie ihr erstes Ziel an der Grenze Nordkoreas zur Sowjetunion: die internationalen Gewässer vor der Hafenstadt Ch'ŏngjin.

Am 21. Januar kam die *Pueblo* bei der Insel Mayang-do an. Das Unternehmen war bisher ereignislos verlaufen, und die gesammelten Informationen waren nur von begrenztem Wert. Abgesehen vom Wetter schien die erste Mission der *Pueblo* eher uninteressant zu sein.

Was Bucher nicht wusste, war, dass die Ereignisse auf der koreanischen Halbinsel langsam außer Kontrolle gerieten. Seit dem Vorjahr hatten die Spannungen entlang der entmilitarisierten Zone (DMZ) und den angrenzenden Gewässern zugenommen. Dann durchbrachen nordkoreanische Kommandotruppen am 16. Januar heimlich die DMZ, zur gleichen Zeit, als die *Pueblo* von Ch'öngjin aus weiterfuhr. Ziel der Gruppe war es, den Regierungssitz Südkoreas, das Blaue Haus, zu stürmen und den südkoreanischen Präsidenten Park Chung-hee zu ermorden. Die Kommandotruppen waren als südkoreanische Soldaten getarnt, als sie in Seoul eindrangen, aber die örtliche Polizei stellte die Gruppe, als sie am 21. Januar auf das Blaue Haus zusteuerte. Das anschließende Feuergefecht forderte das Leben von südkoreanischen Polizisten, unschuldigen Passanten und dem Großteil der potenziellen Attentäter. Die wenigen, die entkommen konnten, wurden in einer landesweiten Fahndung gnadenlos verfolgt. Viele Südkoreaner forderten Vergeltungsmaßnahmen. Beide Seiten der DMZ waren in höchster Alarmbereitschaft und warteten nur noch auf den sprichwörtlichen Tropfen, der das Fass zum Überlaufen bringen würde.

Am 22. Januar hatte die *Pueblo* ihre erste Begegnung mit den Einheimischen. Zwei nordkoreanische Fischerboote untersuchten die *Pueblo*, zogen sich zurück und kamen dann für eine zweite Besichtigung wieder. Wie ihre sowjetischen und chinesischen Pendants dienten auch diese Fischtrawler Pjöngjang als Aufklärer und Nachrichtensammler. Aber die beiden Schiffe waren unbewaffnet, worüber Bucher erleichtert war.

Der 23. Januar war der verhängnisvolle Tag. Die *Pueblo* befand sich in internationalen Gewässern vor der Küste von Wonsan, der großen nordkoreanischen Hafenstadt, in der ein Teil der nordkoreanischen U-Boot-Flotte stationiert war. Später schrieb Bucher, dass er an jenem Tag bereits mit dem falschen Fuß aufgestanden war. Er war um 7 Uhr morgens aufgewacht, hatte kaum geschlafen und nur seinen morgendlichen Kaffee getrunken. Er verbrachte einen ereignislosen Vormittag bis zum Mittagessen, als sie in acht Meilen Entfernung ein U-Jagdboot auf direktem Kollisionskurs erspähten. Bucher gab sofort den Befehl, den größten Teil der Besatzung unter Deck und außer Sichtweite des koreanischen Schiffes zu halten, um die wahre Mission der *Pueblo* zu verschleiern. Innerhalb weniger Minuten war das Patrouillenboot bei der *Pueblo*. Das nordkoreanische Kriegsschiff hisste die Signalflaggen, mit denen sich die Schiffe untereinander verständigen, und drohte der *Pueblo*: »Dreht bei oder wir schießen.«

Bucher war irritiert: »Beidrehen« bedeutet, die Fahrt zu stoppen, aber die *Pueblo* dümpelte bereits friedlich vor sich hin, wie es ihre ozeanografische Tarnung vorsah. Bucher hisste trotzig die Flagge und wies darauf hin, dass er sich in internationalen Gewässern befände und die Absicht habe, in diesem Gebiet zu bleiben. Bislang sah es wie eine gewöhnliche Konfrontation aus, wie sie auch die *Banner* erlebt hatte.

Doch die Lage eskalierte schnell. Innerhalb einer halben Stunde wurden drei schnelle Torpedoboote aus Wonsan kommend gesichtet, und um 13 Uhr umzingelten sie die *Pueblo* von allen Seiten und richteten ihre Waffen auf das Schiff. Wenige Minuten später wurden zwei MiGs über dem Ort gesichtet. Die Amerikaner waren nun buchstäblich dreidimensional eingekreist.

Bucher überlegte, was er tun könne, und fragte seine Mannschaft, ob sie das Schiff versenken und es mit all seinen geheimen Informationen an Bord auf den Grund des Ozeans schicken könnten. Allerdings würde es mehr als zwei Stunden dauern, das Schiff stillzulegen und alle Verbindungen zu den US-Streitkräften in Japan zu unterbrechen. Buchers Bestürzung wuchs, als seine Besatzung die Tiefe vor Ort meldete: 55 Meter. Das Gewässer war hier also so flach, dass nordkoreanische Taucher das Wrack erreichen und an die Informationen in dem gesunkenen Rumpf kommen konnten. Er würde die Besatzung in unwirtlichen Gewässern bei eisigen Außentemperaturen unter dem Gefrierpunkt kentern lassen müssen, und für die nordkoreanischen Taucher wäre die ganze Aktion nicht viel mehr als eine kleine Unannehmlichkeit. Kurzum, sie waren wie schachmatt, von einer Übermacht umgeben und nicht in der Lage, mit ihrer einzigen Hilfsquelle zu kommunizieren. Buchers beste Aussicht bestand darin, mit seinem Schiff über Wasser aus der Gefahrenzone zu kommen.

Nach einem zehnminütigen Geduldsspiel legte eines der Torpedoboote längsseits des größeren U-Jagdboots an. Bucher sah, wie mit automatischen Waffen bewaffnete Männer auf das kleine Schiff sprangen, das sofort direkt auf die *Pueblo* zusteuerte. Ein Enterkommando.

Bucher hatte genug gesehen. Er signalisierte über Flaggen seine Absicht, das Gebiet zu verlassen, und gab den Befehl, mit voller Geschwindigkeit auf das Meer hinauszufahren. Die *Pueblo* trieb tiefer in internationale Gewässer, aber das U-Jagdboot und die Torpedoboote verfolgten sie mühelos. Dann signalisierte das U-Jagdboot erneut: »Dreht bei oder wir schießen.« Die *Pueblo* versuchte, den Kurs nach Süden zu ändern, um mehr Abstand zwischen sich und das U-Jagdboot zu bringen, aber der Verfolger passte den Kurs an. Die vielen Rechtskurven trieben die *Pueblo* auf einen direkten Kurs in Richtung des nordkoreanischen Festlandes. Das Schiff *Pueblo* setzte seine Flucht fort, während es versuchte, den Verfolgern möglichst wenig Angriffsfläche zu bieten.

Die Nordkoreaner eröffneten das Feuer, zunächst aus den schweren 57-mm-Maschinengewehren des U-Jagdbootes, dann aus den leichten Maschinengewehren der Torpedoboote. Die erste Salve panzerbrechender Geschosse dauerte etwa fünf Sekunden. Bucher war sich sicher: Die Nordkoreaner scherten sich nicht um internationales Recht oder darum, eine nukleare Supermacht zu verärgern. Alles, was sie wollten, war die *Pueblo*.

Bucher gab den Befehl, das gesamte streng geheime Material an Bord zu vernichten. Die Hauptbrenner waren zu klein, um die Papierflut zu bewältigen, und der Hauptverbrennungsofen befand sich oben auf dem Deck und war somit dem feindlichen Feuer ausgesetzt. In den überfüllten Gängen unter Deck kam es zu spontanen Verbrennungsaktionen. Die Luft unter Deck setzte sich aus beißendem Rauch und der schalen Hitze heißer menschlicher Körper zusammen. Hustend und keuchend ertastete die Besatzung sich ihren Weg und versuchte, alles rechtzeitig zu zerstören, was sie finden konnte. Doch einige Maschinen waren so stabil konstruiert, dass ihre Zerstörung zum Problem wurde: Mehrere Matrosen verletzten sich, als ihre Vorschlaghämmer an den Geräten abprallten.

Bucher beorderte seine Mannschaft nicht auf Gefechtsstationen. Seine einzige Bewaffnung bestand aus einigen Geschützen vom Kaliber .50 an Deck, die sorgfältig unter Planen verpackt waren, um den Anschein zu wahren, dass es sich um ein friedliches Forschungsschiff handelte. Es hätte einige Zeit gedauert, die Waffen gefechtsklar zu machen, und in dieser Zeit wäre die Besatzung dem Beschuss sowohl durch das U-Jagdboot als auch durch die Maschinengewehre der Torpedoboote ausgesetzt gewesen. Selbst wenn die Waffen einsatzbereit gewesen wären, hätten sie keinerlei Schutz für die Kanoniere geboten. Bucher war der Meinung, dass die Besatzung unter Deck besser aufgehoben war, und lieber so schnell wie möglich die Dokumente verbrennen sollte.

Die Verfolger feuerten in unregelmäßigen Abständen weiter und durchlöcherten die Aufbauten der *Pueblo,* weshalb die Besatzung nur entweder flach auf dem Deck liegen oder sich weit unter Deck aufhalten konnte. An diesem Punkt traf Bucher seine verhängnisvolle Entscheidung: Nachdem er etwa sieben Minuten lang unter schwerem Beschuss gestanden hatte, befahl er, die *Pueblo* anzuhalten, ohne einen Schuss abgegeben zu haben.*

Die nordkoreanischen Geschütze verstummten, und sie gaben der *Pueblo* das Signal, ihnen zurück zum Festland zu folgen. Bucher hielt zehn Sekunden lang inne und überlegte, was er tun solle. Er traf eine einfache Entscheidung: Zeit gewinnen. Er setzte die *Pueblo* auf den Kurs nach Nordkorea, aber nur mit einem Drittel der möglichen Geschwindigkeit. Diese langsamere Fahrt würde der US-Luftunterstützung möglichst viel Zeit geben einzutreffen, und gleichzeitig konnte die Besatzung an Bord weiterhin geheimes Material vernichten. Bucher begab sich unter Deck, um die Vernichtung zu überwachen. Als er auf die Brücke zurückkehrte, musste er zu seiner Überraschung feststellen, dass die *Pueblo,* entsprechend den Forderungen ihrer Entführer, ihre Geschwindigkeit erhöht hatte. Wütend gab Bucher den Befehl, zu stoppen und mehr Zeit herauszuholen. Die Nordkoreaner begannen sofort, das Schiff erneut zu beschießen, bis es seine Geschwindigkeit wieder auf ein Drittel erhöhte. Diesmal gab es Opfer. Zahlreiche Männer wurden verwundet, darunter auch Bucher selbst, und auch unter Deck wurden die Zerstörungsarbeiten

---

* Bucher behauptet in seiner Autobiografie, sein Erster Maschinist habe die Entscheidung getroffen, die Pueblo anzuhalten, aber der Maschinist widersprach, und das offizielle Untersuchungsgericht vertrat die Ansicht, Bucher habe den Befehl zum Stoppen gegeben.

durch die zunehmenden Verletzungen behindert. Ein Heizerlehrling starb schon vor Ende dieser Tortur.

Zu diesem Zeitpunkt hatten die Nordkoreaner genug von der Hinhaltetaktik von Bucher. Zwei Minuten nach der zweiten Runde blutigen Beschusses schickten sie ihren früheren Entertrupp, um das Schiff zu übernehmen. Bucher zog sich seine beste Kleidung an, um den Eindringlingen entgegenzutreten und auch in dieser Situation die Gepflogenheiten der Marinetradition zu wahren. Doch die Eindringlinge hatten andere Pläne: Der Anführer der Gruppe drückte Bucher eine Pistole an den Kopf, als dieser seine Stimme erhob und protestierte. Sie durchstöberten das Schiff und erkundigten sich mithilfe von Dolmetschern nach dem Auftrag und der Ausrüstung unter Deck. Bucher und jeder andere, der die Tarngeschichte über die Ozeanografie wiederholte, wurde mit der Pistole geschlagen.

Nachdem die Nordkoreaner die Besatzung gefangen genommen hatten, schickten sie einen zivilen Lotsen an Bord der *Pueblo*, um das Schiff an Land zu bringen. Was dann folgte, war ein Albtraum: Bucher und seine Mannschaft kamen in Nordkorea in Gefangenschaft. Sie wurden geschlagen, mussten hungern und wurden elf Monate lang qualvoll gefoltert. Ihre Geschichte spricht von ungemeinem Durchhaltevermögen und Heldentum. Obwohl sie den Rahmen dieses Textes sprengen würde, lohnt es sich, mehr darüber zu erfahren, insbesondere in Buchers Memoiren, die ich, neben weiteren Quellen, im Anhang empfehle. Es war eine wahrhaft schmerzhafte Entscheidung für Bucher, aber er war Zeit seines Lebens davon überzeugt, die richtige Entscheidung getroffen zu haben.

Was ging Bucher bei seiner schicksalhaften Begegnung mit der nordkoreanischen Marine durch den Kopf? Wir können uns an Buchers eigenen Worten orientieren. In seiner Autobiografie *Bucher, My Story* schildert er ausführlich seine Gedankengänge. Andere Mitglieder seiner Besatzung haben die Ereignisse anders dargestellt, beispielsweise ob Bucher oder sein Erster Maschinist die Entscheidung traf, die *Pueblo* zu stoppen. Dennoch zeichnet das Buch ein lebendiges Bild eines Kapitäns, der sich unbedingt zur Wehr setzen wollte, aber wusste, dass dies nicht die klügste Vorgehensweise war.

Bucher befand sich in einer prekären Lage. Seine Mission erforderte, dass er sich mit seinem Schiff treiben ließ, um Funksignale abzufangen. Die *Pueblo* war kein schnelles Schiff, und ihr Einsatz nahm gleich zu Beginn ein jähes Ende. Innerhalb von Minuten änderte sich die Situation von einem einzelnen ankommenden Schiff zu einer Umzingelung der *Pueblo*. Dadurch, dass sie unvorbereitet erwischt wurde, war Bucher im Handlungsspielraum seiner Entscheidungen stark eingeschränkt.

Bucher hatte auch noch seine Befehle im Hinterkopf: »Fangen Sie keinen Krieg an.« Er wusste vielleicht nicht, dass Südkorea nach dem gescheiterten Attentat auf Präsident Park nach Blut dürstete. Aber er wusste, dass die Welt des Kalten Krieges wegen des andauernden Krieges in Vietnam in Aufruhr war. Die *Banner* war bei ihren eigenen Einsätzen von den Sowjets und den Chinesen bedrängt worden, sodass die anfängliche nordkoreanische Bedrohung an und für sich keine Überraschung war. Aber Buchers Befehle deuteten nicht darauf hin, dass die Nordkoreaner einen direkten Angriff in internationalen Gewässern wagen würden.

Als sich die Situation zuspitzte und sein Schiff unter Beschuss genommen wurde, gab es für Bucher zwei Hauptprioritäten: das Leben seiner Mannschaft und die Sicherheit der nationalen Geheimnisse der USA. Diese beiden Ziele ließen sich nicht ohne Weiteres miteinander vereinbaren. Eine der von Bucher in Betracht gezogenen Maßnahmen, das Versenken des Schiffes, hätte das Leben seiner Besatzung in Gefahr gebracht. Aufgrund der geringen Wassertiefe kam dieser Weg jedoch ohnehin nicht infrage.

Die Entscheidung, sich zu verteidigen, lag auf der Hand, war aber nicht umsetzbar. Die *Pueblo* war zwar ein Navy-Schiff, aber nicht wirklich ein Kriegsschiff. Als die Tarnung der *Pueblo* aufflog, war sie bereits von den Nordkoreanern umzingelt, deren Geschütze auf ihre Position gerichtet waren. Buchers Besatzung hätte auf dem offenen Deck ohne Schutzpanzerung für die .50-Kaliber-Geschütze nicht lange überlebt. Viele wären beim Aufstellen der verdeckten Waffen ums Leben gekommen, ganz zu schweigen von denen, die in einem heftigen Feuergefecht so weit weg von vertrauten Gewässern umgekommen wären. Vielleicht hätte man diese Entscheidung in Betracht ziehen können, wenn dadurch die nationalen Geheimnisse an Bord hätten geschützt werden können. Aber der symbolische Widerstand hätte den nordkoreanischen Angriff nicht aufgehalten, sondern wahrscheinlich noch beschleunigt.

Die Verwundeten unter Deck machten Bucher ebenfalls zu schaffen. Erst als sich die Verletzungen häuften, dachte Bucher nicht mehr an Rückzug und Verzögerung, sondern an Kapitulation. Als Bucher zum zweiten Mal befahl, die *Pueblo* zu stoppen, und die Besatzung weitere Verluste erlitt, waren die Konsequenzen gravierend.

Buchers Entscheidungsprozesse wurden durchweg durch die Beschlüsse eingeschränkt, die lange vor der Annäherung der *Pueblo* an Nordkorea getroffen wurden. Da den meisten Besatzungsmitgliedern der Zutritt zu den NSG-Räumen untersagt war, konnten sie sich nicht angemessen auf die Vernichtungsarbeiten vorbereiten oder dabei helfen. Die Vernichtung der Ausrüstung und der Dokumente dauerte viel länger, als es hätte dauern sollen. Dadurch war Bucher gezwungen, alternative Wege zu finden, um die Zeit zu überbrücken, während sie in nordkoreanische Gewässer eskortiert wurden. Dies hatte tragische Folgen für das Besatzungsmitglied, das starb, als Bucher den zweiten Befehl zum Anhalten des Schiffes gab.

Aber Buchers Entscheidungen vor dem 24. Januar waren nicht die einzigen, die von Bedeutung waren. Die Entscheidung der Navy, bei der Zerstörungsausrüstung zu sparen, zwang Bucher in der Hitze des Gefechts zu handeln. Und die Entscheidung, das Risiko einer nordkoreanischen Aggression trotz zahlreicher gegenteiliger Anzeichen als gering einzustufen, traf die *Pueblo* völlig unvorbereitet, als sie einem übermächtigen Gegner gegenüberstand.

Ein weiterer wichtiger Punkt, den man bei Buchers Überlegungen berücksichtigen sollte, ist die Tatsache, dass möglicherweise Hilfe kommen würde. Die letzte Nachricht aus Japan lautete, dass Luftstreitkräfte auf dem Weg zur Unterstützung seien. Wenn man sich die historischen Verläufe einmal anders vorstellt: Was, wenn Bucher gekämpft hätte und mit fliegenden Fahnen untergegangen wäre und die US-Flugzeuge Minuten später ein sinkendes Wrack vorgefunden hätten? Dean Rusk, der Außenminister von Präsident Lyndon Johnson, war geneigt, die Einnahme der *Pueblo* als »Kriegshandlung« zu bezeichnen, als die Besatzung gefangen genommen wurde und ein Besatzungsmitglied sein Leben verlor. Wie hätte es wohl ausgesehen, wenn stattdessen 83 Seeleute umgekommen wären? Man braucht keine große Fantasie, um sich eine Reihe von Vergeltungsmaßnahmen vorzustellen, die das Risiko eines allgemeinen Krieges erheblich erhöht hätten, so wie es beim Abschuss des amerikanischen Aufklärungsflugzeugs EC-121 durch Nordkorea im Jahr 1969 der Fall war.

Was können wir aus Buchers schwieriger Entscheidung lernen? Zunächst ist der Kontext wichtig. John Paul Jones errang einen nicht für möglich gehaltenen Sieg über die HMS *Serapis*, als alle Hoffnung verloren schien. Doch die *Bonhomme Richard* war der *Serapis* zwar unterlegen, aber immerhin auch ein echtes Kriegsschiff und kein ozeanografisches Forschungsschiff. Es hatte vergleichbare Geschütze, war zudem einsatzbereit und hatte eine Besatzung, die auf einen solchen Kampf vorbereitet war. Die Situation von Pete Bucher war in jeder Hinsicht anders. Die .50-Kaliber-Geschütze der *Pueblo* hätten den nordkoreanischen Torpedobooten Probleme bereiten können. Aber diese Geschütze waren den automatischen Geschützen des U-Jagdboots weit unterlegen. Jones' Hingabe im Kampf ist nachahmenswert, aber wäre er in einem Beiboot statt in der *Bonhomme* gewesen, hätte er wohl anders entschieden. Und es war keine Schande für die Marine des 18. Jahrhunderts, ein Kommando aufzugeben, wenn sie wirklich überwältigt wurde – selbst der fiktive Jack Aubrey tat dies in *Master and Commander*, und auch Stephen Decatur, einer der großen Helden der U.S. Navy, hat einmal ein Schiff aufgegeben.

Führungskräfte sollten bedenken: Tradition um ihrer selbst willen ist nicht genug, um eine Entscheidung zu rechtfertigen. Der tapferen Geschichte einer Organisation gerecht zu werden ist ein lobenswertes Ziel. Aber einfach der Tradition zu folgen, anstatt eine Situation sorgfältig zu bewerten, ist eine gefährliche Vorgehensweise, die zu schlechten Entscheidungen führen kann. In der Welt des Militärs sagen wir, dass jemand »den *vorherigen* Krieg kämpft«, wenn er einen alten Ansatz anwendet, ohne sich an neue Bedingungen anzupassen. Wenn wir uns auf Analogien stützen, die ein segelndes Kriegsschiff aus dem 18. Jahrhundert mit einem kleinen, im Wesentlichen unbewaffneten Spionageschiff 150 Jahre später vergleichen, führen wir tatsächlich diesen sprichwörtlichen »vorherigen Krieg«.

Entscheidungen müssen nach den jeweiligen Gegebenheiten getroffen werden, mit einer offenen und innovativen Einstellung. Pete Bucher hat seine Entscheidung nicht aus Feigheit getroffen; er hat eine bittere Kosten-Nutzen-Rechnung erstellt, weil er wusste, dass Widerstand

Leben kosten und die Staatsgeheimnisse auf seinem Schiff nicht schützen würde. Buchers Entscheidung schützte seine Besatzung und diente letztlich den Interessen der Nation, indem er so viel geheimes Material wie möglich zerstörte, bevor die *Pueblo* geentert wurde – Bucher wusste, dass es so geschehen würde, als die Nordkoreaner alle möglichen Fluchtwege abschnitten. Nach reiflicher Überlegung bin ich zu dem Schluss gekommen, dass es ihn nicht zum Helden gemacht hätte, 80 junge Männer für den Stolz der Navy in den Tod zu schicken; es hätte ihn zu einem modernen Kapitän Ahab gemacht: besessen bis zur Selbstzerstörung. Mein alter Freund und Mentor, Vizeadmiral Hal Bowen, war da anderer Meinung; für ihn war dies eine einfache Entscheidung zwischen zwei Optionen – ich sehe das anders.

Die Lehren aus Buchers Entscheidung finden sich in jeder Kategorie menschlichen Handelns wieder, sei es im militärischen oder in anderen Bereichen. Sich auf bewährte Praktiken zu verlassen ist eine bequeme Sache. Es vereinfacht die Entscheidungsfindung und schafft ein Gefühl der Ordnung in einem unübersichtlichen Universum. In der Tat brauchen große Organisationen eine Struktur, die im Laufe der Zeit durch das Erlernen bewährter Verfahren verfeinert wird. Aber wenn man diese Traditionen lange Zeit nicht hinterfragt, führt dies zu einer starren Denkweise. Organisationen müssen sich ständig bemühen, das, was funktioniert, beizubehalten, und das, was nicht funktioniert, zu eliminieren. Dies nicht zu tun ist schlimmer als Trägheit: Es ist ein Verzicht auf Führungsstärke.

Man sollte auch nicht vergessen, dass eine einzige schwierige Entscheidung nicht im luftleeren Raum getroffen wird. Die Vorgeschichte einer Krise ist genauso wichtig wie die Entscheidungen, die in der Krise selbst getroffen werden. Das Schwierige dabei ist, dass man eine Krise nicht exakt und präzise vorhersagen kann. Deshalb ist es für alle Führungskräfte wichtig zu planen. Alle Pläne werden sich zwangsläufig ändern; beim Militär heißt es oft, dass »kein Plan die erste Feindberührung überlebt«. Aber der Akt der Planung ist das, was zählt. Durch das Durchdenken von Eventualitäten im Voraus können Krisenszenarien besser antizipiert werden, was Führungskräften im Moment einer Krise mehr Flexibilität bei der Entscheidungsfindung gibt. Es schafft eine mentale Disziplin für Menschen, die sich in schwierige Situationen begeben, und zwingt sie, darüber nachzudenken, wie sie in verschiedenen Szenarien reagieren könnten. Es beseitigt das größte Manko, das Menschen, die schwierige Entscheidungen treffen, behindert: mangelnde Vorstellungskraft. Auch wenn ich Verständnis für Buchers Situation habe, hat der Untersuchungsausschuss seine Vorgesetzten in der Befehlskette zu Recht kritisiert: Einige setzten Bucher zwar in Kenntnis, während sich sein Schiff in Pearl Harbor auf der Reise über den Pazifik befand, aber alle spielten das Risiko einer nordkoreanischen Aggression vor dem Einsatz herunter.

Der Titel dieses Kapitels lautet »Kein Ausweg« und bezieht sich natürlich auf die Versuche von Kommandant Bucher, das scheinbar Unvermeidliche hinauszuzögern, nachdem die Nordkoreaner seine Mannschaft umzingelt und ihre Kapitulation gefordert hatten. »Der Zögerer« war auch der Spitzname von Quintus Fabius, dem römischen General, der während des Zweiten Punischen Krieges auf der italienischen Halbinsel eine lange Verzögerungsstrategie gegen Hannibal führte. Fabius' Zeitgenossen hielten ihn für einen Feigling und sahen damals auf ihn herab, aber die Geschichte hat bewiesen, dass es die richtige Strategie war. Diese Art von schwierigen Entscheidungen – zwischen mutigem, aber kostspieligem Handeln und dem Versuch, auf Zeit zu spielen und zu überleben, um den Kampf an einem anderen Tag fortzusetzen – gehören zur See- und Militärgeschichte, seit die Menschheit erstmals in den Krieg zog.

Vor Kurzem stand ein anderer Navy-Offizier, der viel jünger war als Bucher zum Zeitpunkt des *Pueblo*-Vorfalls, vor einer ähnlich schwierigen Entscheidung. Mitte Januar 2016 wurden zwei Patrouillenboote der Navy von den iranischen Revolutionsgarden beschlagnahmt, nachdem sie versehentlich (durch eine Kombination aus schlechter Navigationsausrüstung und Unachtsamkeit) in iranische Gewässer nahe der Insel Farsi im Persischen Golf gelangt waren. Die beiden Boote mit insgesamt zehn Seeleuten befanden sich auf einer Routinefahrt im Golf. Eines der Boote hatte ein mechanisches Problem, und während beide Boote anhielten, um es zu reparieren, drifteten sie in iranische Gewässer. Was dann geschah, ähnelt dem *Pueblo*-Zwischenfall: Die Navy-Boote wurden von iranischen Booten umzingelt, die bewaffnet waren und die Amerikaner aufforderten, sich zu ergeben. Die Matrosen wurden mit hinter dem Kopf verschränkten Händen auf die Knie gezwungen und 15 Stunden lang gefangen gehalten.

Glücklicherweise hatten die Vereinigten Staaten und der Iran zu diesem Zeitpunkt, gegen Ende der Obama-Regierung, ein besseres Verhältnis zueinander als heute. Der damalige Außenminister John Kerry arbeitete mit seinem Amtskollegen zusammen, um die Freilassung der Matrosen am nächsten Tag zu erreichen. Der für die beiden Boote verantwortliche Lieutenant stellte ein Video zur Verfügung, in dem er den Iranern für ihr »unglaublich hilfreiches« Verhalten dankte und sich für das Eindringen in ihre Hoheitsgewässer entschuldigte. All dies weckte alte Erinnerungen an die *Pueblo*.

Wie nicht anders zu erwarten, feierten die Iraner den Vorfall ausgiebig. Sie behaupteten, dass viele der Matrosen während der kurzen Zeit der Festnahme geweint hätten, und betonten, dass dies ein bedeutender Sieg des Iran über die Vereinigten Staaten sei. Die U.S. Navy führte eine Untersuchung durch und verhängte Disziplinarstrafen gegen die Führungskräfte auf den beiden Booten sowie gegen drei Offiziere auf höherer Kommandoebene in der Golfregion. Obwohl dieser Vorfall zum Glück weit weniger gravierend und brutal war, bleiben die grundlegenden Fragen für die Navy bestehen: Welche Verantwortung trägt ein Kommandant, wenn er sich in Anbetracht der überwältigenden Aussichten auf eine erfolgreiche Gegenwehr nicht ergeben will? Wie weit sollte der Befehlshaber gehen, um die Ehre der Marine im Angesicht eines tödlichen Angriffs zu wahren?

Wie im Fall von Bucher und dem Lieutenant im Persischen Golf ist die einfache Antwort, dass dies eine Entscheidung ist, die der Kommandant vor Ort und in dem jeweiligen Moment treffen muss. Auch wenn wir uns alle gerne als John Paul Jones sehen würden, ist doch jedes Szenario anders. Und die Marine des 18. Jahrhunderts ist voll von Beispielen hoch angesehener Kapitäne, die ihre Waffen streckten, wenn es offensichtlich war, dass sie einen Kampf verlieren würden, anstatt zuzulassen, dass ein Gegner einfach Feuer in ihren bereits brennenden Rumpf gießt und ihre Besatzung tötet. Für mich ist der springende Punkt die Formulierung, welche »Mittel zum Widerstand« zur Verfügung stehen. Wenn es noch eine ausreichende Möglichkeit gibt, die Situation zum Vorteil zu wenden oder zu verzögern, bis Verstärkung eintreffen kann, oder den Gegner durch einen Bluff zum Innehalten zu bewegen, würde ich sagen: Man sollte die Chance nutzen. Aber wenn buchstäblich kein einziger Pfeil mehr im Köcher ist – wie in Buchers Fall, wo potenzielle Waffen seiner Besatzung unter Planen festgezurrt lagerten –, dann ist es vorrangig, zu überleben und an einem anderen Tag zu kämpfen.

Der Titel dieses Buches lautet nicht umsonst *Bereit, alles zu riskieren*. Buchers schwierige Entscheidung lag nicht darin, alles zu riskieren, sondern zu versuchen, das Leben seiner Besatzung zu retten. Diese Wahl sollte den Rest seines Lebens bestimmen und ihm den Zorn von ehrenwerten Männern wie Vizeadmiral Hal Bowen einbringen. Aber die richtige Wahl ist nicht immer die beliebteste, und meiner Meinung nach hat Bucher die schwerste der in diesem Buch erörterten Entscheidungen mit echtem Mut und gesundem Menschenverstand getroffen. Jeder, der vor einer schwierigen Entscheidung steht, sollte abwägen zwischen der idealistischen Entscheidung weiterzumachen, obwohl er weiß, dass er scheitern wird, und dem pragmatischen Ausweg. Eine realistische Einschätzung der Situation, bei der der Druck der Tradition und die Stimmen, die wir aus dem Chor der Beobachter, die nicht vor Ort sind, zu hören glauben, beiseitegelassen werden, hilft, den richtigen Weg zu finden. Wenn es einfach keinen Ausweg gibt, sagt diese innere Stimme: Triff eine pragmatische Entscheidung. Wie wir in Nordflorida, wo ich herkomme, sagen: »Manchmal sollte man den Unterschied zwischen aufgeben und geschlagen werden kennen.«

KAPITEL 8

Piraten im Golf von Aden

Konteradmiralin Michelle Howard, United States Navy
Kommandantin der USS Boxer,
Combined Task Force 151

Befreiung von Kapitän Richard Phillips aus den Händen somalischer Piraten im Indischen Ozean
12. April 2009

»Das ist nichts für Schwächlinge.«[1]

Eine der schwierigsten Aufgaben, die eine Führungskraft beim Militär zu bewältigen hat, ist die Entscheidung, eine Geiselbefreiung durchzuführen. Während meiner dreijährigen Amtszeit als Befehlshaber des US Southern Command (SOUTHCOM) in Miami, Florida, in den Jahren 2006 bis 2009 verbrachte ich viel Zeit damit, die Befreiung dreier amerikanischer Geiseln zu organisieren, die von den Fuerzas Armadas Revolucionarias de Colombia (Revolutionäre Streitkräfte Kolumbiens, kurz: FARC), einer marxistischen Guerillaorganisation, in brutaler Dschungelhaft gehalten wurden. Marc Gonsalves, Keith Stansell und Tom Howes waren als Auftragnehmer des Rüstungsunternehmens Northrop Grumman im Rahmen eines Geheimdienstvertrags für SOUTHCOM unterwegs, als sie 2003 nach dem Absturz ihres Kleinflugzeugs im kolumbianischen Dschungel gefangen genommen wurden. Als ich das Kommando übernahm, hatten sie drei höllische Jahre in Gefangenschaft verbracht, und wir machten ihre Befreiung – wie bereits jeder meiner Vorgänger – zur obersten operativen Priorität von SOUTHCOM. Wir hatten uns intensiv darum bemüht herauszufinden, wo sie gefangen gehalten wurden, und hielten US-Spezialkräfte bereit, um sie binnen kürzester Zeit retten zu können.[2]

Doch je mehr ich mir die Chancen für eine erfolgreiche Befreiung der Geiseln ausrechnete, desto weniger begeistert war ich von der Idee, einen kühnen Kommandoangriff durchzuführen. Wenn man sich die Statistiken über die Geiselbefreiungsversuche der Spezialeinheiten genauer ansieht, sind sie nicht gerade sehr ermutigend – vor allem, wenn es sich um hoch motivierte und gut bewaffnete terroristische Gruppen handelt. In weit mehr als der Hälfte der Fälle werden die Geiseln verwundet oder sogar getötet. Normalerweise haben Terroristen gut einstudierte Pläne, die beim ersten Anzeichen eines Angriffs die Tötung der streng bewachten Geiseln vorsehen. In den ersten Jahren meiner Befehlsgewalt bei SOUTHCOM, von 2006 bis 2008, hatten wir mehrere gute »Einblicke« in den Aufenthaltsort der Geiseln, aber nie so etwas wie eine »freie Bahn«. Ich hatte mich mit den Familien der Geiseln getroffen, und sie gaben mir zu verstehen, dass ich keine riskante Operation durchführen sollte, wenn sie den Tod der drei Männer zur Folge haben könnte. Ich hätte an ihrer Stelle genauso empfunden.

Schließlich war es das kolumbianische Militär, das einen brillanten Plan entwickelte, um die FARC auszutricksen, damit sie die Geiseln an eine vermeintlich humanitäre Nichtregierungsorganisation auslieferten. Die Geschichte dieser Rettung ist ziemlich außergewöhnlich, aber selbst dieser Plan – kreativ, subtil und kühn zugleich – war mit Gefahren für die Geiseln verbunden und daher eine sehr schwierige Entscheidung, sowohl für die kolumbianische als auch für die US-amerikanische Seite.[3] Als einer der Entscheidungsträger bei dieser Operation habe ich bis zum letzten Moment gezögert. Da die Risiken bei Geiselbefreiungsmissionen so hoch sind, neigt man immer dazu, etwas länger zu warten und auf einen Fehler der Terroristen zu hoffen, der einen weniger gefährlichen Einsatz ermöglicht. Schließlich informierte ich den Nationalen Sicherheitsrat über den Plan, und der US-Präsident gab persönlich grünes Licht. Als ich das Briefing im Situation Room beendete, war ich ein sehr nervöser Vier-Sterne-Mann, aber ich hatte alle notwendigen Vorbereitungen getroffen, um die Mission durchzuführen.

Wie ich bereits in der Einleitung erwähnt habe, bin ich, was die Entscheidungsfindung betrifft, eher der Meinung, dass eine Führungskraft nicht zulassen darf, dass der Wunsch nach einer »perfekten« Lösung auf Kosten einer »sehr guten« potenziellen Lösung geht, aber im Falle einer Geiselbefreiung braucht man wirklich nahezu perfekte Umstände, bevor man aktiv werden kann. Infolgedessen habe ich vielleicht zu lange auf die perfekte Chance zur Rettung von Marc, Keith und Tom gewartet. Aber schließlich unterstützten wir den kolumbianischen Plan und konnten unsere drei Amerikaner lebend nach Hause bringen. Der schönste Moment meiner dreijährigen Tätigkeit im US Southern Command war ein Barbecue, das wir für Marc, Keith und Tom nach ihrer Rettung und Befreiung in unserem Hauptquartier in Miami veranstalteten. Viele von uns hatten an diesem Tag Tränen in den Augen, dass sie endlich wieder zu Hause waren.[4]

Das bringt uns zu Admiralin Michelle J. Howard, einer Offizierin mit Vorreiterrolle, die, als sie erst einen Stern in ihrer Karriere erlangt hatte, die schwierigste aller Entscheidungen treffen musste: buchstäblich und im übertragenen Sinne den Auslöser für eine Geiselbefreiung in einem Szenario zu betätigen, bei dem die Chancen für die Geisel denkbar schlecht standen. Dies ist die Geschichte von Kapitän Richard Phillips, der *Maersk Alabama*, somalischen Piraten und dem Mut, den es braucht, um nicht nur den Abzug zu betätigen, sondern auch dem Befehlshaber vor Ort die Befugnis dazu zu übertragen.

Ich lernte Michelle J. Howard kennen, als sie Anfang der 1980er-Jahre Offiziersanwärterin an der United States Naval Academy war, und schon damals galt sie als jemand, den man unbedingt im Auge behalten sollte. Es erfüllt mich mit Stolz, in den 36 Jahren ihrer Laufbahn zu denjenigen zu gehören, die sie gefördert und ihre stetige Entwicklung beobachtet haben. Sie war nicht nur die erste afroamerikanische Frau, die ein US-Kriegsschiff kommandierte, sondern auch die erste Frau, die zur Vier-Sterne-Admiralin ernannt wurde. Während des Einsatzes für die *Maersk Alabama* war sie mit den typischen Gefahren konfrontiert, denen jeder Kommandant ausgesetzt ist, wenn er die Entscheidung trifft, eine Geiselbefreiung durchzuführen: begrenzte Zeit, enormes Risiko und die realistische Möglichkeit, dass eine Geisel plötzlich ums Leben kommen könnte. Wie schon bei der Geiselbefreiung in Kolumbien musste die damalige Konteradmiralin Howard ihren Wunsch nach einer perfekten Mission gegen die bekannten Risiken und Ungewissheiten abwägen, die mit der Übertragung von Befugnissen für ein schnelles und entschiedenes Handeln verbunden sind. Wie sie diese schwierige Entscheidung traf – die natürlich erfolgreich ausfiel, wie Sie wissen, wenn Sie den ausgezeichneten Film *Captain Phillips* mit Tom Hanks gesehen haben –, ist eine Geschichte, die es wert ist, ausführlich beleuchtet zu werden.

Michelle Howard wurde am 30. April 1960 als Tochter von Nick und Philippa Howard geboren. Sie wurde schon früh in das Leben beim Militär eingeführt: Ihr Vater war Master Sergeant bei der Luftwaffe, und wie es für Soldaten im aktiven Dienst typisch ist, zog die Familie während ihrer Kindheit häufig innerhalb der Vereinigten Staaten um. Ihre ersten Lebensjahre verbrachte sie auf dem Luftwaffenstützpunkt March in Südkalifornien, doch ihren Highschool-Abschluss machte sie in Aurora, Colorado. Schon damals strebte sie ebenfalls eine Militärkarriere an. Obwohl sie sich zunächst nicht sicher war, welche Richtung sie einschlagen würde, kristallisierte sich durch eine Fernsehsendung ihr Interesse an der Naval Academy heraus. Ihre Mutter hatte dann die schwierige Aufgabe, ihrer Tochter mitzuteilen, dass Frauen noch nicht in Annapolis zugelassen waren, aber sie sagte ihrer Tochter auch, dass die Familie klagen würde, wenn sich die Politik nicht änderte, bis Michelle das Collegealter erreicht hatte. Sie zog sowohl die Air Force Academy als auch Annapolis in Betracht. Glücklicherweise wurde die Zugangsbeschränkung aufgehoben, bevor es zu einem Rechtsstreit kam, und in Michelles Gunst setzte sich die Navy gegen die Air Force durch. Michelle Howard machte sich auf den Weg nach Osten, um im Sommer 1978 ihr Studium in Annapolis zu beginnen.

Dies war an sich schon eine mutige und zukunftsweisende Entscheidung. Die Akademie hatte erst zwei Jahre zuvor ihre Pforten für Frauen geöffnet, und der gesamte Dienst war noch immer von den Versuchen Admiral Elmo Zumwalts in den frühen 1970er-Jahren geprägt, den desolaten Zustand zu überwinden, den es in der Navy mit Blick auf Ethnien und Geschlechter gab.[5] Frauen war es zudem untersagt, auf Schiffen oder in Flugzeugen zu dienen, die an Kampfhandlungen beteiligt sein könnten – was es, wie Howard wusste, für Frauen sehr viel schwieriger machen würde, sich den vollen Respekt und die höchsten Beförderungen zu verdienen, die ein Kriegsdienst sonst mit sich brachte. Obwohl die Regelung, die Frauen von Kampfeinsätzen ausschloss, bis 1993 weitgehend in Kraft blieb, meldete sich Howard unmittelbar nach ihrem Abschluss 1982 freiwillig zum Seedienst. Sie wurde zunächst an Bord des U-Boot-Begleitschiffs *USS Hunley* und dann auf dem Ausbildungsflugzeugträger *USS Lexington* eingesetzt – der gleichen *Lexington*, die mit Admiral Halsey in den entscheidenden Schlachten des Pazifikkriegs, darunter auch im Golf von Leyte, eingesetzt worden war, obwohl sie inzwischen stark umgebaut worden war. Howards Mut und Geschick wurden früh erkannt, und sie erwarb sich schnell Respekt. Im Jahr 1987, nur fünf Jahre nach ihrem Abschluss an der Akademie, erhielt sie in Anerkennung ihrer Verdienste an Bord der *Lexington* den Captain-Winifred-Collins-Award für herausragende Führungsqualitäten, der jedes Jahr nur einer Offizierin aus der gesamten U.S. Navy verliehen wird.

Howards Führungsqualitäten und ihre Art und Weise, Entscheidungen zu fällen, waren von dem oft unversöhnlichen Klima der Navy jener Zeit geprägt. Als sie 2010 über ihre Karriere nachdachte, sagte sie: »Wie die Pionierinnen von einst muss man auf einige Dinge verzichten lernen.«[6]

Das bedeutete jedoch nicht, dass auf *alles* verzichtet werden musste – und Howard wusste, wann und wo sie eine Grenze zu ziehen hatte. Während ihrer Dienstzeit auf der *Lexington* Mitte der 1980er-Jahre beschwerten sich einige Kolleginnen bei Howard über das inakzeptable Verhalten eines Kapitäns, und sie beschloss, ihn zur Rede zu stellen, obwohl sie wusste, dass sie damit ihre Karriere aufs Spiel setzte. »Wenn ich nicht den Mut gehabt hätte, mit dem Kapitän zu sprechen«, erinnerte sich Howard 2017, »wie sollte ich dann jemals den Mut finden, Matrosen in die Schlacht zu führen?«[7] Glücklicherweise war der Kapitän in diesem Fall bereit, sein Verhalten zu ändern. Ein kluger Mann.

Howards unermüdliche Ansprüche an sich selbst zog sich durch die gesamten 1990er-Jahre. Den größten Teil des Jahrzehnts verbrachte sie auf See, wo sie zunehmend verantwortungsvollere Positionen übernahm und in Konfliktgebieten diente, sowohl bevor als auch nachdem es Frauen offiziell erlaubt war, an Kampfeinsätzen teilzunehmen. Howard wurde im Golfkrieg 1991 als Chief Engineer des Munitionsschiffs *USS Mount Hood* und ab 1992 als First Lieutenant des *Mount Hood*-Schwesterschiffs *Flint* eingesetzt. Innerhalb von vier Jahren wurde sie zum stellvertretenden Kommandanten des Docklandungsschiffs *USS Tortuga* befördert, das zunächst zur Unterstützung der Friedensmission im ehemaligen Jugoslawien und dann zur Ausbildung mehrerer afrikanischer Marineeinheiten eingesetzt wurde. Am Ende des Jahrzehnts schrieb Howard am 12. März 1999 Geschichte, als sie als erste afroamerikanische Frau das Kommando über ein Schiff der U.S. Navy übernahm: die *USS Rushmore*, das Schwesterschiff der *Tortuga*.

Nach ihrer Kommandotätigkeit auf See verbrachte Howard einen Großteil der 2000er-Jahre an Land in Planungs- und Einsatzfunktionen im Generalstab und im Marinestab des Pentagon. Diese Funktionen – die für Offiziere auf dem Weg zur Admiralität ein wichtiges Sprungbrett sind – wurden durch weitere Kommandotätigkeiten auf See unterbrochen. Zwischen 2004 und 2005 übernahm Howard für etwa anderthalb Jahre das Kommando über das Amphibiengeschwader 7, das sich an den Hilfsmaßnahmen nach dem verheerenden Tsunami in Indonesien beteiligte.

Die damalige Kapitänin Howard kehrte Ende 2005 an Land zurück, um eine Reihe hochgradig strategischer und politischer Aufgaben im Marinestab und im Büro des Marineministers zu übernehmen. Nach zwei Jahren als leitende Militärberaterin im Büro des Ministers (eine Aufgabe, die ich von 1999 bis 2001 innegehabt hatte und bei der ich stolz war, dass sie auch Michelle übertragen wurde) war es für sie an der Zeit, wieder zur See zu fahren. Wie ich zehn Jahre zuvor wurde sie am Ende ihrer Tätigkeit im Büro des Marineministers zur Konteradmiralin mit einem Stern ernannt, und sie erhielt den Befehl, das Kommando über die Expeditionary Strike Group 2 der Navy und die internationale Task Force 151 zur Bekämpfung der Piraterie zu übernehmen. Anfang April 2009 ging sie an Bord ihres Flaggschiffs, der *USS Boxer*, und bezog Stellung vor der »Pirate Alley«, wie man den Golf von Aden in der Nähe zu Somalia nennt. Sie konnte nicht ahnen, dass innerhalb einer Woche vier somalische Teenager die ersten Piraten sein würden, die seit mehr als 150 Jahren ein unter US-amerikanischer Flagge fahrendes Schiff kaperten, und dass sie als Befehlshaberin einer Rettungsmission, bei der viel auf dem Spiel stand, fünf schlaflose Tage und Nächte damit verbringen würde, alle Hebel ihres neuen Kommandos in Bewegung zu setzen, um Kapitän Richard Phillips aus seiner misslichen Lage zu befreien.

In der ersten Dekade des 21. Jahrhunderts mussten Amerikaner überrascht feststellen, dass Piraten nicht nur auf fiktiven Meeren in »Fluch der Karibik« vorkommen, der beliebten Filmreihe um Kapitän Jack Sparrow, die man auch als Attraktion in Disneyparks kennt. Seit Stephen Decatur zu Beginn des 19. Jahrhunderts hatte die Piraterie keine Schlagzeilen mehr gemacht, aber eine neue »Piratenküste« am Horn von Afrika, direkt vor der Küste Somalias, sorgte langsam für Aufmerksamkeit. Die wertvollen Ladungen der internationalen Schiffe, die die Küste passierten, erwiesen sich als verlockendes Ziel, und es entwickelte sich eine erschreckend effektive Industrie, die die vorbeifahrenden Schiffe zur Beute machte.

Praktisch alle Länder betrachten die Piraterie als eine Form krimineller Aktivität, aber es kann schwierig sein, gegen sie vorzugehen, wenn die rechtlichen Möglichkeiten nicht gegeben sind. Die zunehmende Piraterie vor der somalischen Küste veranlasste die Europäische Union im Dezember 2008, ihre erste gemeinsame Marineoperation, die Operation Atalanta, zu starten. Auch die U.S. Navy beteiligte sich mit einer Task Force. Da jedoch keine amerikanischen Schiffe gekapert wurden, waren wir noch nicht direkt involviert, als Michelle Howard Anfang April 2009 als Ein-Stern-Konteradmiralin das Kommando übernahm. In derselben Woche jedoch brach das unter US-amerikanischer Flagge fahrende Containerschiff *Maersk Alabama* zu einer verhängnisvollen Reise von Oman nach Kenia auf, die durch die Piratengebiete vor dem Horn von Somalia führte.

Das Schiff stand unter dem Kommando von Kapitän Richard Phillips und hatte eine 23-köpfige Besatzung sowie eine 19 000 Tonnen schwere Ladung humanitärer Hilfsgüter an Bord. Alle an Bord wussten, dass sie sich in gefährlichen Gewässern befanden; Kapitän Phillips hatte das Schiff und die Besatzung am 7. April, dem Tag vor Beginn ihres Martyriums, mit Übungen zur Bekämpfung der Piraterie vertraut gemacht. In der Zwischenzeit machte sich Admiralin Howard an Bord des amphibischen Angriffsschiffs *USS Boxer* mit den Anforderungen und den Abläufen ihrer neuen Rolle als Befehlshaberin der Anti-Piraten-Einsatzgruppe vertraut. Als die Sonne am 7. April unterging, konnte keiner der beiden ahnen, wie dramatisch sich ihre Situation in den nächsten 24 Stunden verändern würde: Bei Einbruch der Dunkelheit am 8. April würde Kapitän Phillips als Geisel im Rettungsboot seines eigenen Schiffes sitzen, während Admiralin Howard in Kontakt mit dem US-Präsidenten stand und in einem Wettlauf gegen die Zeit alle Navy-Einheiten in der Region – und zusätzliche Kräfte aus dem Persischen Golf – mobilisieren würde, um Kapitän Phillips zu retten.

Etwa um Mitternacht, als der 7. April auf den 8. April überging, entdeckten die Wachposten der *Maersk Alabama* ein kleines Piratenboot, das das Frachtschiff aus mehreren Meilen Entfernung verfolgte. Die Matrosen unternahmen für den Rest der Nacht Ausweichmanöver, konnten die Eindringlinge aber nicht abschütteln. Der 8. April begann klar und ruhig – perfekte Bedingungen für die Piraten. Um 7.15 Uhr waren sie bis auf eine Meile an ihre anvisierte Beute herangekommen, und Kapitän Phillips schlug Alarm. Mit lautem Signalhorn trat die Mannschaft in Aktion: Sie bespritzte die herannahenden Piraten mit Wasser aus den Sprinklern an Deck, schwenkte das Ruder des Schiffes und versuchte, das winzige Piratenschiff zu versenken, als es sich näherte, und verschanzte sich schließlich in einem speziell abgesicherten Schutzraum unter Deck, als die Piraten immer näher an das Schiff kamen.

Etwa 45 angespannte Minuten lang setzte die Besatzung der *Maersk Alabama* all ihr Training mit der Dringlichkeit einer echten Krisensituation um. Doch den Piraten gelang es, sich längsseits des Frachtschiffs vorzuarbeiten, und einer von ihnen schaffte es, über die Reling zu klettern. Durch Schwenken des Ruders erzeugte die amerikanische Besatzung Wellen, die das Piratenboot zu versenken drohten, aber der eine Pirat, der sich bereits an Bord befand, richtete sein Gewehr auf ein paar Matrosen und zwang sie, eine Leiter zu den anderen drei Piraten herunterzulassen. Die drei kletterten hinauf, als ihr Schiff unterging, und wurden so zu den ersten Piraten, die seit den 1820er-Jahren ein Schiff unter US-amerikanischer Flagge gekapert hatten und an Bord ihrer Beute gelangt waren.

Kurz nach 8 Uhr morgens hatte die Besatzung die gesamte Stromversorgung des Schiffes unterbrochen und die Kontrolle auf der Brücke aufgegeben. Die meisten hatten sich im Schutzraum verschanzt, in dem es stockdunkel war und schnell unerträglich heiß wurde. (Viele hatten auch Hunger: Das Frühstück war vorbereitet, aber noch nicht serviert worden, als der Alarm ertönte.) Die Piraten hielten Kapitän Phillips und mehrere Besatzungsmitglieder als Geiseln auf der Brücke fest, während einige Offiziere sich weiterhin frei bewegten und dem Kapitän über ihre Funkgeräte zuhörten, während sie den Piraten in den dunklen Gängen des Schiffes auswichen.

Der Rest des 8. April verging wie im Flug – wenn auch unter höllischen Bedingungen für die verbarrikadierte, schweißgebadete und durstige Besatzung unter Deck. An Bord der *Maersk Alabama* nahm einer der Matrosen den Anführer der Piraten gefangen, und einige der Matrosen, die zunächst mit Kapitän Phillips festsaßen, konnten entkommen. Am Nachmittag suchten die Piraten, die nun keinen Anführer mehr hatten, nach einem Weg, das Schiff zu verlassen – und Kapitän Phillips hatte ihnen geholfen, einen Plan zu entwickeln, mit dem sie das Rettungsboot benutzen könnten. Der Kapitän forderte seine Mannschaft über Funk auf, die Stromversorgung des Schiffes wiederherzustellen und den Austausch des gefangenen Piraten gegen ihn selbst und die letzten noch als Geiseln gehaltenen Besatzungsmitglieder vorzubereiten. Nach etwa einer Stunde Vorbereitungszeit war alles bereit: Die Besatzung ließ den Piraten frei, die Piraten ließen die als Geiseln gehaltenen Besatzungsmitglieder frei, und alle bereiteten sich darauf vor, das Rettungsboot zu Wasser zu lassen. Doch die vier Piraten hielten sich nicht an die Vereinbarung und nahmen Kapitän Phillips mit, als sie in das winzige orangefarbene Boot stiegen. Dennoch war die *Maersk Alabama* um 17 Uhr in Sicherheit. Die Besatzung atmete an Deck frische Luft, während der Kapitän und seine vier Entführer in dem Rettungsboot achtern dahindümpelten.

In der Zwischenzeit bereitete die U.S. Navy eine Reaktion auf die sich zuspitzende Krise vor. Zwei Kriegsschiffe, der Zerstörer *USS Bainbridge* und die Fregatte *USS Halyburton*, machten sich über Nacht auf den Weg zur *Maersk Alabama* im Golf von Aden; am frühen Morgen des 9. April trafen sie vor Ort ein. Die *Bainbridge* und die *Halyburton* positionierten sich einige Hundert Meter entfernt (außerhalb der Schussweite) von dem Rettungsboot, in dem sich die Piraten und ihre Geisel, Kapitän Phillips, befanden. Die *Bainbridge* setzte ein kleines unbemanntes Luftfahrzeug ein, um sich einen Überblick über die Situation zu verschaffen, und nahm Funkkontakt mit den Piraten auf, um sich über den Zustand von Kapitän Phillips zu informieren und Verhandlungen aufzunehmen. Nachdem die Navy die Situation unter Kontrolle hatte, machte sich die *Maersk Alabama* mit einem bewaffneten Sicherheitsteam an Bord bereit, die Weiterfahrt zu ihrem ursprünglichen Zielort Mombasa in Kenia anzutreten, um einen reibungslosen Ablauf auf der restlichen Route zu gewährleisten.

Freitag, der 10. April, stand ganz im Zeichen der Verhandlungen vor Ort und der Mobilisierung weiterer Kräfte. Konteradmiralin Howard, die Befehlshaberin der regionalen Task Force der U.S. Navy zur Bekämpfung der Piraterie, machte sich an Bord ihres Flaggschiffs, des amphibischen Angriffsschiffs *USS Boxer*, auf den Weg, um die *Bainbridge* und die *Halyburton* zu unterstützen. Ein Team von SEAL-Scharfschützen wurde vom Stützpunkt in Virginia zum Einsatzort eingeflogen, sprang dort mit Fallschirmen ab und schwamm zur *Bainbridge*, wo sie ihre Schussposition einnahmen. Derweil baten die obersten Befehlshaber der Navy um die Erlaubnis, jederzeit tödliche Gewalt anzuwenden, wenn das Leben von Kapitän Phillips als unmittelbar gefährdet angesehen wurde, und erhielten diese auch. In der Praxis lag die Ausübung dieser Befugnis bei Admiralin Howard, die die Entscheidung, den Scharfschützen den Schießbefehl zu erteilen, an Frank Castellano, den befehlshabenden Offizier der *Bainbridge*, delegierte.

In der Nacht vom 10. auf den 11. April verschärften sich die Spannungen immens. Nach Einbruch der Dunkelheit an diesem Freitag versuchte Kapitän Phillips, sich durch einen Sprung aus dem Rettungsboot in Sicherheit zu bringen. Die Piraten schossen um ihn herum ins Wasser und zwangen ihn schnell wieder ins Boot zurück. Dann warfen sie die Funkgeräte, die sie von der Marine erhalten hatten, ins Wasser, weil sie befürchteten, dass die Unterhändler irgendwie heimlich mit ihrem Gefangenen kommunizieren könnten. Im Laufe des Samstags wurde der Seegang immer heftiger und schüttelte das winzige Rettungsboot hin und her. Um 17 Uhr überzeugte die Besatzung der *Bainbridge* die seekranken Piraten, ein Schleppseil zu akzeptieren, offiziell um das kleine Boot im Kielwasser des Zerstörers stabiler zu halten. Dies hatte zudem den Vorteil, dass die Piraten nicht ans Ufer gelangen konnten – und dass die SEALs die Reichweite kontrollieren konnten, falls sie schießen mussten. Während sich die Stunden hinzogen, zog die *Bainbridge* das Rettungsboot langsam, aber sicher bis auf etwa dreißig Meter zu sich heran.

Konteradmiralin Howard war seit 48 Stunden auf den Beinen und verfolgte die aktuelle Situation von ihrer Kommandozentrale aus genau. Für Befehlshaber ist dies oft der schwierigste Ort, an dem sie sich aufhalten können: Sie sind zwar dank der unmittelbaren Kommunikation praktisch am Ort des Geschehens, aber einen großen Schritt von dem Punkt entfernt, wo das eigentliche Kampfgeschehen sich entfaltet. Ich war schon mehrmals in einer vergleichbaren Situation, und es ist ausgesprochen unangenehm, denn man ertappt sich dabei, dass man alles hinterfragt, von der Zuverlässigkeit des Funkverkehrs bis hin zur Verlässlichkeit der Einsatztruppen an vorderster Front. Als der Samstag in den Sonntag überging, hatte Michelle Howard das Gefühl, dass sich die Ereignisse überschlagen könnten. Sie brauchte all ihre Geduld und Gelassenheit, die sie in ihrer langen Karriere auf See erworben hatte, um die Entwicklung der Situation verfolgen zu können. In der Navy sagen wir in der Schiffsführung, dass es manchmal am schwierigsten ist, nach der Anordnung von Maschinen- und Ruderbefehlen auf dem Schiff einfach innezuhalten und zu sehen, welche Wirkung sie haben. Ich habe oft erlebt, dass junge Offiziere den ursprünglichen Befehlen noch weitere hinterherschicken, wobei das Schiff dann gar keine Chance hat, den

Rückstand aufzuholen, wodurch der Schiffsführer in eine gefährliche Abwärtsspirale gerät. Michelle Howard dagegen hielt sich an den Plan, den sie zwei Tage zuvor ausgearbeitet hatte. Sie wusste, dass sich das Risiko dermaßen erhöhte, dass ein kritischer Wendepunkt unmittelbar bevorstand.

Am Sonntag, dem 12. April, hatten die Spannungen an Bord des Rettungsbootes dramatische Ausmaße angenommen. Die Piraten befanden sich bereits seit fünf Tagen auf dem beengten Schiff, und es gab weder Toiletten noch andere Annehmlichkeiten. Am Nachmittag meldete sich der Anführer der Piraten – derselbe, der von der Besatzung der *Maersk Alabama* gefangen genommen worden war – über Funk auf der *Bainbridge*, bat um medizinische Hilfe und bot an zu verhandeln. US-Matrosen brachten ihn in einem eigenen kleinen Boot auf den Zerstörer. Ohne ihren Anführer wurden die anderen drei Piraten immer nervöser, und gegen 18 Uhr kam es zu einem Handgemenge an Bord des Rettungsbootes. Beobachter an Bord der *Bainbridge* sahen, wie ein Pirat ein Gewehr auf den Rücken von Kapitän Phillips richtete, und Castellano, der befehlshabende Offizier, autorisierte die SEALs zu schießen. Kurz darauf hatten die Scharfschützen alle drei Piraten an Bord des Rettungsbootes im Visier. Drei Schüsse wurden gleichzeitig abgegeben, und die drei Piraten verschwanden aus dem Blickfeld. Ein SEAL glitt die Schleppleine hinunter, vergewisserte sich, dass die Piraten tot waren, und holte Kapitän Phillips aus dem Rettungsboot. Er wurde auf den Zerstörer gebracht, um ärztlich untersucht zu werden, konnte sich umziehen und wurde im Anschluss an Bord der *Boxer* ausführlich zu den Geschehnissen befragt.[8] Howards risikoreicher Plan war aufgegangen.

Am Ende war diese Geiselbefreiung das, was SEALs eine »perfekte Operation« nennen: Alles lief genauso, wie sie es trainiert, geplant und erhofft hatten. Doch trotz des besten Trainings und der besten Vorbereitung gestattet die Realität nur selten Perfektion – was die Rolle von Admiralin Howard in dieser Krise umso bemerkenswerter macht.

Es ist eine Sache, eine schwierige Entscheidung zu treffen, bei der man weiß, dass man mit den Konsequenzen seines eigenen Handelns leben muss. Aber es ist eine andere, eine schwierige Entscheidung zu treffen, die von den Handlungen eines anderen abhängt. Im Gegensatz zu Stephen Decatur konnte Admiralin Howard die Piraten nicht im Alleingang besiegen. Stattdessen musste sie entscheiden, wie sie mit der ihr vom Präsidenten übertragenen Befugnis, über Leben und Tod zu entscheiden, umgehen würde, wohl wissend, dass sich die Geschehnisse unter den kritischen Blicken der internationalen Medien abspielten. Zum Zeitpunkt der Geiselbefreiung war sie erst seit einer Woche an Bord der *USS Boxer* und hatte erst seitdem das Kommando über die Einsatztruppe. Noch während sie sich in ihre neue Rolle einarbeitete, war sie für die Leitung und Koordinierung aller neuen Einsatzkräfte verantwortlich, die plötzlich vor Ort waren, vom Flugzeug bis zu den SEALs. »Das ist eine sehr aufschlussreiche Art, einen neuen Job zu beginnen«, scherzte sie später. »Diese Art von Wirkmacht und Kompetenzen unter einen Hut zu bringen war ziemlich aufregend.«[9]

Um ihre Arbeit möglichst effizient erledigen zu können, musste sie alle anderen ihre Arbeit machen lassen – was in der komplexen, stressigen und hoch riskanten Situation einer Geiselnahme doppelt schwierig war. Sobald der Präsident den Einsatz tödlicher Gewalt genehmigt hatte, musste sie als ranghöchste Befehlshaberin vor Ort entscheiden, wann und wie sie die ihr zur Verfügung stehenden Mittel einsetzen wollte.

Nachdem die SEALs die Genehmigung zum Schießen erhalten hatten, delegierte sie diese Befugnis auf mindestens zwei Ebenen nach unten – an den befehlshabenden Offizier Castellano, der mit Blick auf das Rettungsboot die Bedrohung für Kapitän Phillips einschätzen konnte, und an die SEAL-Scharfschützen, deren sekundenschnelle Ausführung entweder eine »perfekte Operation« oder den verheerenden Verlust einer Geisel und eine große öffentliche Blamage zur Folge haben würde. In der langen Tradition des Kommandos auf See wusste Admiralin Howard sehr wohl, dass sie für das Resultat verantwortlich sein würde, auch wenn sie es nicht direkt kontrollieren konnte. Obwohl sie erst seit Kurzem das Kommando innehatte, brachte sie ihre Ausbildung, ihr Wissen und ihre Erfahrung in diese Situation ein. Aber ihre Entscheidung hatte auch eine sehr persönliche Komponente. Sie hat ihre Entscheidung schnell und effektiv getroffen; eine Entscheidung, in der binnen weniger Tage, ja Stunden nach dem Vorfall absolute Perfektion gefordert war. Sie konnte nicht Monate lang abwarten, wie ich, als ich mich bei SOUTHCOM mit der kolumbianischen Geiselnahme herumgeschlagen habe. Dies zeugt nicht nur von ihrer persönlichen Stärke, sondern auch von den vorbildlichen Traditionen der Navy.

So ist es nicht verwunderlich, dass diese Pionierin in den folgenden Jahren noch mehr Hürden überwinden und in die höchsten Ränge aufsteigen sollte. Etwas mehr als ein Jahr nach der Rettung von Kapitän Phillips, im August 2010, wurde sie als erste schwarze Frau zur Konteradmiralin mit zwei Sternen befördert. Zwei Jahre später erhielt sie den dritten Stern einer Vizeadmiralin, und am 1. Juli 2014 wurde sie die erste weibliche Vier-Sterne-Admiralin und die erste Frau, die das Amt des stellvertretenden Chief of Naval Operations bekleidete – den zweithöchsten Posten in der U.S. Navy. Im Jahr 2016 übernahm sie vom Pentagon aus das Kommando über alle US-Seestreitkräfte in Europa und Afrika und wurde damit die erste Vier-Sterne-Admiralin in einer solchen Funktion. Diese bemerkenswerte Führungspersönlichkeit schied am 1. Dezember 2017 aus dem aktiven Dienst aus und ist seitdem in der akademischen Welt und im Privatsektor tätig.

Mit ihrer 35-jährigen Laufbahn in der Navy ist Admiralin Howard ein inspirierendes Vorbild, und ihre Entscheidungen und Handlungen bei den dramatischen Ereignissen rund um die *Maersk Alabama* bieten einige besonders relevante Lektionen für heutige Führungskräfte. Während Stephen Decaturs Vorgehen gegen die Barbaresken-Piraten ein Beispiel für individuelle Tapferkeit war, spiegelte Admiral Howards Erfahrung eher die einer modernen Führungspersönlichkeit wider: Nur eine Woche nach ihrem Amtsantritt musste sie sich einer komplexen und sich schnell entwickelnden Krise stellen und hatte 96 Stunden Zeit, im Rampenlicht der globalen Medien die ihr unterstellten Einsatzkräfte zu koordinieren und die ihr von oben anvertraute Verantwortung zu erfüllen.

Die erste Lektion, die man aus dem Beispiel von Admiralin Howard ziehen kann, ist, wie wichtig es ist, Entscheidungen denjenigen anzuvertrauen, die sie letztendlich treffen müssen. Als ranghöchste Offizierin im Krisenmanagement war es ihre Aufgabe, das Orchester zu dirigieren, und nicht, die Instrumente zu spielen. Im Laufe der fünftägigen Krise wurden ihr immer mehr Einsatzkräfte und mehr Verantwortung übertragen, und sie musste entscheiden, wie sie beides einsetzen wollte. Als die SEALs eintrafen, hatte sie sowohl die Mittel als auch die Befugnis, tödliche Gewalt anzuwenden, wenn das Leben von Kapitän Phillips in unmittelbarer Gefahr war – doch weil sie selbst ihren Finger nicht am Abzug hatte und auch keinen direkten Blick auf das Rettungsboot hatte, übertrug sie kurzerhand und ganz zu Recht die taktische Kontrolle über die Scharfschützen an Frank Castellano, den befehlshabenden Offizier auf der *Bainbridge*. Da sie wusste, dass bei drohender Gefahr keine Zeit bleiben würde, lange über Funk mit den SEALs und Commander Castellano zu kommunizieren, überließ sie die Entscheidung den Leuten, die dazu in der Lage waren – wohl wissend, dass sie letztlich die Verantwortung für das Resultat tragen würde. Zu oft zögern wir als »verantwortliche Entscheidungsträger«, die wirklich wichtigen Befugnisse zu delegieren. Die Geschichte von Michelle Howard ist ein gutes Beispiel dafür, wie man es richtig macht.

Zweitens verdient Admiralin Howard Lorbeeren dafür, dass sie eben diese Lorbeeren nicht für sich in Anspruch genommen hat. In dem Blockbuster *Captain Phillips* taucht sie nur als Stimme aus dem Funkgerät auf. Sie trug die volle Verantwortung für das, was vor Ort geschah, und die Welt hätte wahrscheinlich viel über Michelle Howard gehört, wenn der Rettungsversuch weniger reibungslos verlaufen wäre – und sie wäre mit ziemlicher Sicherheit nicht zum stellvertretenden Chief of Naval Operations oder zur ersten Admiralin aufgestiegen, die Streitkräfte befehligt. Sich im Scheinwerferlicht der ständig präsenten und global agierenden Medien zu befinden birgt ein großes Risiko; diese Aufmerksamkeit gleicht einem Minenfeld, auf dem moderne Entscheidungsträger lernen müssen, effektiv zu handeln. Sie müssen ihre Rolle in der Hierarchie einer Organisation mit dem grellen Licht der Öffentlichkeit in Einklang bringen. Admiralin Howard hat diese Prüfung nicht nur mit Bravour bestanden, sondern – mit seltener und bewundernswerter Bescheidenheit – auch nicht der Versuchung nachgegeben, sich als Heldin feiern zu lassen. Die Lektion, die wir als Entscheidungsträger daraus ziehen können, ist eindeutig: Wir sollten unsere Entscheidungen nicht davon abhängig machen, ob wir danach von der Öffentlichkeit gefeiert oder abgestraft werden. Das ist leicht gesagt, aber schwer umzusetzen; Michelle Howard hat mit ihrer schwierigen Entscheidung den richtigen Ansatz gewählt.

Schließlich sind Admiralin Howards Leistungen – nicht nur während der *Maersk-Alabama*-Krise, sondern während ihrer gesamten

Laufbahn – eine eindringliche Erinnerung daran, dass uns jederzeit eine große Verantwortung auferlegt werden kann und dass außergewöhnliche Führungspersönlichkeiten absolut in der Lage sind, den jeweiligen Anforderungen gerecht zu werden – selbst wenn es sich um etwas handelt, das sie nicht in Erwägung gezogen oder geplant haben. Obwohl Admiralin Howard mit dem Kommando über eine Task Force zur Bekämpfung der Piraterie betraut worden war, konnte sie nicht vorhersehen, dass gleich in der ersten Woche ihres Einsatzes zum ersten Mal seit über zwei Jahrhunderten ein Schiff unter amerikanischer Flagge von Piraten gekapert werden würde. Dennoch reagierte sie mit großem Mut, innerer Zuversicht und unerschütterlicher Professionalität auf die unerwartete Krise, als die Umstände es erforderten. Admiralin Howard, die während ihres gesamten Dienstes die Lasten und den Druck einer Pionierin zu tragen hatte, bewies, dass das Vertrauen der Navy in ihre Fähigkeiten und ihre Entscheidungsfreudigkeit mehr als gerechtfertigt war, und ebnete den Weg für nachfolgende Generationen von Führungskräften, die das Talent und die Diversität der heutigen USA optimal verkörpern.

Es sind Entscheidungsfähigkeiten wie die von Michelle Howard, die die Navy ihren Befehlshabern auf ihrem Weg in die oberen Führungsebenen vermitteln möchte. Sie stützte sich sowohl auf ihr eigenes inneres Urteilsvermögen als auch auf die Vorschläge ihrer Untergebenen und war in der Lage, selbst unter den schwierigsten und riskantesten Umständen zu delegieren. Diese ausgewogenen Eigenschaften in Verbindung mit ihrem bahnbrechenden Aufstieg als afroamerikanische Offizierin sind ein lebendiges Vermächtnis für die Navy, die sich nun den großen und zuweilen stürmischen Herausforderungen des 21. Jahrhunderts stellt.

PKP
AFFF

Kapitel 9

Das rote Leuchtsignal

Captain Brett Crozier, United States Navy
Kommandant der USS Theodore Roosevelt (CVN-71)

Bewältigung eines tödlichen COVID-Ausbruchs auf der *Roosevelt*
30. März 2020

»Wir befinden uns nicht im Krieg. Matrosen müssen nicht sterben. Wenn wir jetzt nicht handeln, versäumen wir es, uns angemessen um unser wertvollstes Gut zu kümmern – unsere Matrosen.«[1]

Ich lernte Captain Brett »Chopper« Crozier zum ersten Mal kennen, als er während des Militäreinsatzes in Libyen im Jahr 2011 zu meinem Team im europäischen NATO-Kommando der Vereinigten Staaten gehörte. Er spielte eine wichtige Rolle als einer unserer Spezialisten für Zielerfassung (ein sogenannter »Targeteer«) an Bord des NATO-Flaggschiffs der Strike Force, der *USS Mount Whitney*. Das war in den letzten Tagen der Operation Odyssey Dawn, einer Reihe von US-Angriffen, die der NATO-Mission vorausgingen. Als ich gebeten wurde, die Mission in meiner Rolle als Alliierter Oberbefehlshaber der NATO zu übernehmen, holte ich Crozier zu der gemeinsamen NATO-Einsatzgruppe, die von Neapel aus operierte. Die NATO-Mission trug die Bezeichnung Operation Unified Protector (Vereinter Beschützer – obwohl sie offen gesagt kaum »vereint« war, da viele NATO-Verbündete eine Beteiligung ablehnten). Im Unified-Protector-Team arbeitete Crozier für einen brillanten kanadischen Drei-Sterne-Flieger, Lieutenant General Charlie Bouchard. Alle Vorgesetzten von Captain Crozier hielten ihn für einen talentierten und außergewöhnlichen Offizier.

Seine Aufgabe war sowohl bei der frühen (und kurzen) US-Mission Operation Odyssey Dawn als auch bei der längeren und viel komplexeren NATO-Mission Operation Unified Protector die wichtigste und heikelste im Team: die Auswahl, Bewertung und Überprüfung von Luftangriffszielen. Die NATO hatte von den Vereinten Nationen den Oberbefehl über den Einsatz in Libyen erhalten, und für uns galt eine wichtige Einschränkung: Wir durften keine Bodentruppen einsetzen. Trotz dieser Einschränkung mussten wir 1) ein Waffenembargo sowohl für den Luft- als auch für den Seeverkehr durchsetzen, um zu verhindern, dass Libyens damaliger Machthaber Muammar al-Gaddafi weitere Waffen oder Munition erhielt, 2) eine landesweite Flugverbotszone einrichten, um zu verhindern, dass Gaddafi seine Luftstreitkräfte gegen die Rebellen einsetzte, und 3) Gaddafi daran hindern, seine Landstreitkräfte (die umfangreich und brutal waren) gegen die Bevölkerung Libyens einzusetzen. Es war klar, dass es sich um eine Operation handeln würde, bei der die Luftwaffe im Vordergrund stehen würde.

All dies warf heikle Fragen zu den Einsatzregeln auf und verlangte von uns, präzisionsgeführte Luft-Boden-Angriffe durchzuführen, ohne dabei unschuldige Zivilisten zu gefährden. Für jemanden, der Angriffsziele auswählen sollte, ergaben sich daraus sehr eingeschränkte Wahlmöglichkeiten. So musste Crozier beispielsweise die militärische Bedeutung des Ziels bewerten: Konnte er definitiv nachweisen, dass es eine Bedrohung für die libysche Bevölkerung darstellte? Außerdem musste er seiner Befehlskette – bis hin zum Vier-Sterne-Admiral in Neapel, Admiral Sam Locklear, meinem direkten Untergebenen – glaubhaft darlegen, dass eine Wahrscheinlichkeit, dass unschuldige Zivilisten zu Schaden kommen würden, praktisch nicht gegeben war. Und schließlich musste Crozier entscheiden, welcher Flugzeugtyp und welches Waffensystem am besten gegen das Ziel eingesetzt werden sollten (Tomahawk-Raketen, Kampfflugzeuge mit präzisionsgelenkter Munition, Hubschrauber mit Kurzstreckenraketen usw.). Alles, was er tat, wurde nicht nur von der militärischen Befehlskette, sondern auch von den Medien genau unter die Lupe genommen. Und all dies geschah unter dem unerbittlichen internationalen Druck der 28 NATO-Staaten, von denen einige, wie zum Beispiel Deutschland, die Beteiligung der NATO an dem Militäreinsatz in Libyen schlichtweg ablehnten.

Schließlich planten und führten Crozier und sein Team 218 sogenannte Air Tasking Orders (ATOs) aus – sehr umfangreiche Einsatzbefehle, die die komplexen Bewegungen von Flugzeugen in Kampfgebieten festlegen. Die Luftstreitkräfte der NATO flogen mehr als 26 500 Einsätze, von denen 9700 Bodenziele angriffen und mehr als 5900 militärische Einrichtungen zerstörten, während sie gleichzeitig mehr als 6700 humanitäre Hilfsflüge und Bodenmanöver durchführten. Und all dies geschah mit dem geringsten Kollateralschaden in der Geschichte der Lufteinsätze.[2] Es war eine atemberaubend erfolgreiche militärische Operation, und Croziers Anteil daran wurde mit zwei bedeutenden Auszeichnungen belohnt: eine von der NATO und eine von den Vereinigten Staaten. Damals dachte ich, dass er es mit Sicherheit zu den Sternen eines Admirals bringen würde, und in den nächsten Jahren beobachtete ich seine stetigen Fortschritte auf dem Weg zu diesem Ziel: Schule für Nukleartechnik, Kommando über ein Hochseekriegsschiff, Dienst als Erster Offizier auf einem atombetriebenen Flugzeugträger und schließlich das Kommando über den prestigeträchtigen nuklearbetriebenen Flugzeugträger *USS Theodore Roosevelt*.

Im Oktober 2019, als ich bei einer Abendveranstaltung der Theodore Roosevelt Association eine Rede hielt und einigen Delegierten des

Schiffes begegnete, erfuhr ich, dass er bald als Kapitän der *Roosevelt* in den westlichen Pazifik und wahrscheinlich in den Persischen Golf verlegt werden würde. Ich hatte kaum Zweifel daran, dass er innerhalb eines Jahres oder so ein Ein-Stern-Admiral sein würde.

Daher war ich fassungslos, als auf seinem Schiff nach einem offiziell angeordneten Hafenbesuch in Vietnam an Bord des Schiffes COVID-19 ausbrach, eine unerwartete und dramatische Wendung der Ereignisse, die ihn in eine wenig beneidenswerte und beispiellose Lage versetzte. Während das Virus unter der 5000-köpfigen Besatzung seines Flugzeugträgers wütete, arbeitete er mit seinen Vorgesetzten in der Pazifikflotte unermüdlich daran, einen Weg zu finden, den Flugzeugträger sicher zu isolieren, seine Besatzung wieder gesund werden zu lassen und das Schiff so schnell wie möglich wieder einsatzfähig zu machen.

All dies geschah weitgehend unter Ausschluss der Öffentlichkeit, bis Crozier aus Frustration über das Ausbleiben wirksamer Lösungen eine E-Mail an seine Vorgesetzten schrieb und sie über eine offene Leitung ohne Geheimhaltungsstufe verschickte, anstatt sie vorsichtshalber über verschlüsselte Kanäle mit Geheimhaltungsstufe zu übermitteln. Es war das ultimative »rote Leuchtsignal«*, ein dringender Hilferuf. Leider sickerte die E-Mail durch und löste einen riesigen Sturm der Kritik aus, der sich gegen seine Befehlskette in der Navy und letztlich gegen seine eigene Führungskompetenz in der Krise richtete. Der amtierende US-Marineminister, Thomas Modly, enthob ihn persönlich seines Amtes als Kapitän des Schiffes und flog dann von Washington nach Guam, um der Besatzung (die ihren Kapitän schätzte und Croziers Bemühungen zu Recht als den Wunsch betrachtete, sich um sie zu kümmern) eine unüberlegte und mit Schimpfworten gespickte Ansprache zu halten. Das Video, in dem zu sehen ist, wie Kapitän Crozier sein Schiff in Guam zum letzten Mal verlässt und von der gesamten Besatzung bejubelt wird, ist wahrlich sehr bewegend.

Der Vorfall wird sicher noch jahrzehntelang in den Führungslehrgängen der Navy und insbesondere in den Kursen zur Vorbereitung

---

* Ein »rotes Leuchtsignal« ist Seemannsjargon für einen »Hilferuf«, der auf das Abfeuern einer roten Leuchtkugel auf See zurückgeht, mit der man Schiffe in der Nähe auf eine Notlage hinwies.

von Offizieren auf das Kommando auf See Gegenstand der Betrachtung sein. Zu dem Zeitpunkt, als er die E-Mail, sein »rotes Leuchtsignal«, verschickte, war Brett Crozier erschöpft, frustriert und hatte es mit einer Befehlskette zu tun, die verwirrende und schlecht abgestimmte Lösungen anbot. Im Nachhinein betrachtet hätte er die E-Mail definitiv über ein militärisch verschlüsseltes Kommunikationssystem senden sollen, mit Geheimhaltungsstufe. Er versäumte es, alle betroffenen Personen in seiner Befehlskette als Empfänger einzubeziehen (insbesondere ließ er den wichtigen Drei-Sterne-Kommandanten der Siebten Flotte des Westpazifiks aus). Aber es besteht kein Zweifel daran, dass Crozier die Mail aus tiefstem Herzen schrieb, die Befehlskette der Marine darin um Hilfe bat und dass er überzeugt war, dass er sie abschicken musste, um das Leben seiner Matrosen zu retten.

Er muss gewusst haben, dass seine Karriere darunter furchtbar und wahrscheinlich unwiderruflich leiden würde – und das tat sie auch, was zu seiner »Ablösung aus wichtigem Grund« führte (so bezeichnet man in der U.S. Navy die Entlassung eines Kommandanten) und ihn praktisch für immer von der Ernennung zum Konteradmiral ausschloss. Er musste gewusst haben, dass dies das sehr wahrscheinliche Ergebnis einer solchen Nachricht sein würde. Dennoch stellte er das Wohlergehen seiner Mannschaft über seine eigenen Karriereambitionen, was genau dem entspricht, was die Navy von ihren Kommandanten auf See erwartet. Es war in der Tat eine schwere Entscheidung, und wenn man untersucht, wie er sie getroffen hat, kann man aus dem Schicksal von »Chopper« Crozier einige wichtige Lehren ziehen.

Brett Crozier wurde am 24. Februar 1970 im kalifornischen Santa Rosa geboren. Er war 16 Jahre alt, als Paramount Pictures den Film veröffentlichte, der eine ganze Generation von Flugbegeisterten inspirieren sollte: *Top Gun*. Der junge Brett war sofort Feuer und Flamme und wusste, dass er Pilot werden wollte.[3] Über den damaligen Abgeordneten Douglas Bosco erhielt er eine Zulassung für die Naval Academy und schloss diese 1992 ab. Nach seinem Abschluss meldete er sich zur Fliegerausbildung in Florida und erwarb 1994 sein Abzeichen.

Nur hatte sein Traum einen Haken. Crozier war auf dem besten Weg, Marineflieger zu werden, aber nicht für einen Kampfjet. Vielmehr wurde er als Pilot für SH-60B-Seahawk-Hubschrauber nach Hawaii geschickt. Der Seahawk ist ein leistungsfähiger Helikopter, der eine Vielzahl von Aufgaben übernehmen kann, zum Beispiel Such- und Rettungseinsätze, U-Boot-Bekämpfung und Versorgungslieferungen. Es ist ein wichtiges Fluggerät für die Navy, und die meisten Marineflieger sind stolz darauf, es zu fliegen. Aber Crozier wollte Kampfjets fliegen und ließ sich nicht davon abhalten, seinen Traum zu verwirklichen. Nachdem er einige Jahre im Persischen Golf verbracht hatte, erhielt Crozier im Personalbüro der Navy ein verlockendes Angebot. Wenn er weiterhin gute Leistungen erbringen würde, könnte er eine beliebige Stelle in der Navy bekleiden. Er tat genau das und bekam, was er wollte: einen Platz im Umschulungstraining für die F/A-18 Hornet, ein Kampfflugzeug. Er verdiente sich den Spitznamen »Chopper«, sowohl als Stichelei mit Blick auf die Hubschrauber, die er zuvor geflogen hatte, als auch als Zeichen des Respekts dafür, dass er einen nahezu beispiellosen Wechsel vollzogen hatte.*

Während seiner gesamten Karriere in der Navy wurde Crozier sowohl von seinen Vorgesetzten als auch von seinen Kameraden mit Lob überhäuft. Doch im Gegensatz zu den in *Top Gun* dargestellten archetypischen Kampfpiloten wurde er stets als bescheidener Teamplayer geschätzt. Einer seiner Zimmergenossen in der Flugausbildung sagte: »Er ist der Letzte, der die Aufmerksamkeit sucht. Er jagt dem Ruhm nicht hinterher – so ein Typ ist er nicht.«[4] Crozier hatte die Gabe, andere zu unterstützen und gleichzeitig seine eigenen Ambitionen für sein Leben und seine Karriere zu verfolgen.

Nachdem er im Jahr 2003 dem Jagdgeschwader VFA-94 (den »Mighty Shrikes«) zugeteilt worden war, flog er von der *USS Nimitz* aus Kampfeinsätze im Irak. Im Anschluss an diesen Einsatz nahm seine Karriere Fahrt auf. Er wurde für eine Reihe von Spitzenaufgaben ausgewählt, die ihn darauf vorbereiteten, selbst ein Kommando zu führen. Besonders zu erwähnen ist, dass er Ausbilder für Kampfpiloten wurde und einen Master-Abschluss am Naval War College erwarb. Er kehrte als Kommandant zu den Mighty Shrikes zurück und führte sie durch Kampfeinsätze im Nahen

* Die freundschaftliche Rivalität zwischen Jetpiloten und Hubschrauberpiloten ist sehr ausgeprägt und wird so lange fortbestehen, wie beide Fluggeräte zum Inventar des US-Militärs gehören.

Osten. Im Jahr 2010 wurde er zur NATO entsandt, wo ich aus erster Hand miterleben konnte, wie er sich, wie oben beschrieben, auszeichnete.

Danach avancierte er zum Kommandanten großer Schiffe, eine Voraussetzung für Flieger, die das Kommando über einen Flugzeugträger anstreben. Nach Abschluss einer Ausbildung im Bereich Nukleartechnik bei der Navy, dem wichtigsten Pflichtkurs für alle, die einen Flugzeugträger kommandieren wollen, wurde Crozier stellvertretender Kommandant der *USS Ronald Reagan*. Anschließend wurde er Kommandant der *USS Blue Ridge*, eines amphibischen Kommandoschiffs, das als Flaggschiff der Siebten Flotte fungiert.* Dort diente er bis zu seiner schicksalhaften Übernahme des Kommandos der *USS Theodore Roosevelt* am 1. November 2019.

Was Crozier nicht wissen konnte, war, dass sich Ereignisse anbahnten, die den Rest seiner Karriere bestimmen (und beeinträchtigen) würden. Am 31. Dezember 2019 bereiteten sich die Amerikaner darauf vor, das neue Jahr einzuläuten. Am selben Tag meldeten Gesundheitsbehörden auf der anderen Seite des Pazifiks in der chinesischen Stadt Wuhan den Ausbruch einer neuen Art von »Lungenentzündung«. Zwei Wochen später, am 17. Januar, begann die *Roosevelt* ihren geplanten Einsatz in Asien. In China wurde das Neujahrsfest bis zum 25. Januar gefeiert, was dazu beitrug, das Coronavirus im Land zu verbreiten und seine stetige Ausbreitung in der ganzen Welt zu beschleunigen. Zu dieser Zeit gab es nur sehr wenige grundlegende Informationen über das Virus. Die Übertragung auf den Menschen wurde erst um das Neujahrsfest herum untersucht, und es sollte noch Monate dauern, bis man sie wirklich verstehen würde.

Am 7. Februar stattete die *Roosevelt* der Insel Guam, einem strategisch wichtigen US-Territorium zwischen Japan, den Philippinen und Neuguinea, ihren Antrittsbesuch ab. Anschließend wurde der Flugzeugträger nach Westen verlegt und machte am 5. März auf Ersuchen des

---

* Die Siebte Flotte ist die nummerierte Flotte der U.S. Navy, die für alle ihre Schiffe im Indopazifik (Schwerpunkt nördlicher Indischer Ozean und westlicher Zentralpazifik) zuständig ist. Aufgrund der geopolitischen Kräfteverhältnisse ist sie heute einer der wichtigsten Teile der Navy. Die Ernennung von Crozier für den Dienst auf der *Blue Ridge* war ein klarer Beweis für die Wertschätzung, die die Führung der United States Navy ihm entgegenbrachte.

Befehlshabers der Pazifikflotte eine geplante Visite im Hafen von Da Nang in Vietnam. Der Besuch sollte dazu dienen, die wachsenden strategischen Beziehungen zwischen den Vereinigten Staaten und Vietnam zu vertiefen und »Flagge zu zeigen«. Zu diesem Zeitpunkt, Anfang 2020, hatte Vietnam noch keine größeren Krankheitsausbrüche verzeichnet.

Während des Hafenaufenthalts hatten jedoch 39 Seeleute Kontakt zu zwei britischen Staatsbürgern, die im selben Hotel wohnten und später positiv auf COVID-19 getestet wurden. Diese Seeleute wurden alle im hinteren Teil des Schiffes unter Quarantäne gestellt, um weitere Infektionen zu verhindern.

Am 11. März erklärte die Weltgesundheitsorganisation COVID-19 offiziell zu einer weltweiten Pandemie. Am Freitag, dem 13. März, rief die US-Regierung wegen COVID den nationalen Notstand aus. Die Bundesbediensteten wurden (wie so viele andere) angewiesen, ab sofort von zu Hause aus zu arbeiten. Das Verteidigungsministerium verhängte einen »Bewegungsstopp«, der alle Aktivitäten für routinemäßige Arbeitsplatzwechsel oder Dienstreisen untersagte. Alles, was nicht mit Kampfeinsätzen zu tun hatte, kam zum Stillstand. Auch in Guam kam es zu einer Reihe von Ausbrüchen, und am 14. März wurde dort der öffentliche Notstand ausgerufen. Ein hochrangiger Navy-Flieger bemerkte ironisch: »Guten Flug, waschen Sie sich die Hände und verzichten Sie auf Handschläge.«[5]

Am 24. März meldeten drei Matrosen an Bord der *Roosevelt*, die nicht mit den 39 unter Quarantäne stehenden Besatzungsmitgliedern in Berührung gekommen waren, der medizinischen Abteilung, dass sie ihren Geschmacks- und Geruchssinn verloren hätten.[6] Obwohl diese Symptome heute allgemein mit COVID in Verbindung gebracht werden, war damals kaum jemandem bewusst, mit welch unterschiedlichen Phänomenen sich COVID bemerkbar machen kann. Diese Matrosen hatten weder Fieber noch Husten, also wurden sie wieder an die Arbeit geschickt. Ohne Tests oder ein differenziertes Verständnis für die Ausbreitung von COVID konnte man leicht annehmen, dass sie an einer beliebigen anderen Krankheit litten, die sich in geschlossenen Räumen ausbreitet.

Die Situation der Besatzung verschlechterte sich von da an immer mehr. Croziers »angemessener Schlafrhythmus« von vier bis fünf

Stunden pro Nacht war dahin, und sein eigener Grad der Erschöpfung nahm zu.[7] Am 26. März stieg die Zahl der COVID-Fälle erneut sprunghaft an, was den Beginn der exponentiellen Ausbreitung des Virus auf der *Roosevelt* markierte. Um die Lage wieder unter Kontrolle zu bringen, wurde die *Roosevelt* nach Guam zurückbeordert, um infizierte Besatzungsmitglieder schneller von Bord bringen zu können und die Einsatzfähigkeit des Schiffes zu erhalten. Der Flugzeugträger traf am 27. März wieder in Guam ein. Da die Matrosen auf engstem Raum untergebracht waren (mehr als ein Dutzend Matrosen können in einem Raum von der Größe einer typischen Haushaltsküche untergebracht sein), war es einfach unmöglich, ausreichend Abstand voneinander zu halten.

Während dieser Zeit stand Kapitän Crozier in mehr oder weniger ständigem Kontakt mit den diversen Führungsebenen. Viele der Ratschläge, die er erhielt, waren verständlicherweise vage oder widersprüchlich – die gesamte Navy war bemüht, mit einer schweren Gesundheitskrise fertig zu werden, wie es sie so in der Vergangenheit noch nie gegeben hatte, und alle arbeiteten auf der Grundlage äußerst begrenzter wissenschaftlicher Informationen. Bis zum 28. März dauerten die Diskussionen zwischen Crozier, der Siebten Flotte und den Hauptquartieren der Navy in Pearl Harbor und im Pentagon. Neue Pläne wurden vorgeschlagen und wieder verworfen, sobald neue Sachzwänge auftraten. Ein Plan, die infizierten Besatzungsmitglieder per Flugzeug nach Okinawa zu bringen, wo sie in Hotelzimmern untergebracht werden sollten, war logistisch nicht möglich. Die Navy hatte bereits Tage zuvor leere Turnhallen und Lagerhallen mit rudimentären Feldbetten an Land in Guam zur Verfügung gestellt. Doch Crozier und sein Führungsteam wehrten sich dagegen, die Matrosen in diesen Einrichtungen unterzubringen. Obwohl die Feldbetten mit einem Abstand von etwa zwei Metern aufgestellt werden sollten, war der Leiter der medizinischen Abteilung der Ansicht, dass dieser Abstand nicht reichte, um das Virus unter Kontrolle zu halten. Außerdem war der Besatzung bewusst, dass die Unterkünfte nur begrenzten Zugang zu Lebensmitteln, zum Internet und zum Telefonnetz boten.[8] In der Führungsetage machte das Gerücht die Runde, dass viele Besatzungsmitglieder über ihre Symptome lügen würden, um während eines aktiven Pandemieausbruchs auf der *Roosevelt* bleiben zu können.[9] In der Zwischenzeit stieg die Zahl der infizierten Besatzungsmitglieder wieder an, und es wurden auch Ausbrüche in den Reihen der Matrosen gemeldet, die zuvor negativ getestet und an Land gebracht worden waren.[10]

Am 29. März beschlossen Crozier und sein Führungsteam, die Quarantäne für die im Heck untergebrachten Seeleute aufzuheben. Die Zahl der Personen in Quarantäne war von den 39 Kontakten, die in Vietnam festgestellt worden waren, stetig auf mittlerweile 1000 gestiegen. Diese Entscheidung sollte sich später als umstritten erweisen, zum einen, weil Crozier seine Vorgesetzten bei der Entscheidung außer Acht gelassen hatte, und zum anderen, weil sie der zuverlässigsten Methode zur Kontrolle der Ausbreitung von COVID zuwiderlief. Doch die Unterbringung von 20 Prozent der Schiffsbesatzung auf engem Raum erhöhte ebenfalls das Risiko einer Ausbreitung innerhalb dieser Gruppe, ganz zu schweigen von den logistischen Herausforderungen, wenn es darum ging, diese Menschen mit Lebensmitteln und anderen Dingen des täglichen Bedarfs zu versorgen. Schlimmer noch: Das Virus breitete sich auch im Hauptteil des Schiffes weiter aus. Crozier und sein Team waren der Meinung, dass es für das Einhalten des Abstands besser sei, diese tausend Menschen auf die größeren Bereiche des Schiffes zu verteilen.[11] Dies erwies sich als Fehleinschätzung.

Crozier war nach wie vor davon überzeugt, dass individuelle Hotelzimmer die einzige Möglichkeit waren, die Ausbreitung des Virus zuverlässig zu unterbinden. Nur so könne man feststellen, wer erkrankt war, und das Schiff schließlich wieder einsatzbereit machen. In Guam gibt es viele Hotels (in der Regel für japanische Touristen), aber verständlicherweise sträubten sich der Gouverneur und das Hotelgewerbe gegen die Idee, sie der Navy zur Verfügung zu stellen, selbst wenn sie dafür bezahlt würden. Die Freistellung von Tausenden potenziell infizierter Besatzungsmitglieder barg das Risiko eines Massenausbruchs auf der Insel, was die lokalen Behörden natürlich nicht hinnehmen wollten. In der Zwischenzeit verstrickten sich Teile von Croziers Befehlskette in ausgedehnte Diskussionen über obskure technische Fragen, wie etwa die Frage, ob auf den Testkits Sozialversicherungsnummern oder aber ID-Nummern des Verteidigungsministeriums verwendet werden sollten.[12] Crozier erhielt keine einheitlichen und konsistenten Anweisungen und hatte das Gefühl, dass die Situation außer Kontrolle geriet – mit möglicherweise tödlichen Folgen für seine Besatzung.

Am 30. März traf Crozier die verhängnisvolle Entscheidung, eine E-Mail zu verschicken, die einem roten Leuchtsignal gleichkam, um zu versuchen, die Bürokratie zu umgehen und Zugang zu privaten Hotelzimmern auf Guam zu erhalten. Der Betreff der E-Mail und des angehängten Schreibens lautete (in Großbuchstaben): ERSUCHEN UM UNTERSTÜTZUNG BEI DER BEKÄMPFUNG DER COVID-19-PANDEMIE. Im Anhang befand sich ein vier Seiten langes Schreiben, in dem die Situation, mit der die *Roosevelt* konfrontiert war, und die Gründe für den Bedarf an privaten Unterbringungen, um den COVID-Ausbruch unter Kontrolle zu bringen, im klaren, knappen Stil eines Militärs dargelegt wurden.[13]

Die Nachricht ging an die Admirale in Croziers Befehlskette, von denen er viele persönlich aus seiner Zeit als Marineflieger kannte, in der Hoffnung, dass sie die vermeintliche Blockade, die die Besatzung der *Roosevelt* festhielt, durchbrechen könnten. Entscheidend war, dass Vizeadmiral Bill Merz, ein U-Boot-Fahrer und ranghoher Vertreter in Croziers Befehlskette bei der Siebten Flotte, bei den E-Mail-Adressaten nicht erwähnt wurde, vielleicht um bürokratische Hürden zu umgehen, die Crozier im Stab der Siebten Flotte vermutete. Crozier bedauerte diesen Schritt später.[14] Ohne dass Crozier es wusste, hatte der Gouverneur von Guam (auf Druck der Navy) dem Hotelzimmerplan sechs Stunden vor Croziers E-Mail zugestimmt.[15] Kapitän Steve Jaureguizar, der Kommandeur des *Roosevelt*-Luftgeschwaders, berichtete den Ermittlern später, dass Crozier ihm ganz offen gesagt habe: »Das hier ist das Ende meiner Karriere.«[16]

Crozier sollte recht behalten. Jemand steckte die E-Mail und das angehängte Schreiben dem *San Francisco Chronicle* zu, der ihre Echtheit überprüfte und sie am 31. März veröffentlichte. Die Dokumente brachten die Trump-Regierung in eine peinliche Lage, da sie die hohe Virulenz von COVID-19 aufzeigten, obwohl Regierungsvertreter den Ernst der Lage herunterspielten. Auch wenn sie sich am anderen Ende der Welt befand, spiegelte die Notlage der *Roosevelt* die Situation der durchschnittlichen Amerikaner wider: Sie fühlten sich im Stich gelassen und durch unzuverlässige Informationen verunsichert. Doch Crozier und die Führung der *Roosevelt*, ganz zu schweigen vom Rest der Navy, betrachteten das Informationsleck als eine unwillkommene und peinliche Entwicklung.

»Tja ... so geht alles den Bach runter«, witzelte ein hochrangiges Mitglied des Führungsstabs der Navy.[17]

Zwei Tage später, am 2. April, wurde Crozier vom amtierenden Marineminister Modly seines Kommandos auf der *Roosevelt* enthoben. Als Begründung nannte Modly das »extrem schlechte Urteilsvermögen«, mit dem Crozier die E-Mail vom 30. März verschickt habe, und den Umstand, dass diese E-Mail an die Presse durchgesickert war. Doch das Räderwerk drehte sich weiter: Modly selbst trat fünf Tage später zurück, nachdem seine berüchtigte Rede an die Besatzung der *Roosevelt* in den sozialen Medien die Runde gemacht hatte. Bis heute ist glücklicherweise nur eine Person auf der *Roosevelt* an den Folgen von COVID-19 gestorben: Chief Petty Officer Charles Robert Thacker Jr., der am 13. April verstarb. Der Ausbruch war vor allem deshalb nicht schlimmer, weil die Besatzung des Schiffes jung, kräftig und widerstandsfähig war.

Am 29. April wollte die Navy die Ergebnisse ihrer ersten Untersuchung über die Umstände der E-Mail vom 30. März und deren Weitergabe an die Presse bekannt geben. Vielen Berichten zufolge wollte die Navy die Wiedereinsetzung von Crozier als Kommandant der *Roosevelt* empfehlen. Stattdessen wurde die Untersuchung auf Drängen des neuen stellvertretenden Marineministers James McPherson (ein pensionierter Generalstaatsanwalt und Konteradmiral) – wahrscheinlich auf Druck des Vorsitzenden der Generalstabschefs und des Verteidigungsministers – ausgeweitet, um alle Ereignisse zu untersuchen, die zu der E-Mail vom 30. März geführt hatten. Politischer Druck von außen, vermutlich aus dem Weißen Haus, schien ebenfalls eine Rolle zu spielen. Auf einer Pressekonferenz sagte der damalige Präsident Trump spöttisch, Crozier solle aufhören, sich als »Hemingway« aufzuführen – ein Seitenhieb auf das Verfassen der E-Mail.

Diese zweite Untersuchung wurde am 19. Juni abgeschlossen, und die Navy revidierte ihren ursprünglichen Standpunkt, indem sie Croziers Wiedereinsetzung in das Kommando der *Roosevelt* ablehnte und alle künftigen Beförderungen für ihn ausschloss. Die Kehrtwende wurde mit Croziers operativen Entscheidungen während des Ausbruchs begründet. Die Kommission führte die langsame Verlegung infizierter Matrosen vom Schiff an, als sie Guam erreichten, und begründete dies damit, dass er das »Wohlbefinden der Matrosen der Sicherheit« vorzog, als sich die

Situation zuspitzte.[18] Sie führte auch an, dass die E-Mail Mitglieder von Croziers Befehlskette übergangen habe, nämlich seine unmittelbaren Vorgesetzten in der Carrier Strike Group Nine und bei der Siebten Flotte. Befürworter der Auffassung, dass Crozier »aus wichtigem Grund seines Amtes enthoben« worden sei, argumentierten, er sei unter dem Druck zusammengebrochen, die E-Mail vom 30. März sei ein verzweifelter Versuch gewesen, seine früheren Fehler zu korrigieren, und er habe die Befehlskette mit wenig Voraussicht unterlaufen.[19] Gegner des Vorgehens der Navy sagten indes, dass Crozier das getan habe, was notwendig war, um eine bürokratische Hürde zu überwinden, und dass die Entscheidung der Navy, ihn zu disziplinieren, letztlich eine lahme Art der Konfliktvermeidung gewesen sei.[20]

Woran dachte Crozier, als er am 30. März den Sende-Button drückte, um seine E-Mail auf den Weg zu bringen? Man darf nicht vergessen, wie begrenzt ein Flugzeugträger in seinen Ausmaßen wirklich ist. Es stimmt, dass wir in der U.S. Navy gerne mit der Größe unserer Flugzeugträger und der Komplexität ihrer Operationen prahlen. Die *Roosevelt* ist 333 Meter lang, was ungefähr der Größe des Empire State Building entspricht, wenn es auf die Seite gelegt würde. Sie ragt zwanzig Stockwerke aus dem Wasser, besteht aus 47 000 Tonnen Stahl, verdrängt schwimmend 100 000 Tonnen und erfordert 5700 Menschen, um sie voll funktionstüchtig zu machen. Wie Dr. Toshi Yoshihara, ein ehemaliger Professor der Fletcher School und des Naval War College, zu sagen pflegt: »Der Betrieb eines Flugzeugträgers ist ein Akt des nationalen Willens.«

Aber lassen Sie sich nicht von den Dimensionen täuschen: Für die Menschen an Bord ist ein Flugzeugträger ein sehr kleiner Ort. Die meisten der beeindruckenden Flächen werden von der Startbahn und den Lagern für die Flugzeuge eingenommen. Die Schlafplätze der Besatzung lassen billige New Yorker Wohnungen wie Luxusunterkünfte erscheinen. Eine einzelne Schlafkoje, im Marinejargon »Rack« (Kiste) genannt, ist so geräumig wie ein durchschnittlicher Sarg. Die Orte, an denen das Essen zubereitet und serviert wird? Beengt. Arbeitsräume? Beengt. Gänge? Beengt. Die Türöffnungen sind so groß wie eine einzelne mittelgroße Person. Mit anderen Worten: Ein Schiff der Navy ist einer der schlechtesten Orte für die Bekämpfung eines Virus wie COVID-19. Diese beengten Verhältnisse belasteten Crozier, als er seine Optionen abwog.

Ein Marinekommandant ist für die Gesundheit und Moral seiner Mannschaft verantwortlich, und Croziers Matrosen waren verzweifelt. Anders als in früheren Zeiten waren die Informationen der Seeleute nicht nur auf offizielle Kanäle und Gerüchte aus der Bevölkerung beschränkt. Hier handelte es sich um Matrosen des 21. Jahrhunderts, die alle mit einem Mobiltelefon ausgestattet waren, das ihnen sofortigen Zugang zu den Informationen über die sich entwickelnde globale Krise bot. Die sich ausbreitenden Informationen ließen die beengten Räume des Flugzeugträgers in einem ganz anderen Licht erscheinen. Die Matrosen bekamen mit, wie die Zahl der Todesopfer anstieg, wie Landesgrenzen geschlossen wurden und die Bevölkerung ganzer Länder in den Lockdown ging. Von ihrem »schwimmenden Stahlgefängnis« aus teilten sie ihren Lieben zu Hause ihre Sorgen mit, die dann an andere Mitglieder der Navy-Führung und sogar an Kongressabgeordnete herangetragen wurden.

Der Gemütszustand der Besatzung ist in dem bewegenden Abschiedsvideo für Kapitän Crozier gut zu erkennen. Inmitten des Jubels und der Sprechchöre für ihren scheidenden Kommandanten fällt auf, dass einige Dinge *nicht* stattfinden: Niemand hält genügend Abstand, niemand trägt eine Maske. Dies lag nicht etwa daran, dass die Besatzung leichtsinnig oder unwissend über die Auswirkungen des Virus war, wie spätere Interviewpartner im Rahmen der Untersuchung behaupteten.[21] Die Besatzung wusste genau, was geschah, und ging einfach davon aus, dass sie alle mit dem Virus infiziert waren, ob sie nun Symptome zeigten oder nicht. Das Video zeigt den Fatalismus, der die Besatzung befallen hatte, ein Gefühl, das Crozier verstand, als er die Entscheidungen traf, die er traf.

Wie also traf Brett Crozier die schwierige Entscheidung, diese E-Mail zu verschicken?

Zunächst versuchte er, so viel wissenschaftliche Erkenntnisse und Fakten wie möglich zusammenzutragen. Leider war in jenen frühen Tagen noch nicht genug über die Art des Erregers, seine Übertragungswege, die Möglichkeiten zur Verhinderung der Ausbreitung, die Auswirkungen des Tragens von Masken und vieles mehr bekannt. Er war gezwungen, mit lückenhaften Informationen über einen wirklich unerbittlichen, aber unsichtbaren Feind zu agieren. Nach dem, was er wusste, war er zutiefst besorgt über die mögliche hohe Sterblichkeitsrate in seiner Mannschaft. Brett Crozier ist ein nachdenklicher, methodischer

Planer, der in klaren und gut strukturierten Absätzen spricht. Er ist weit entfernt von einem impulsiven Halsey – er ist jemand, der seine Handlungen und Kommentare genau durchdenkt.

Aber die verfügbaren Informationen waren genau in dem Bereich begrenzt, wo Crozier sie am dringendsten benötigte. Es ist eine Binsenweisheit in Kreisen der nationalen Sicherheit, dass man Entscheidungen auf der Grundlage der besten verfügbaren Informationen zum jeweiligen Zeitpunkt trifft. Auf dem Höhepunkt der Krise vor der E-Mail vom 30. März schätzten Crozier und sein Stab, dass es an Bord 500 bis 600 Fälle gab, aber sie hatten keine Möglichkeit, dies mit Sicherheit festzustellen.[22] Und da zu diesem Zeitpunkt so wenige Informationen über COVID-19 vorlagen, schienen extreme Quarantäne- und Hygienemaßnahmen die einzigen Optionen zur Bekämpfung der Ausbreitung zu sein. Wie sich herausstellte, war das intensive Reinigen der Schiffsoberflächen nur bedingt wirksam – und es gab bereits doppelt so viele Fälle an Bord, wie Crozier und sein Führungsstab geschätzt hatten.[23] Und wie wir im Laufe der langen Pandemie gelernt haben, ist die Wahrscheinlichkeit, sich über eine Oberfläche mit COVID anzustecken, verschwindend gering. Der Schlüssel, so wissen wir heute, ist die räumliche Distanz – etwas, das auf einem Flugzeugträger unmöglich zu erreichen ist, egal wie oft man die Handläufe mit Bleichmittel schrubbt. Während er versuchte, weitere Fakten zu sammeln, erhielt Crozier von seiner Befehlskette nur äußerst spärliche Informationen, insbesondere über den Fortschritt der Verhandlungen über Hotelzimmer auf Guam.[24]

Ein zweiter schwerwiegender Aspekt, mit dem Crozier sich befassen musste, war der Hintergrund des sechsmonatigen Einsatzes der *Roosevelt*. Das Schiff war weder in Kampfhandlungen verwickelt noch zeichnete sich ein derartiger Einsatz am Horizont ab. Crozier hat wiederholt erklärt, dass er das Schiff in einer Kampfsituation »wie gewohnt« weiter betrieben und Verluste durch das Virus in Kauf genommen hätte. Da sich das Schiff zum Zeitpunkt des Ausbruchs jedoch in keiner Kampfsituation befand, war er der Ansicht, dass er die Gesundheit seiner Besatzung an die erste Stelle setzen müsse, wie es wohl die meisten Kommandanten getan hätten.

Drittens musste Crozier eine Entscheidung treffen, bei der er zeitlich unter enormem Zugzwang stand. Der zeitliche Spielraum, mit dem er sich auseinandersetzen musste, war zwar nicht zu vergleichen mit dem Druck, der etwa in einem heißen Gefecht von einer Minute auf die andere herrscht, aber dennoch war seine Zeit äußerst knapp bemessen. Die Navy wollte das Schiff möglichst schnell wieder auf See sehen, um seit Langem bestehende Verpflichtungen zu erfüllen. Er konnte sich nicht den Luxus leisten, einfach zu warten, bis sich die Lage geklärt hatte. Es ist immer ein guter Rat, sich noch einmal richtig auszuschlafen und die E-Mail, die man verfasst hat, im Morgengrauen erneut zu lesen, bevor man sie abschickt. Doch die Lage wurde für Brett Crozier immer dringlicher.

Zudem litt Crozier unter der Uneinigkeit, die unter seinen Vorgesetzten herrschte. Es war eine Art »Zu viele Köche verderben den Brei«-Syndrom. Von den verschiedenen Ebenen in seiner Befehlskette erhielt er oft widersprüchliche Anweisungen und unterschiedliche Vorschläge. Besonders frustriert war er über seinen Drei-Sterne-Vorgesetzten, den Befehlshaber der Siebten Flotte, und diesen ließ er fatalerweise aus der Adressatenliste der E-Mail mit dem angehängten Brandbrief aus.

Fünftens und schlussendlich sei daran erinnert, dass sich alles im Licht der nationalen und internationalen Öffentlichkeit abspielte. Die Berichterstattung über den Ausbruch auf dem Flugzeugträger war auf den Nachrichtensendern rund um die Uhr präsent, die Navy stand unter dem sichtbaren Druck des Weißen Hauses, das sich auf die nahenden Wahlen konzentrierte, und so wurde jeder Schritt genauestens unter die Lupe genommen.

Brett Crozier hatte denkbar schlechte Karten, als er seine Entscheidung traf. Er wusste, dass er mit seinem »roten Leuchtsignal«, der E-Mail, seine gesamte Karriere aufs Spiel setzte, aber er stellte die Gesundheit seiner Mannschaft über alles andere.

Um aus Croziers schwieriger Entscheidung zu lernen, muss man sich zunächst bewusst machen, dass sie in der gesamten Navy zu heftigen Diskussionen geführt hat. Einer der Hauptpunkte der Kritik ist die Auffassung, dass Crozier das Wohlergehen der Besatzung über die vorrangige Aufgabe des Flugzeugträgers stellte, nämlich den Schutz der Vereinigten Staaten und ihrer Interessen. Croziers Gegner sehen in seinem Handeln entweder eine feige Kapitulation vor einer sich entwickelnden Krise oder einen aufrichtigen, aber fehlgeleiteten Versuch, auf Kosten seiner primären Verantwortung in seiner Rolle als Kommandant Leben zu retten. Jede Art von Militärdienst birgt ein Risiko für Leib und Leben; das ist Teil der Vereinbarung, wenn man sich zum Dienst verpflichtet. In der Tat hat die Navy eine Geschichte von wagemutigen Persönlichkeiten – wie Jones, Decatur und Farragut –, die das Leben ihrer Besatzungen bei der Verfolgung ihrer Ziele aufs Spiel setzten, wie wir bereits in diesem Buch erörtert haben.

Es gibt jedoch einen gravierenden Unterschied zwischen diesen Männern und Crozier: die taktischen Ziele, die sie verfolgten. Jones, Decatur und Farragut gingen in der Hitze des Gefechts und im Kontext heftiger kriegerischer Auseinandersetzungen große *kalkulierte* Risiken ein. Crozier hingegen befand sich nach einem diplomatischen Besuch in Friedenszeiten auf der Durchfahrt von einem Hafen zum nächsten. Hätte Farragut bei einem routinemäßigen Hafenbesuch das Leben seiner Mannschaft in die gleiche Gefahr gebracht wie beim Angriff auf die Mobile Bay, wäre er nicht gefeiert, sondern gefeuert worden. Die Situation von Crozier ist der von Pete Bucher sehr viel ähnlicher: durch die Umstände in die Enge getrieben, mit dem Risiko, Menschenleben für ein sehr ungewisses Ziel zu verlieren.

Es ist auch wichtig, sich vor Augen zu führen, dass man oft eine schwierige Entscheidung trifft, mit der man von diesem Moment an leben muss. Wäre Crozier so sehr auf seine Karriere bei der Navy und nicht auf die Gesundheit seiner Mannschaft bedacht gewesen, hätte er sich wahrscheinlich weiterhin an die wechselnden Anweisungen gehalten, ohne zusätzliche Komplikationen oder Bedenken zu äußern. Hätte er das getan, wäre er vermutlich nie vom amtierenden Marineminister gefeuert worden, es wäre nie gegen ihn wegen der Ereignisse, die zu dem Ausbruch geführt hatten, ermittelt worden, und er hätte wahrscheinlich seine Karriere bei der Navy fortgesetzt und wäre zum Admiral befördert worden, wie ich es damals, 2011, eingeschätzt hatte.

Noch ein Aspekt ist besonders hervorzuheben: Kommunikation ist das Allerwichtigste. Pannen in der Kommunikation führten dazu, dass Crozier nichts von den Fortschritten mit Guam bezüglich der Hotelzimmer wusste. Neue Kommunikationsmethoden ermöglichten es der Besatzung, sich über die Geschehnisse in der allgemeinen COVID-Krise zu informieren; viele Familienmitglieder in den Vereinigten Staaten verfolgten das Drama über soziale Medien. Das Tempo der digitalen Kommunikation machte es jedoch für alle an der Lösung der Krise beteiligten Akteure auch schwierig, sich vernünftig untereinander abzustimmen.

Viele der in der Untersuchung der Navy festgestellten Probleme in der Befehlskette ließen sich darauf zurückführen, wer an welcher Videokonferenz teilgenommen hatte oder welche Personen in E-Mails auf Kopie gesetzt worden waren. Innerhalb der labyrinthischen Struktur des Militärs wird dies nur noch komplizierter. Die COVID-Krise der *Roosevelt* erhielt zu jedem Zeitpunkt Input von zahlreichen Ebenen der eigenen Führung, der Carrier Strike Group Nine, des Marinestützpunkts Guam, der Kommandostelle Joint Region Marianas, der Siebten Flotte, der Marineluftstreitkräfte im Pazifik, des Befehlshabers der Pazifikflotte, des Befehlshabers der US-Kommandantur Indopazifik und des Pentagons. Die Vorstellung vom »fog of war«, vom »Nebel des Krieges«, ist nicht neu, aber die moderne Kommunikationslandschaft erfordert eine Reihe neuer Fähigkeiten für Führungskräfte, um erfolgreich agieren zu können.

Organisationen müssen auch das Selbstverständnis der Menschen berücksichtigen, die sie für eine Aufgabe benötigen. Die Navy kann nicht erwarten, dass sie einerseits Individuen für entschlossenes Handeln und unabhängiges Operieren ausbildet, wenn es notwendig ist, und dann ihre Frustration zum Ausdruck bringt, wenn diese in einer Krise nach tagelangen bürokratischen Verzögerungen die Initiative ergreifen. Angehörige des Militärs müssen Befehle von Vorgesetzten akzeptieren, aber das macht sie nicht zu Automaten, die nur funktionieren, wenn man ihnen sagt, was sie tun sollen. Wenn sie keine Anweisungen erhalten, müssen sie einen Weg finden, um die Situation zu meistern. Und wenn sie wie Brett Crozier mutige Maßnahmen ergreifen, tun sie am Ende ihre Pflicht und müssen später die persönlichen Konsequenzen tragen.

Mehr als jeder andere Entscheidungsträger in diesem Buch, mit Ausnahme von Lloyd Bucher und John Paul Jones, war Crozier gezwungen, mit einem sehr schlechten Blatt zu spielen. Wenn ich mich frage, was ich anders gemacht hätte, lautet die kurze Antwort: nicht viel. Auch ich hätte den Mangel an Informationen, den Zeitdruck, das grelle Licht der Öffentlichkeit und die mangelhafte Unterstützung durch die Vorgesetzten innerhalb der Navy erkannt und gewusst, dass ich vor einem Moment stehe, der ganz klar das Karriere-Aus bedeuten könnte.

Tatsächlich denke ich, dass auch ich die E-Mail mit dem Brandbrief abgeschickt hätte. Da ich ein vorsichtiger Kommandant bin, bin ich mir allerdings ziemlich sicher, dass ich sie über einen vertraulichen Kanal geschickt und den Kommandeur der Siebten Flotte einbezogen hätte. Und ich hätte, so hoffe ich, ein offeneres Verhältnis zu meinem unmittelbaren Vorgesetzten gehabt. Aber das sind im Wesentlichen Marginalien. Meiner Meinung nach hat Crozier in Anbetracht der vorliegenden Fakten und des Kontextes das Richtige getan, als er die E-Mail abschickte. Er hat die Sorge um seine Besatzung – in Friedenszeiten – an die erste Stelle seiner Prioritätenliste gesetzt.

Im Sommer 2020, als sich all dies abspielte, meldeten sich viele Navy-Offiziere zu Wort und kritisierten Brett Crozier. Unter ihnen war ein kluger Atom-U-Boot-Offizier und enger Freund von mir, der ein wichtiger Teil meines Teams bei Deep Blue gewesen war.* Er brachte überzeugende Argumente gegen Crozier vor, die er später in einer landesweit verbreiteten Zeitung veröffentlichte. Er schickte mir ein Exemplar zur Durchsicht, und ich dankte ihm dafür, antwortete ihm aber:

> Ich würde sagen, dass keiner von uns beiden alle Fakten kennt, und wir stecken auch nicht in den Schuhen von Brett Crozier. Ich habe von hochrangigen Vertretern des Militärs gehört, dass er [Crozier] tatsächlich alle von dir erwähnten Schritte unternommen hat, aber das System hat sich nicht gerührt. Ich würde gerne den vollständigen Zeitplan erfahren, was er zuerst versucht hat. Wir beide wissen, dass er nicht einfach diese Rakete [die Rote-Leuchtsignal-E-Mail] abgefeuert hat, ohne eine Menge anderer Dinge auszuprobieren, und ich habe genau das aus einer Reihe von zuverlässigen Quellen erfahren. Ich bin kein großer Befürworter des Mitarbeiterstabs des Generalinspekteurs, aber dieser Fall schreit förmlich nach einem minutiösen Ablauf dessen, was er zuerst versucht hat, welche Reaktion er erhielt und was die Navy unternahm. Menschen begehen nicht leichtfertig beruflichen Selbstmord. Zunächst einmal mangelt es also an echten Fakten, um hier ein Urteil zu fällen.

---

* Deep Blue war eine kleine, agile Denkfabrik, die unmittelbar nach dem 11. September 2001 gegründet wurde und die ich als Ein-Stern-Konteradmiral leitete. Sie bestand aus einer handverlesenen Gruppe von Offizieren, die damit beauftragt waren, Ideen für die Navy zu entwickeln, die sie im aufkommenden globalen Krieg gegen den Terror umsetzen könnte.

Es kommt selten vor, dass wir beide unterschiedlicher Meinung sind, und ich spreche mich für die Einhaltung der Befehlskette aus, aber in diesem Fall gibt es meiner Meinung nach definitiv zwei Seiten, die Geschichte zu verstehen. Ich stimme zu, dass Crozier seine E-Mail nicht ohne Geheimhaltungsstufe an ein paar Dutzend Flaggoffiziere hätte schicken sollen (er hat sie übrigens nicht an Zivilisten geschickt), und er hatte ja seine Befehlskette mit einbezogen, wenn auch einige andere Flaggoffiziere hinzugefügt. Aber er tat dies zweifelsfrei, weil die Navy ihn nicht ernst nahm, und er tat, was er für seine Mannschaft für nötig hielt.

Wohlgemerkt, er wurde nicht von einem Flaggoffizier in seiner Befehlskette abgesetzt, sondern vom Marineminister persönlich. Das habe ich noch nie zuvor erlebt. Daran können Sie erkennen, wo die aktiven Flaggoffiziere in diesem Fall standen. Ein besserer Weg für die Navy wäre gewesen, ihn damit zu betrauen, die Mannschaft von Bord zu holen und das Schiff zu desinfizieren, und dann, auf dem Stützpunkt, hätte der Kommandeur seiner Einheit seine Unzufriedenheit angemessen zum Ausdruck bringen können, etwa in einer Beurteilung in einem FITREP [Fitness-Bericht]. Aber ihn zu feuern und öffentlich zu demütigen ist übertrieben und schadet nicht nur ihm, sondern natürlich auch der Navy. Es sendet ein schlechtes Signal an andere Kommandanten. Ich denke, dass es alles in allem ein Fehler von Seiten der Navy war.

Im Anschluss an diesen Meinungsaustausch empfahl der Chief of Naval Operations nach einer ersten Untersuchung, Crozier wieder in sein Kommando einzusetzen. Diese Empfehlung wurde vom Vorsitzenden der Generalstabschefs und vom Verteidigungsminister überstimmt, der die Navy anwies, eine weitere Untersuchung durchzuführen. Nach Abschluss dieser zweiten, eingehenderen Untersuchung bestätigte die Führungsebene Croziers Entlassung aus wichtigem Grund.

Meiner Meinung nach hat die Navy mit der Empfehlung, ihn wiedereinzusetzen, richtig gelegen, doch ich glaube, dass vom Weißen Haus aus ein gewisser politischer Druck ausgeübt wurde. Brett Croziers Karriere war damit beendet, und er ist im Sommer 2022 ohne weitere Disziplinarmaßnahmen im Range eines Captains in den Ruhestand getreten. Er hat es in der Navy zum Captain gebracht, einen nuklearbetriebenen Flugzeugträger kommandiert und sein Geschwader von Kampfflugzeugen in Einsätzen geführt – eine hervorragende Bilanz. Ich kenne ihn persönlich gut, und ich prophezeie ihm einen guten Übergang ins zivile Berufsleben, wo er hoffentlich seine Führungs- und Entscheidungsfähigkeiten nutzen wird, um anderen mit Rat und Tat beiseitezustehen. Ich würde ihn gerne wieder in meinem Team haben, und ich werde ihm für seine gute Arbeit während des Militäreinsatzes in Libyen und für seinen gesamten Dienst an der Nation immer dankbar sein.

Ich glaube, dass sich Generationen von Navy-Offizieren mit diesem Fallbeispiel beschäftigen werden, und das aus gutem Grund. Der Fall veranschaulicht der Navy perfekt die Grundsätze der Fürsorge für die Besatzung und die Schwierigkeit, dies mit der Ausführung eines Auftrags in Einklang zu bringen. »Menschen kontra Mission« – das ist ein uraltes Dilemma für Kapitäne auf See. Es gibt keine einfachen Antworten, und die Notwendigkeit, ein Gleichgewicht zwischen der tiefen Sorge um die Mannschaft als »dienende Führungspersönlichkeit« und den äußeren Anforderungen, einen Auftrag zu erfüllen, zu finden, existiert ebenso in der Wirtschaft, in der Medizin, im Bildungswesen, im Familienleben und eigentlich überall in der Gesellschaft. Die ultimative Lektion, die wir aus der Geschichte von Brett Crozier lernen können, ist, dass Entscheidungen schwierig sind, dass die eigenen Handlungen wahrscheinlich nie perfekt sein können, dass es viel Kritik von denen geben wird, die nicht dabei waren, aber dass man trotzdem die beste Entscheidung treffen wird und Haltung bewahrt, komme, was wolle. Kapitän Brett Crozier kann erhobenen Hauptes und mit Stolz seinen Weg fortsetzen.

Fazit

»Das Schwierigste ist die Entscheidung zu handeln, der Rest ist nur Beharrlichkeit. Die Ängste sind Papiertiger. Du kannst alles tun, wozu du dich entschließt. Du kannst handeln, um dein Leben zu verändern und unter Kontrolle zu haben; und die Vorgehensweise, der Prozess, das ist der Lohn an sich.«

Amelia Earhart

»Bei jeder Entscheidung ist es das Beste, das Richtige zu tun, das Nächstbeste, das Falsche zu tun, und das Schlechteste, gar nichts zu tun.«

Theodore Roosevelt

Als junger Teenager habe ich mich über die Art und Weise gewundert, wie mein Vater schwierige Entscheidungen traf: Er holte einen gelben Notizblock hervor und zog eine senkrechte Linie in der Mitte des Blattes. Dann setzte er ein großes Pluszeichen auf die eine Seite und ein Minuszeichen auf die andere. Schließlich nahm er sich viel Zeit, um alle Vor- und Nachteile einer bestimmten Vorgehensweise jeweils unter den Plus- und Minuszeichen zu notieren. Ich habe ihn mehrfach dabei beobachtet, wie er diese Technik angewandt hat, aber vielleicht war sie am bedeutsamsten, als er 1970 mit der Entscheidung rang, ob er aus dem United States Marine Corps ausscheiden sollte oder nicht. Zu dieser Zeit war er Colonel mit einer Brust voller Abzeichen aus dem Koreakrieg und war gerade von einem höchst erfolgreichen 13-monatigen Kampfeinsatz in Vietnam zurückgekehrt, bei dem er ein verstärktes Marineinfanteriebataillon in der Gegend von Da Nang kommandiert hatte. Das Marine Corps bot ihm eine hochkarätige Stelle in Newport, Rhode Island, am Naval War College an.

In ein oder zwei Jahren käme er für eine Beförderung zum Ein-Stern-Brigadegeneral in Betracht. All das sprach für einen Verbleib im Corps. Auf der anderen Seite standen Dinge wie die zu erwartende räumliche Trennung von der Familie und ein fast sicherer weiterer Kampfeinsatz in Vietnam (ein Krieg, bei dem es zu diesem Zeitpunkt in den späten 1960er-Jahren nicht so aussah, als würde er bald enden). Zusätzlich zur Trennung von der Familie führte er die Ungewissheit über die Beförderungsaussichten an (nur ein winziger Prozentsatz der Colonels im Marine Corps erreicht jemals den begehrten Stern) und die Notwendigkeit, in den nächsten Jahren mindestens ein paarmal umziehen zu müssen (was für mich und meine Schwester bedeuten würde, dass wir die Highschool würden wechseln müssen). Er fügte auch Vor- und Nachteile in Bezug auf sein Alter und den Zeitpunkt des Berufswechsels, die Verfügbarkeit von Stipendien für ein PhD-Programm im Bildungswesen (sein Ziel für die Zeit nach dem Marine Corps war es, leitender Verwaltungsbeamter und schließlich Rektor an einem College oder einer Universität zu werden), die finanzielle Situation unserer Familie und eine Reihe anderer Dinge hinzu.

Nachdem er seine Listen zusammengestellt hatte, sprach er mit meiner Mutter, dann mit mir und meiner Schwester und mit Ratgebern sowohl aufseiten des Marine Corps als auch aus seinem privaten Umfeld. Dann fasste er im Geiste alles zusammen und traf seine Entscheidung: Er ging als Colonel in den Ruhestand, bezog seine Pension, bekam ein Stipendium für ein PhD-Programm an der Arizona State University, und wir zogen nach Tempe, Arizona. Es war ein Paradebeispiel dafür, wie man eine große Lebensentscheidung vernünftig, rational und nüchtern trifft. Obwohl ich anfangs nicht begeistert war, in die Wüste des Südwestens zu ziehen, machte ich für meine letzten beiden Highschool-Jahre das Beste daraus und habe gute Erinnerungen an diese Jahre, bevor ich nach Annapolis ging und eine Karriere in der U.S. Navy einschlug. Ich konnte diese großen Veränderungen unter anderem deshalb bewältigen, weil ich großes Vertrauen in die Entscheidungsfindung meines Vaters hatte. Und es hat sich für ihn gelohnt. Nachdem er in der Hochschulverwaltung promoviert hatte, bekam er einen Traumjob am Community College of Allegheny County (eines der größten in den Vereinigten Staaten) in der Nähe von Pittsburgh und wurde schließlich Rektor, bevor er sich Anfang der 1980er-Jahre in Florida zur Ruhe setzte.

Sein methodisches Vorgehen bei der Entscheidungsfindung ist sehr lobenswert, aber wie wir im Laufe der Arbeit an diesem Buch gelernt haben, hat man nicht immer die Zeit, die Möglichkeiten oder auch nur die entsprechende Persönlichkeit, um einen Notizblock hervorzuholen und das Für und Wider aufzuschreiben. Es ist schwer vorstellbar, dass John Paul Jones seine Gedanken auf solch einen Notizblock gekritzelt hätte (gelb wäre der ohnehin nicht gewesen) oder dass Dorie Miller die Vor- und Nachteile seines spontanen Handelns abwog, während um ihn der Kanonenlärm tobte. Für einige der anderen Persönlichkeiten in diesem Buch hätte mehr Zeit zur Verfügung gestanden. Michelle Howard oder Brett Crozier hätten vielleicht den Luxus von etwas mehr Zeit gehabt, aber auch dort sehen wir Entscheidungsträger, die unter erheblichem Zeitdruck und mit außenstehenden Beobachtern – die nicht alle wohlwollend sind – von einer Sekunde auf die andere auf die Umstände reagieren müssen. Da viele Entscheidungen unter Zeitdruck getroffen werden und nur wenig Zeit zum Nachdenken bleibt, stellt sich die Frage, wie man schnelle, vernünftige, ethische und letztlich erfolgreiche Entscheidungen treffen kann. Was können wir von den neun schwierigen Entscheidungen, die wir untersucht haben, lernen?

Zunächst ist es wichtig, sich zu vergegenwärtigen, dass Organisationen immer von wichtigen Entscheidungen geprägt sind. Das Ethos der U.S. Navy hat sich im Laufe der Zeit verändert – dabei wurde sie stark von den Auswirkungen dieser schwierigen Entscheidungen auf den Militärdienst im Allgemeinen beeinflusst. Zum Abschluss dieser Studie komme ich zu der These, dass jeder Entscheidungsträger, egal, in welchem Bereich er oder sie tätig ist, aus diesen Erfahrungen lernen kann, wie man diese schwierigen Entscheidungen trifft, die das Leben von uns fordert.

Vor allem sollten Entscheidungsträger immer Informationen sammeln, verarbeiten, Alternativen abwägen, »Ziele, Wege und Mittel« miteinander in Zusammenhang bringen und erst dann ihre Entscheidungen treffen. Der »immense Druck im Kampfeinsatz« mag einzigartig sein, aber man kann dennoch daraus lernen. Entscheidungsträger können und müssen unter Druck – auch wenn es sich nicht um eine kriegerische Auseinandersetzung handelt – anders funktionieren als in ruhigeren Zeiten, und sie können aus diesen Geschichten mit Sicherheit lernen, wie wir in unserem eigenen Leben Entscheidungen treffen. Man kann auch sagen, dass die Navy in vielerlei Hinsicht ein Spiegelbild des Landes ist. Abgesehen von dem, was wir aus diesen neun Entscheidungen über die Navy und ihre Entwicklung lernen, spiegeln diese Entscheidungen auch den Sinn der Nation für Verantwortungsbewusstsein, Risiko und Ehre im weiteren Sinne wider. Sie bieten auch eine gute Variation von Ansätzen für die Entscheidungsfindung, vor allem, wenn wir sie bewusst auflisten und uns mit der Zeit angewöhnen, sie anzuwenden – selbst in angespannten Situationen, wo uns kaum Zeit bleibt. Welches sind nun die Instrumente und Ansätze, die einem Entscheidungsträger helfen können? Schauen wir uns die wichtigsten Faktoren an.

Sammeln Sie alle verfügbaren Informationen. So oft werden unsere Entscheidungen auf der Grundlage eines falschen Verständnisses vermeintlich eindeutiger Fakten getroffen. Insbesondere sollten wir uns des Phänomens der »Überzeugungsverzerrung« (auch bekannt als Überzeugungsbias) bewusst sein, das heißt, wir wenden das, was wir (nur) annehmen oder glauben, was passieren wird, auf das an, was sich tatsächlich abspielt. Der klassische Fall in der Welt der U.S. Navy war der Abschuss eines iranischen Verkehrsflugzeugs durch die *USS Vincennes*, eines brandneuen AEGIS-Kreuzers, im Juli 1988 im Persischen Golf. In den Geschichten in diesem Buch haben sich mehrere Marineoffiziere entschieden, sehr dezidiert nach den erforderlichen Informationen und Erkenntnissen zu suchen, vor allem Admiral Farragut, bevor er in die Mobile Bay segelte, und Admiral Dewey, bevor er die spanische Flotte in der Manila Bay angriff. Hüten Sie sich insbesondere davor, Annahmen (Dinge, die Sie für wahr halten) und Fakten (Dinge, die unbestreitbar wahr sind) miteinander zu verwechseln. Mit dem Ausscheiden der Trump-Regierung im Jahr 2021 haben wir hoffentlich zum letzten Mal von »alternativen Fakten« gehört, einem Ausdruck, der durch Trumps Beraterin Kellyanne Conway zu trauriger Berühmtheit gelangte. Es ist von grundlegender Bedeutung zu wissen, was wahr ist und was nicht; es ist auch nicht minder wichtig, unermüdlich nach weiteren Informationen zu suchen, bevor man zur Entscheidungsfindung übergeht.

Seien Sie sich des zeitlichen Rahmens bewusst. Sehr oft setzen sich Menschen, die vor einer Entscheidung stehen, künstliche oder selbst auferlegte Fristen. Doch es ist immer einen Versuch wert, sich mehr Zeit zu verschaffen, bevor man sich festlegt. Sie sollten sich nie auf eine Maßnahme festlegen, bevor Sie nicht müssen. Ein gutes Beispiel dafür ist die Art und Weise, in der Admiral Dewey bewusst alle ihm zur Verfügung stehenden logistischen Mittel einsetzte, auf die nachrichtendienstlichen Erkenntnisse in Form der Berichte eines US-Diplomaten von den Philippinen wartete und seinen Zeitrahmen so weit wie möglich ausschöpfte. Immer wieder habe ich erlebt, dass verschiedene Vorgesetzte, für die ich gearbeitet habe, es vermieden haben, »überstürzt zu handeln«, und sich stattdessen etwas mehr Zeit und Raum für eine fundierte Entscheidung genommen haben. Der Beste von allen in dieser Hinsicht war Marineminister Richard Danzig, der manchmal ein bisschen nervtötend sein konnte, wenn er um mehr Informationen, einen weiteren Bericht der Flotte oder eine erneute Besprechung der Handlungsmöglichkeiten bat. Aber in den mehr als zwei Jahren, die ich als sein Assistent und leitender Berater in der Navy tätig war, habe ich nie erlebt, dass er eine schlechte Entscheidung traf, sei es, als er sich dafür einsetzte, dass Frauen auf Atom-U-Booten eingesetzt werden, oder bei seiner Untersuchung eines schrecklichen Bombenanschlags mit Kollateralschäden auf der Insel Vieques in der Karibik. US-Präsident

Barack Obama, für den ich mehr als vier Jahre lang als Alliierter Oberbefehlshaber bei der NATO tätig war, hatte ebenfalls diese geduldige Einstellung, »die Fakten abzuwarten«, und weigerte sich, sich zu einer Entscheidung drängen zu lassen, bis er sich sicher war, dass ihm alle Fakten vorlagen, oder die Ereignisse einfach eine Entscheidung unausweichlich machten.

Ziehen Sie systematisch die möglichen Folgen Ihrer Entscheidung in Betracht – sowohl die positiven als auch die negativen. Das klingt zwar selbstverständlich, aber ich habe schon unzählige Male erlebt, dass kluge, begabte Menschen eine Entscheidung getroffen haben, ohne wirklich die gesamte Bandbreite der Folgen zu bedenken, insbesondere die negativen. In dem außergewöhnlichen Science-Fiction-Roman *Der Wüstenplanet* von Frank Herbert nimmt der Protagonist eine Droge, die es ihm ermöglicht, das gesamte Spektrum an Ereignissen zu sehen, die sich aus seinen Entscheidungen ergeben könnten, und zwar in jedem Abschnitt der Zeitachse. Vielleicht ist es ein Glück, dass wir nicht die Fähigkeit besitzen, alle »Konsequenzen« unserer Entscheidungen im Kopf durchzuspielen, zu bewerten, was dabei herauskommt, und *dann* in die Gegenwart zurückzukehren und eine Entscheidung zu treffen.

Was wir als Normalsterbliche tun können, ist, bewusst und gezielt die wichtigsten möglichen Folgen einer bestimmten Entscheidung durchzudenken und ihre Auswirkungen auf das, was wir zu erreichen versuchen, zu bewerten. Als die damalige Konteradmiralin Michelle Howard die Geiselbefreiungsaktion für Kapitän Phillips in Erwägung zog, musste sie eine Reihe möglicher Ergebnisse in Betracht ziehen: einen eindeutigen Erfolg, einschließlich der Gefangennahme der Piraten; einen Misserfolg und den Tod von Kapitän Phillips; eine Mischung aus beidem, wobei Phillips eine schwere oder eine leichtere Verletzung erleiden könnte, vielleicht versehentlich von einem SEAL erschossen würde; Piraten, die eine Lösung aushandeln; und so weiter und so fort. In dieser Phase der Entscheidungsfindung ist es wichtig, dass man sich weder zu sehr von seinen Ängsten leiten lässt *noch* sich emotional auf ein unrealistisches Ergebnis versteift. Gute Entscheidungsträger können die Ergebnisse auf drei, vier oder fünf realistische Szenarien reduzieren und diese dann gegeneinander abwägen. Der Schlüssel liegt darin, die verschiedenen Ergebnisse schonungslos ehrlich zu beurteilen.

Bewerten Sie die verfügbaren Mittel. Dies erfordert eine gesunde Portion Skepsis. Notwendige Vorräte treffen so gut wie nie rechtzeitig ein, die Ausrüstung kann kaputtgehen, die Ereignisse können sich in die Länge ziehen, die Beteiligten können erschöpft sein und so weiter. Bei der katastrophalen iranischen Geiselbefreiung im Jahr 1980, die später in dem Dokumentarfilm *Desert One* rekonstruiert wurde, ging so ziemlich alles schief, was schiefgehen konnte. Die Entscheidungsträger hätten die Fehlerquote vorhersehen und sich größere Handlungsspielräume gestatten müssen. Die Lehren aus diesem Desaster wurden von denjenigen, die in einer Spezialeinheit tätig sind, nachhaltig verinnerlicht – und die Spezialeinheiten sind inzwischen der planungsintensivste Flügel des US-Militärs. Als ich in den Jahren 2006 bis 2009 die Chancen einer Geiselbefreiungsoperation in Kolumbien beurteilen sollte, war ich erstaunt über das Ausmaß an Details und Redundanzen, das in die Arbeit der mir zugewiesenen Spezialeinsatzteams der Delta Force einfloss. Sie verfügten über ein enormes Maß an Ressourcen, einschließlich einer exakten Nachbildung der Dschungellichtung, in der wir die Geiseln vermuteten, und die wir für zahllose Übungsrunden nutzten. Dies wirkte sich positiv auf mein Denken als Entscheidungsträger aus.

Andererseits muss man bedenken, wie gering die Ressourcen waren, die Pete Bucher auf der *USS Pueblo* zur Verfügung standen: eine unerfahrene Besatzung, ein paar Handfeuerwaffen, ein nicht funktionstüchtiges und von einfachen Matrosen zu bedienendes Geschütz an Deck und keinerlei Unterstützung aus der Luft. Während er sich ein wahrhaft schreckliches Szenario ausmalte, musste er schnell die verfügbaren Ressourcen berechnen. Hätte er gewusst, dass die Möglichkeit bestand, dass Unterstützung durch die Luftwaffe eintreffen würde, wäre seine Kalkulation vielleicht anders ausgefallen. Ein Schlüsselelement jeder Entscheidung ist das, worauf man zurückgreifen kann, wenn man den Plan dann konkret umsetzt.

Richten Sie Ihr Augenmerk auf Ihre Leute, aber lassen Sie sich nicht von der Angst um deren Wohlergehen lähmen. Ganz gleich, ob Sie wie Captain Brett Crozier eine 5000-köpfige Besatzung auf einem Flugzeugträger oder ein dreiköpfiges Team im Vertrieb von Google leiten, als Entscheidungsträger haben Sie die Pflicht, sich über die Auswirkungen Ihrer Entscheidungen auf die Menschen, die für Sie arbeiten, klar zu werden. Das bedeutet nicht, dass Sie sich von dem Gedanken lähmen lassen sollten – insbesondere in einem militärischen Kontext –, dass einige Ihrer Leute unter Ihren Entscheidungen leiden werden. Der Schlüssel liegt darin, ein Gleichgewicht zu finden zwischen »Menschen zu Kanonenfutter machen« (buchstäblich, wie es viele Befehlshaber im Amerikanischen Bürgerkrieg oder Generäle im Ersten Weltkrieg auf beiden Seiten der Kampflinien taten) und dem Eingehen kalkulierter Risiken, ohne dabei den Auftrag und das Ziel aus den Augen zu verlieren. In diesem Buch reicht die Skala von einem John Paul Jones, der bereit war, Leib und Leben seiner Männer zu riskieren, bis hin zu einem Brett Crozier, der seine Karriere opferte, weil er seiner Mannschaft die oberste Priorität einräumte.

Generell haben wir in den letzten Jahrzehnten sowohl im militärischen als auch im zivilen Bereich eine zunehmende Bereitschaft entwickelt, das Leben und Wohlergehen unserer Teams als wichtig zu erachten – und das ist gut so. Die Idee der dienenden Führung ist durchdrungen von einer tiefen Fürsorge für die Menschen im Team. Aber irgendwann kommt immer eine Situation – und das gibt es sowohl in militärischen Operationen als auch im zivilen Kontext –, in der die Führungskräfte die Mission über die Menschen stellen müssen.

Lassen Sie sich nicht emotional auf Menschen ein, die Ihnen als Hindernis im Weg stehen. Einer der besten Romane, die je über Führung und Entscheidungsfindung geschrieben wurden, ist Mario Puzos *Der Pate*, ein Klassiker des 20. Jahrhunderts. In einer denkwürdigen Szene zu Beginn des Romans wird Don Corleone von einem ehrgeizigen Ganoven angesprochen, der dessen Netzwerke und Verbindungen nutzen will, um ins Drogengeschäft einzusteigen. Der Don ist nicht gewillt, dies zuzulassen, und erklärt dem Möchtegernaufsteiger geduldig seine Beweggründe. Don Corleones impulsiver Sohn Santino platzt mit einer Frage heraus, die ahnen lässt, dass er die Ideen des jungen Kriminellen unterstützt, woraufhin der Don ihn zurechtweist. Später, nachdem ein Attentat auf den Don fehlgeschlagen ist, führt Santino die Familie in den Bandenkrieg (»to the mattresses«, wie Puzo es im Sprachgebrauch der Mafia nannte, weil die Fußsoldaten an sicheren Orten auf Matratzenlagern schliefen). Weil er sich so tief und äußerst emotional der Rache für seinen Vater verschreibt, begeht er mehrere Fehler, schlussendlich einen, der zu seinem eigenen Tod führt. Sein weitaus kaltblütigerer

Bruder Michael übernimmt das Ruder und beweist seine Fähigkeit, in der Tradition von Don Corleone emotionslose Entscheidungen zu treffen, die für das Wohl der Familie erforderlich sind. Das Buch und die Filme sind voll von Beispielen für gute und schlechte Entscheidungen, und eine zentrale Lektion dabei ist, dass man seine Feinde niemals »hassen« darf, da dies das eigene Urteilsvermögen – und die Entscheidungsfähigkeit – beeinträchtigen kann.

Seien Sie bereit, Ihre Meinung zu ändern. Ich erinnere mich: Als ich seinerzeit an der traditionsreichen College-Aufnahmeprüfung teilnahm, die damals noch Scholastic Aptitude Test (SAT) hieß, riet man mir: »Bleib bei der Antwort, die dir zuerst einfällt.« Ich befolgte den Rat, auch wenn ich mir die Frage noch einmal durchlas und dachte: »Moment mal, das kann nicht richtig sein.« Im Laufe der Zeit haben Studien nachgewiesen, dass die Tendenz, immer die erste, instinktive Antwort zu wählen, die Wahrscheinlichkeit, die richtige Antwort gefunden zu haben, verringert. Entscheidungsträger sollten bereit sein, eine Situation zu bewerten und ihre Meinung zu ändern, denn das verbessert sehr oft das erwünschte Ergebnis.

In seinem ausgezeichneten Buch *Think Again* befasst sich Adam Grant eingehend mit dem Thema »change your mind« und der Abkehr von konventionellen Denkweisen, und er gibt dort ein besonders ergreifendes Beispiel. Basierend auf Norman Macleans außergewöhnlichem Buch *Junge Männer im Feuer* greift er die Geschichte vom Mann-Gulch-Feuer in Montana im Jahr 1949 auf, bei dem der Großteil eines Teams von 15 jungen, fitten und gut ausgebildeten Feuerspringern (Feuerwehrleute, die mit Fallschirmen in einen Waldbrand springen, um ihn zu bekämpfen) bei dem Versuch, einem Feuer in einer trockenen Buschlandschaft entgegenzuwirken, ums Leben kam. Sie versuchten buchstäblich, schneller zu sein als das Feuer, aber weil es ihnen in der Ausbildung eingebläut worden war, weigerten sich die meisten von ihnen, die schwere Ausrüstung abzulegen. Einer der wenigen Überlebenden war der Vorarbeiter des Teams, der sich unter enormem Zeitdruck auf den Boden fallen ließ und eine kleine Feuerschneise um sich herum »ausbrannte«, sich mit einer Decke zudeckte und so überleben konnte, weil das Feuer in seiner unmittelbaren Nähe keine Nahrung mehr fand. Er handelte buchstäblich entgegen allem, was ihm beigebracht worden war, und das in einem äußerst gefährlichen Moment.[1] Die Bereitschaft, gegen die Regeln der bisherigen Ausbildung zu verstoßen, kann manchmal die beste Entscheidung von allen sein.

Seien Sie entschlossen. Oft fällt es uns schwer, Entscheidungen zu treffen, weil wir zögern und uns Sorgen darüber machen, was passieren wird. Natürlich kann man die Zukunft nie mit absoluter Sicherheit vorhersagen, aber Entschlossenheit – ein zielstrebiges Herangehen an Probleme – kann in solchen Momenten der Ungewissheit eine stärkende Wirkung haben. Wann immer ich mich dabei ertappe, wie ich gedanklich zwischen verschiedenen Optionen hin- und herschwanke, versuche ich, an John Paul Jones zu denken. In seinem bewegten Leben hat er sich in vielen Dingen geirrt, aber der Grund, warum man sich heute an ihn erinnert, ist, dass er bei einer wichtigen Entscheidung, die er auf der *USS Bonhomme Richard* traf, gnadenlos entschlossen war – nämlich weiterzukämpfen.

Seien Sie bereit, eine Entscheidung in die Tat umzusetzen. Die Entscheidungsfindung ist in den meisten Situationen nicht das Ende, sondern erst der Anfang. Selbst wenn Sie dann gedanklich mit der vor Ihnen liegenden Entscheidung abgeschlossen haben, sollten Sie sich darüber im Klaren sein, dass es genauso wichtig ist, eine Entscheidung zu kommunizieren und zu erläutern, wie sie sich überhaupt erst zu erarbeiten – das Verständnis dessen, was gerade im Prozess der Entscheidungsfindung geschehen ist, die rasche Entwicklung des Plans zur Durchführung des Entschiedenen, der Einsatz der zuvor bewerteten Ressourcen und der Beginn der Maßnahmen sind natürlich alle maßgeblich dafür, wie die Entscheidung im Nachhinein bewertet werden wird. Die Umsetzung dessen, was entschieden wurde, ist von wesentlicher Bedeutung. Ein Gleichgewicht zu finden und nicht zuzulassen, dass der Wunsch nach Perfektion dem Guten entgegensteht, ist ein wesentlicher Bestandteil in der Kunst der Entscheidung. Wir müssen verstehen, dass die Messung des *Ergebnisses* einer bestimmten Entscheidung – das Beobachten und Abschätzen der Sachlage – entscheidend ist. Erfolg fest im Visier zu haben, zu wissen, wie man Erfolg vermittelt, Optimismus als Verstärker bei der Entscheidungsfindung zu nutzen und zu wissen, wann man »den Ausstieg finden muss« – all das sind Schlüsselthemen, die sich durch die jeweiligen Entscheidungsprozesse ziehen.

Alle Entscheidungen ziehen Konsequenzen nach sich, und schwierige Entscheidungen sind mit hohen Risiken verbunden – aber auch mit potenziell sehr befriedigenden Resultaten. Augenmaß und Ausgewogenheit sind unerlässlich, wenn es darum geht, die von uns getroffenen Entscheidungen zu bewerten – und damit auch die schwierigsten Entscheidungen zu einem guten Ergebnis führen. Im Verlauf dieses Buches haben wir uns mit neun schwierigen Entscheidungen beschäftigt, und jede von ihnen basiert auf einer wahren Geschichte, die ich mit so viel Genauigkeit und Einfühlungsvermögen erzählt habe, wie es mir möglich war. Ich möchte jedoch mit zwei Entscheidungsträgern der Marine abschließen, die es nur fiktiv in der Literatur gibt, um zu verdeutlichen, dass man auch aus einfachen Geschichten viel über Entscheidungsfindung lernen kann (vor allem, wenn sie auf wahren Begebenheiten beruhen). Zufälligerweise handelt es sich in beiden Geschichten um Zerstörer, die in den eisigen Gewässern des Nordatlantiks operieren, obwohl es in der einen Geschichte um eine sehr schlechte Entscheidung geht und in der anderen um ein Beispiel für eine gute Entscheidung.

Bei dem ersten Beispiel handelt es sich um einen Klassiker aus der Zeit des Kalten Krieges: *The Bedford Incident* (»Zwischenfall im Atlantik«), ein Roman von Mark Rascovich. Der Roman spielt in den Gewässern der sogenannten »G-I-UK-Lücke« zwischen Grönland, Island und dem Vereinigten Königreich und erzählt die Geschichte eines Gefechts zwischen einem amerikanischen Elite-Zerstörer – der titelgebenden *USS Bedford* – und einem russischen Atom-U-Boot. Der Kapitän des amerikanischen Zerstörers ist in der Navy ein »heißer Kandidat« für den Admiralsrang. Er ist besessen davon, das sowjetische U-Boot aufzuspüren und an die Oberfläche zu zwingen, wobei er sehr aggressive Techniken zur U-Boot-Bekämpfung einsetzt, darunter ein leistungsstarkes Sonar. Im Laufe des Romans kommt er seiner Beute immer näher – ähnlich wie Ahab, der Moby Dick jagt –, zwingt das Boot, unter Wasser zu bleiben, und verfolgt es beharrlich. Als er sich mit einem Untergebenen unterhält, der sein aggressives Verhalten infrage stellt, sagt er: »Wenn er einen [Torpedo] abfeuert, feuere ich auch einen ab.« Ein junger Offizier, der in der Nähe die Abschusskonsole bedient, versteht die Bemerkung falsch und interpretiert sie als Befehl, auf das U-Boot zu schießen, was er auch tut. Das U-Boot wird zerstört, und die möglichen Folgen – ein

Krieg zwischen den Vereinigten Staaten und der Sowjetunion – sind unübersehbar. Um einen solchen Krieg zu verhindern, zerstört ein an Bord befindlicher deutscher Offizier – ironischerweise ein U-Boot-Veteran aus dem Zweiten Weltkrieg – absichtlich den amerikanischen Zerstörer, um eine »Pattsituation« zu erzielen. Die Entscheidung des Kapitäns des amerikanischen Zerstörers, das sowjetische U-Boot wie besessen zu verfolgen, seine Waffen scharf zu machen und auf einen Angriff zu warten, war ein fataler Fehler, der ihn sein Schiff, seine Mannschaft und sein eigenes Leben kostete. Er hat sich emotional auf seine Beute eingelassen, negative Folgen nicht vollständig bedacht und das Wohlergehen seiner Mannschaft (und seiner selbst) ignoriert, während er gleichzeitig das Ausmaß seiner Ressourcen und seiner Kontrolle falsch einschätzte. Es war eine tragische Entscheidung, deren Folgen im Roman eindringlich geschildert werden. Der Schwarz-Weiß-Film von 1965 mit Richard Widmark in der Rolle des Kommandanten ist ebenfalls ein Klassiker, und das Szenario »Wenn er einen abfeuert, feuere ich auch einen ab« wird bis heute oft in der militärischen Ausbildung verwendet.

Der andere Roman, der ein Abbild einer Reihe von guten Entscheidungen auf See darstellt, die unter realen Bedingungen getroffen werden, stammt von C. S. Forester: *The Good Shepherd.* Das Buch, das vor Kurzem mit Tom Hanks in der Hauptrolle unter dem Titel *Greyhound – Schlacht im Atlantik* verfilmt wurde, beschreibt die Heldentaten eines Konvoi-Kommandanten (gespielt von Hanks), der mehrere schlaflose Nächte auf der Brücke seines Zerstörers verbringt. Der Konvoi wird von einem Verband von deutschen U-Booten, einem sogenannten »Wolfsrudel«, angegriffen, und eines nach dem anderen werden die Schiffe unter seinem Schutz versenkt. Dennoch trifft er immer wieder kluge taktische Entscheidungen, die dazu führen, dass mehrere feindliche U-Boote zerstört werden und er es schließlich auf die britische Seite des Nordatlantiks schafft, wobei er »nur« eine Handvoll Handelsschiffe und einen der vier Zerstörer unter seinem Kommando verliert. Sowohl im Buch als auch im Film sehen wir einen Kommandanten (den »Guten Hirten« des Titels), der die oben beschriebenen Methoden anwendet: Er verarbeitet alle Informationen gewissenhaft; er streckt die Zeit, die er für individuelle Entscheidungen hat, wo es ihm möglich ist, indem er den Konvoi manövriert; er vermeidet es, emotional involviert zu werden, insbesondere nachdem er von den U-Boot-Befehlshabern über den Brückenfunk verhöhnt wurde; er geht sparsam mit seinen Ressourcen um; er denkt über gute und schlechte Konsequenzen nach; und er zeigt echten Mut und Entschlossenheit in einer sehr düsteren Situation. Er verliert zwar einige seiner Schiffe, aber seine taktischen Entscheidungen sind auf das übergeordnete strategische Ziel ausgerichtet, die Mehrheit der Schiffe durchzubringen, was auch gelingt. Das Buch und der Film sind in der Tat eine Lehrstunde in Sachen Entscheidungsfindung unter extremen Stressbedingungen.

Und so kommen wir zum Ende dieser Reise über den Prozess der Entscheidungsfindung. In beiden oben genannten Fällen entscheidet ein Kapitän auf der Brücke eines Zerstörers, »alles zu riskieren«. Auch ich habe als Kapitän auf der Brücke eines Zerstörers gestanden und stand einige Male vor schwierigen Entscheidungen, wenn es auch nicht so gravierende waren wie bei den beiden oben genannten Kapitänen. Aber ich kenne den Druck solcher Momente, in denen die Zeit knapp bemessen zu sein scheint und die Möglichkeiten mit jedem Ticken der Uhr begrenzter werden. In solchen Situationen habe ich immer versucht, die Zeit zu verlangsamen, zumindest in meinem eigenen Kopf. Dann sollte die Stimme ruhiger werden, die Atmung regelmäßiger, die Informationen bewusster geprüft werden – all das ist leicht gesagt und sehr, sehr schwer auszuführen. Lassen Sie mich mit einem letzten Gedanken schließen: Die Fähigkeit, gute Entscheidungen zu treffen, ist wie ein Muskel – man muss sie sorgfältig trainieren, sie zu Höchstleistungen anspornen und sie mit Respekt behandeln.

Wir alle treffen jeden Tag Dutzende von Entscheidungen, aber hin und wieder müssen einige von uns wirklich schwierige Entscheidungen unter enormem Druck fällen, oft mit wenig Zeit, um das Für und Wider abzuwägen. Um unter diesen Umständen die bestmögliche Entscheidung zu finden, ist es wichtig, was wir in den Jahren vor der Entscheidung getan haben. Der Schlüssel zur Bewältigung einer Krise liegt also darin, dass wir uns bewusst vorbereiten, ein Leben lang lernen und die Bereitschaft zum Handeln entwickeln, um eine Lähmung im Angesicht einer Krise zu vermeiden – wohl wissend, dass unsere Entscheidungen möglicherweise nicht zu den gewünschten Ergebnissen führen werden.

In der Tat müssen wir uns alle mit der simplen Tatsache abfinden, dass niemand immer die richtigen Entscheidungen trifft – ich selbst habe unzählige Fehlentscheidungen getroffen. Aber immer, wenn ich vor einer wirklich schwierigen Entscheidung stand, sowohl auf See als auch an Land, habe ich auf das vertraut, was ich auf der Reise meines Lebens gelernt habe, zunächst von meinen Eltern und Lehrern, dann über die Jahre von meiner Familie und meinen Freunden, und bis zu einem gewissen Grad auch von der harten Vorbereitung durch das Studium der Geschichte und die Suche nach Vorbildern, die vor mir gesegelt sind. Mit *Bereit, alles zu riskieren* wünsche ich Ihnen von ganzem Herzen, dass Sie niemals alles riskieren müssen. Falls Sie es aber doch tun sollten, hoffe ich, dass Sie durch die Lektüre dieses Buches und die Betrachtung der Geschichten dieser Seeleute eine bessere Chance haben, die richtige Wahl zu treffen und so das schwer fassbare Gleichgewicht zwischen impulsiver Entschlossenheit und wohlüberlegter Abwägung zu finden – so stressig die Bedingungen einer Entscheidung auch sein mögen.

Ich wünsche Ihnen viel Glück und viel Erfolg bei allen Entscheidungen, die vor Ihnen liegen.

Danksagung

Meine frühesten und besten Lehrer in Sachen Entscheidungsfindung waren meine Eltern George und Shirley. Wir standen uns als Familie sehr nahe und lebten an allen möglichen Orten rund um den Globus, da mein Vater Offizier im United States Marine Corps war. Wo immer wir hinkamen, konnte ich beobachten, wie meine Eltern die richtigen Entscheidungen für unsere Familie trafen. Und als sehr junger Teenager erlebte ich, wie mein Vater sich entschied, nach Vietnam zu gehen und in den Krieg zu ziehen, um unserer Nation zu dienen – eine Entscheidung, die mir letztlich half, ihm in den Militärdienst zu folgen.

In den Jahren meiner frühen Ausbildung hatte ich das Glück, brillanten Lehrern zu begegnen, insbesondere an der United States Naval Academy in den Jahren 1972 bis 1976. In vielen Gesprächen und Lehrveranstaltungen, die ich in Annapolis in den Fächern Schifffahrtsgeschichte, maritime Fachliteratur, Führungswesen und Ethik belegte, beschäftigte ich mich mit Beispielen von Menschen, die sich den schwierigsten Entscheidungen stellen mussten. Die Romane von Herman Wouk, die Theaterstücke von William Shakespeare und die klassischen Geschichten von E. B. Potter – einem meiner herausragendsten Professoren – waren die Grundlage meines Denkens über das Treffen von Entscheidungen in extremen, angespannten Situationen.

Im Laufe meiner langen Karriere in der Navy hatte ich das Privileg, sowohl für Offiziere als auch für zivile Führungskräfte zu arbeiten, die in Zeiten des Krieges und des Friedens gezwungen waren, sehr schwierige Entscheidungen zu treffen. Zu den Führungspersönlichkeiten, die mich unterstützt und angeleitet haben und die ich am meisten mit der Fähigkeit verbinde, unter extremem Druck schnell schwierige Entscheidungen zu treffen, gehören Admiral Carl Trost, General Colin Powell, Admiral Vern Clark, Admiral Fox Fallon, Admiral Harry Harris, Admiral Bob Natter, General Jim Mattis und Vizeadmiral Cutler Dawson. Zu den zivilen Führungskräften gehören Sean O'Keefe, Richard Danzig, Don Rumsfeld, Leon Panetta und Chuck Hagel. Insbesondere die Arbeit für Verteidigungsminister Bob Gates hat meine eigene Fähigkeit geschärft, schwierige Entscheidungen zu treffen. Keiner der genannten Führungskräfte war ein perfekter Entscheidungsträger – das ist natürlich niemand –, aber ich habe von jedem von ihnen gelernt, und einige ihrer Ansichten sind in dieses Buch eingeflossen.

Die ursprüngliche Idee für dieses Buch stammt von meinem Schiffskameraden und guten Freund Kapitän Bill Harlow, und wie immer waren seine redaktionelle Unterstützung und seine klugen Ratschläge für die Entstehung des Buches von grundlegender Bedeutung – er ist einfach ein wahrer Profi. Das Konzept für das Buch hat zudem enorm von den Überlegungen meines hervorragenden und geduldigen Lektors Scott Moyers von Penguin Press profitiert. Vielen Dank an Scotts gesamtes Team, insbesondere an Liz Calamari und Mia Council. Ebenso bin ich meinem Literaturagenten Andrew Wylie zutiefst dankbar, der mich auch in diesem Buch, meinem zwölften, in meiner schriftstellerischen Laufbahn begleitet. Meine beiden Forschungsassistenten Matt Merighi und Colin Steele, die beide während meines Dekanats an der Fletcher School of Law and Diplomacy studierten, waren maßgeblich an der Erstellung der einzelnen Erzählungen der Protagonisten in diesem Buch beteiligt. Während das Buch Form annahm, hat das Team des Naval History and Heritage Command unter der Leitung meines Freundes Konteradmiral Sam Cox (a. D.), U.S. Navy, die Fakten überprüft.

Und schließlich war meine Frau Laura wie immer gnädig und verständnisvoll an den vielen Wochenenden, an denen ich mir eine Auszeit von ihr (und ihrem geliebten Pickleball-Spielfeld) nahm, um wieder

einmal die vielen Bücher über Geschichte, Leadership und Ethik zu lesen, die mir halfen, den Bogen für die vorliegende Erzählung zu spannen. Zusammen mit unseren beiden Töchtern, Christina und Julia, ist Laura der Fixstern in meinem Leben. Sich in sie zu verlieben war die einfachste und beste Entscheidung, die ich je getroffen habe.
All diesen und vielen anderen, die zu zahlreich sind, um genannt zu werden, möchte ich meinen tiefsten Dank aussprechen. Wie immer sind ihre Bemühungen das Beste an diesem Buch, und die Fehler und Fehleinschätzungen gehen allein auf mein Konto.

ANMERKUNGEN

Ausgewählte Bibliografie

KAPITEL 1: DIE MACHT EINES »NEINS«

Alexander, John T. *Catherine the Great*. New York: Oxford University Press, 1988.

Alsop, Susan Mary. *Yankees at the Court: The First Americans in Paris*. New York: Doubleday, 1982.

Buell, Augustus. *Paul Jones, Founder of the American Navy: A History*. New York: Charles Scribner's Sons, 1903.

Chapelle, Howard I. *The History of the American Sailing Navy: The Ships and Their Development*. New York: Bonanza, 1949.

Cooper, James Fenimore. *History of the Navy of the United States of America*. Annapolis, MD: Naval Institute Press, [1856] 2001.

Golder, F. A. *John Paul Jones in Russia*. Garden City, NY: Doubleday, Page, 1927.

Morison, Samuel Eliot. *John Paul Jones: A Sailor's Biography*. New York: Time-Life, 1964.

Paullin, Charles. *Diplomatic Negotiations of American Naval Officers, 1778–1883*. Lancaster, PA: Johns Hopkins Press, 1912.

Pratt, Fletcher. *The Navy: A History*. New York: Garden City, 1941.

Russell, Phillips. *John Paul Jones: Man of Action*. New York: Brentano's, 1927.

Seitz, Don. *The Life and Letters of John Paul Jones*. New York: A. L. Burt, 1900.

Sweetman, Jack. *Great American Naval Battles*. Annapolis, MD: Naval Institute Press, 1998.

Thomas, Evan. *John Paul Jones: Sailor, Hero, Father of the American Navy*. New York: Simon & Schuster, 2003.

Tuchman, Barbara. *Der erste Salut*. Frankfurt am Main: Fischer, 1988.

KAPITEL 2: DIE KÜHNHEIT DER JUNGEN JAHRE

Allison, Robert J. *Stephen Decatur: American Naval Hero, 1779–1820*. Amherst: University of Massachusetts Press, 2005.

De Kay, James Tertius. *A Rage for Glory: The Life of Commodore Stephen Decatur, USN*. New York: Free Press, 2004.

Guttridge, Leonard F. *Our Country, Right or Wrong: The Life of Stephen Decatur, the U.S. Navy's Most Illustrious Commander*. New York: Forge, 2007.

Leiner, Frederick. »› ... The Greater the Honor‹: Decatur and Naval Leadership«, *Naval History* 15, Nr. 5 (Oktober 2001), S. 30–34.

Kilmeade, Brian, und Don Yaeger. *Thomas Jefferson and the Tripoli Pirates: The Forgotten War That Changed American History*. New York: Sentinel, 2015.

Toll, Ian W. *Six Frigates: The Epic History of the Founding of the U.S. Navy*. New York: W. W. Norton, 2008.

United States. Office of Naval Records and Library. *Naval Documents Related to the Quasi-War between the United States and France*, Naval Operations. 7 Bde. Washington, DC: US Government Printing Office, 1935–1938.

KAPITEL 3: EIN RISKANTES UNTERFANGEN

Burrell, Brian. *Damn the Torpedoes: Fighting Words, Rallying Cries, and the Hidden History of Warfare*. New York: McGraw-Hill, 1999.

Duffy, James P. *Lincoln's Admiral: The Civil War Campaigns of David Farragut*. New York: Wiley, 1997.

Farragut, Loyall. *The Life of David Glasgow Farragut, First Admiral of the United States Navy: Embodying His Journal and Letters*. New York: Appleton, 1879.

Lewis, Charles Lee. *David Glasgow Farragut: Admiral in the Making*. Annapolis, MD: Naval Institute Press, [1941] 2014.

———. *David Glasgow Farragut: Our First Admiral*. Annapolis, MD: Naval Institute Press, [1943] 2014.

McPherson, James M. *War on the Waters: The Union and Confederate Navies, 1861–1865*. Chapel Hill: University of North Carolina Press, 2012.

Symonds, Craig L. *Lincoln and His Admirals*. New York: Oxford University Press, 2008.

———. *The Civil War at Sea*. New York: Oxford University Press, 2012.

KAPITEL 4: COOL HAND GEORGE

Dewey, George. *Autobiography of George Dewey*. New York: Charles Scribner's Sons, 1913. Nachdruck mit einer Einleitung und Anmerkungen von Eric Smith. Annapolis, MD: Naval Institute Press, 1987.

Ellis, Edward. *Dewey and Other Naval Commanders*. New York: Hurst & Company, 1899.

Fiske, Bradley. *Admiral Dewey: An Appreciation*. Annapolis, MD: Naval Institute Press, 1917.

Johnson, Rossiter. *The Hero of Manila: Dewey on the Mississippi and the Pacific*. New York: D. Appleton and Company, 1899.

Halstead, Murat. *Life and Achievements of Admiral Dewey from Montpelier to Manila*. Chicago: Our Possessions, 1898.

Lawrence, William. *A Concise Life of Admiral George Dewey, U.S.N.* Boston: J. F. Murphy, 1899.

Smith, Fredrika Shumway. *George Dewey, Admiral of the Navy*. Chicago: Rand McNally, 1963.

Spector, Ronald. H. *Admiral of the New Empire: The Life and Career of George Dewey*. Baton Rouge: Louisiana State University Press, 1974.

KAPITEL 5: DER BESCHÜTZER

Cutrer, Thomas W. und T. Michael Parrish. *Doris Miller, Pearl Harbor, and the Birth of the Civil Rights Movement.* College Station: Texas A&M University Press, 2018.

Goodwin, Doris Kearns. *No Ordinary Time: Franklin and Eleanor Roosevelt: The Home Front in World War II.* New York: Simon & Schuster, 2013.

James, Rawn Jr. *The Double V: How Wars, Protest, and Harry Truman Desegregated America's Military.* New York: Bloomsbury, 2014.

Klinkner, Philip A. und Rogers M. Smith. *The Unsteady March: The Rise and Decline of Racial Equality in America.* Chicago: University of Chicago Press, 2002.

Miller, Richard E. *The Messman Chronicles: African-Americans in the U.S. Navy, 1932–1943.* Annapolis, MD: Naval Institute Press, 2004.

Miller, Vickie G. *Doris Miller: A Silent Medal of Honor Winner.* Burnet, TX: Eakin Press, 1997.

Morehouse, Maggi M. *Fighting in the Jim Crow Army: Black Men and Women Remember World War II.* Lanham, MD: Rowman & Littlefield, 2007.

O'Neal, Bill. *Doris Miller: Hero of Pearl Harbor.* Burnet, TX: Eakin Press, 2007.

Takaki, Ronald T. *Double Victory: A Multicultural History of America in World War II.* Boston: Little, Brown, 2001.

KAPITEL 6: … DIESE FRAGE STELLT SICH DIE WELT

Borneman, Walter R. *The Admirals: Nimitz, Halsey, Leahy, and King—the Five-Star Admirals Who Won the War at Sea.* New York: Little, Brown, 2012.

Cutler, Thomas. *Entscheidung im Pazifik – Die größte Seeschlacht der Geschichte.* Berlin: Ullstein, 1996.

Drury, Bob und Tom Clavin. *Halsey's Typhoon: The True Story of a Fighting Admiral, an Epic Storm, and an Untold Rescue.* New York: Grove, 2007.

Hornfischer, James. *The Last Stand of the Tin Can Sailors.* New York: Bantam, 2004.

Morison, Samuel Eliot. *Leyte, June 1944–January 1945, Vol. 12 of History of United States Naval Operations in World War II.* Annapolis, MD: Naval Institute Press, [1958] 2011.

Potter, E. B. *Bull Halsey.* Annapolis, MD: Naval Institute Press, 1985.

Spector, Ronald H. *Eagle Against the Sun: The American War with Japan*. New York: Vintage, 1985.

Toll, Ian W. *Twilight of the Gods: War in the Western Pacific, 1944–1945*. New York: Norton, 2020.

KAPITEL 7: KEIN AUSWEG

Armbrister, Trevor. *A Matter of Accountability: The True Story of the Pueblo Affair*. New York: Coward-McCann, 1970.

Brandt, Ed. *The Last Voyage of the USS Pueblo*. New York: W. W. Norton, 1969.

Bucher, Lloyd M. und Mark Rascovich. *Bucher: My Story*. Garden City, NY: Doubleday, 1970.

Cheevers, Jack. *Act of War: Lyndon Johnson, North Korea, and the Capture of the Spy Ship Pueblo*. New York: NAL Caliber, 2013.

——. »The Pueblo Scapegoat«. Naval History 28, Bd. 5 (Oktober 2014). https://www.usni.org/magazines/naval-history-magazine/2014/october/pueblo-scapegoat

Crawford, Don. *Pueblo Intrigue*. Wheaton, IL: Tyndale House, 1969.

Gallery, Daniel V. *The Pueblo Incident*. Garden City, NY: Doubleday, 1970.

House of Representatives. *Report of Special Subcommittee on the U.S.S. Pueblo of the Committee on Armed Services, House of Representatives Ninety-First Congress, Erste Sitzung, 1969*. Washington DC: US Government Printing Office, 1969.

Lerner, Mitchell B. *The Pueblo Incident: A Spy Ship and the Failure of American Foreign Policy*. Lawrence: University Press of Kansas, 2002.

Liston, Robert A. *The Pueblo Surrender: A Covert Action by the National Security Agency*. New York: M. Evans, 1988.

Murphy Jr., Edward R. und Curt Gentry. *Second in Command*. New York: Holt, Rinehart and Winston, 1971.

Newton, Robert E. *The Capture of the USS Pueblo and Its Effect on SIGINT Operations*. Fort Meade, MD: Center for Cryptologic History, National Security Agency, 1992. https://nsarchive2.gwu.edu/NSAEBB/NSAEBB278/US_Cryptologic_HistoryThe_Capture_of_the_USS_Pueblo.pdf.

Schumacher, F. Carl und George C. Wilson. *Bridge of No Return: The Ordeal of the U.S.S. Pueblo*. New York: Harcourt, Brace, Jovanovich, 1971.

Spaulding, Raymond C. *Some Experiences Reported by the Crew of the USS Pueblo and American Prisoners of War from Vietnam*. San Diego: Naval Health Research Center, 1975. www.history.navy.mil/research/library/online-reading-room/title-list-alphabetically/s/some-experiences-reported-crew-uss-pueblo-american-prisoners-war-vietnam.html.

KAPITEL 8: PIRATEN IM GOLF VON ADEN

BBC News. »U.S. Captain Rescued from Pirates«. 13.04.2009. http://news.bbc.co.uk/2/hi/africa/7996087.stm.

Phillips, Richard. *Höllentage auf See: In den Händen von somalischen Piraten – gerettet von Navy SEALs.* München: Heyne, 2013.

Siegel, Robert. »Multi-National Task Force Focuses on Preventing Piracy«. NPR, 13.04.2009. www.npr.org/templates/story/story.php?storyId=103054534.

US Navy. »Admiral Michelle Howard, Retired«. www.navy.mil/Leadership/Biographies/ BioDisplay/Article/2235996/admiral-michelle-howard.

Wyland, Scott. »U.S. Navy's 1st Female 4-Star Admiral Set to Retire«. Stars and Stripes, 26.09.2017. www.stripes.com/news/us-navy-s-1st-female-4-star-admiral-set-to-retire-1.489556.

KAPITEL 9: DAS ROTE LEUCHTSIGNAL

Associated Press. »Teddy Roosevelt Captain Says He Knowingly Risked Career with Virus Warning«. Navy Times, 19.09.2020. www.navytimes.com/news/your-navy/2020/09/19/captain-says-he-knowingly-risked-career-with-virus-warning/.

Chief of Naval Operations. *Command Investigation Concerning Chain of Command Actions with Regard to COVID-19 Onboard USS Theodore Roosevelt (CVN-71).* Washington, DC: US Navy, 19.06.2020. https://assets .documentcloud.org/documents/7212256/TR-Command-Investigation-with-Appendices.pdf.

Chute, Nate. »›Sailors Do Not Need to Die‹: A Timeline of Coronavirus Spread on USS Theodore Roosevelt«. USA Today, 1.04.2020. www .usatoday.com/story/news/2020/04/02/coronavirus-guam-coronavirus-cases-uss-theodore-roosevelt-news-updates/5108314002/.

Cohn, Lindsay, Alice Friend und Jim Golby. »This Is What Was So Unusual About the U.S. Navy Making Captain Brett Crozier Step Down«. *The Washington Post,* 5.04.2020. www.washingtonpost.com/politics/2020/04/05/this-is-what-was-so-unusual-about-us-navy-making-captain-brett-crozier-step-down/.

Gafni, Matthias. »Exclusive: Capt. Brett Crozier Explains Why He Sent Email Warning of Roosevelt Coronavirus Outbreak«. San *Francisco Chronicle,* 18.09.2020.

www.sfchronicle.com/bayarea/article /Exclusive-Capt-Brett-Crozier-explains-why-he-15576933.php.

Gafni, Matthias und Dominic Fracassa. »Navy Won't Reinstate Capt. Crozier to Helm Coronavirus-Stricken Roosevelt Aircraft Carrier«. *San Francisco Chronicle*, 21.07.2020 (aktualisiert). www.sfchronicle.com/bayarea/article /Navy-won-t-reinstate-Capt-Brett-Crozier-to-15352808.php.

Gafni, Matthias und Joe Garofoli. »A Captain's Choice«. *San Francisco Chronicle*, 5.04.2020. www.sfchronicle.com/nation/article/Capt-Crozier-The-man-who-risked-his-career-to-15179363.php.

Gafni, Matthias und Joe Garofoli. »Exclusive: Captain of Aircraft Carrier with Growing Coronavirus Outbreak Pleads for Help from Navy«. *San Francisco Chronicle*, 31.03.2020. https://www.sfchronicle.com/bayarea/article/Navy-won-t-reinstate-Capt-Brett-Crozier-to-15352808.php

Graff, E. J. »These Were Our 10 Most Popular Posts of 2020«. *The Washington Post*, 31.12.2020. www.washingtonpost.com/politics/2020/12 /31/these-were-our-10-most-popular-posts-2020/.

Harkins, Gina. »6 Big Takeaways from the Full Navy Investigation into a Carrier's COVID Outbreak«. Military.com, 19.09.2020. www.military.com/daily-news/2020/09/19/6-big-takeaways-full-navy- investigation-carriers-covid-outbreak.html.

Korb, Lawrence. »Officials Continue to Throw Capt. Brett Crozier Under the Bus for Outbreak on Navy Carrier«. *Military Times*, 28.06.2020. www.militarytimes.com/opinion/commentary/2020/06/28/officials-continue-to-throw-capt-brett-crozier-under-the-bus-for-outbreak-on-navy-carrier/.

LaGrone, Sam. »Carrier Roosevelt CO Asks Navy to Quarantine Entire Crew Ashore as COVID-19 Outbreak Accelerates«. *US Naval Institute News*, 31.03.2020. https://news.usni.org/2020/03/31/carrier-roosevelt-co-asks-navy-to-quarantine-entire-crew-ashore-as-covid-19-outbreak-accelerates.

———. »Carrier Roosevelt CO Relieved Over ›Extremely Poor Judgment‹ in Creating ›Firestorm‹ Over COVID-19 Outbreak«. *US Naval Institute News*, 2.04.2020. https://news.usni.org/2020/04/02/carrier-roosevelt-co-relieved-over-extremely-poor-judgement-in-creating-firestorm-over-covid-19-outbreak.

———. »TR Investigation Fallout: Crozier Won't Be Reinstated, Strike Group CO Promotion Delayed«. US Naval Institute News, 19.06.2020. https://news.usni.org/2020/06/19/tr-investigation-fallout-crozier-wont-be-reinstated-strike-group-co-promotion-delayed.

———. »Almost 600 Sailors on Carrier Roosevelt Have Tested Positive for COVID-19«. *US Naval Institute News*, 12.04.2020. https://news.usni.org/2020/04/12/almost-600-sailors-on-carrier-roosevelt-have- tested-positive-for-covid-19.

LaGrone, Sam und Ben Werner. »UPDATED: Modly Resigns Amidst Carrier Roosevelt Controversy; Army Undersecretary to Serve as Acting SECNAV«. *US Naval Institute News*, 7.04.2020. https://news.usni.org /2020/04/07/modly-offers-resignation-amidst-carrier-roosevelt-controversy.

Odom, Brett. »The Navy's Monday-Morning Quarterback Investigation«. *Proceedings*, Juni 2020. www.usni.org/magazines/proceedings/2020/june/navys-monday-morning-quarterback-investigation.

Peniston, Bradley. »The Battle of USS Theodore Roosevelt: A Timeline«. *Defense One*, 7.04.2020. www.defenseone.com/threats/2020/04/timeline-battle-uss-theodore-roosevelt/164408/.

Schogol, Jeff. »Emails Reveal How Capt. Crozier's Pleas for Help from the Navy Fell on Deaf Ears until His Bombshell Letter Leaked«. *Task & Purpose*, 27.10.2020. https://taskandpurpose.com/news/crozier- theodore-roosevelt-emails-navy.

Szoldra, Paul und Jeff Schogol. »New Emails Reveal the Chaotic Final Days of Brett Crozier's Command of the USS Theodore Roosevelt«. *Task & Purpose*, 18.09.2020. https://taskandpurpose.com/news/navy -theodore-roosevelt-crozier-emails/.

»Timeline: Theodore Roosevelt COVID-19 Outbreak Investigation«. *US Naval Institute News*, 23.06.2020. https://news.usni.org/2020/06/23 /timeline-theodore-roosevelt-covid-19-outbreak-investigation.

US Department of Defense. »Transcript: Secretary of the Navy Braithwaite and Chief of Naval Operations Adm. Gilday Hold a Press Briefing on the Results of the USS Theodore Roosevelt Command Investigation, June 19, 2020«. www.defense.gov/Newsroom/Transcripts/Transcript/Article/22 27258/secretary-of-the-navy-braithwaite- and-chief-of-naval-operations-adm-gilday-hold/.

US Navy. »FOIA Request DON-NAVY-2020–00648, Parts 201–209«. Angefordert von Paul Szoldra am 3.04.2020. www.muckrock.com/foi/united-states-of-america-10/emails-from-capt-brett-crozier-9 1301/#comms.

US Navy. »Witness Statement of CAPT Brett Crozier USN«. Zeugenaussage vom 8.05.2020. https://assets.documentcloud.org/documents/7212572/USS-Theodore-Roosevelt-Coronavirus-Crozier.pdf.

Personen- und Sachregister

E

F

G

H

I

J

N

O

P

Q

R

S

T

U

V

W

Y

Z

Anmerkungen

Einleitung

1 John Fitzgerald Kennedy, zitiert in *Essence of Decision*: Explaining the Cuban Missile Crisis von Graham Allison, Boston: Little Brown, 1971.

2 Azi Paybarah, »The USS Johnston Sank in 1944: A Crew Just Visited Its Wreckage«, *The New York Times*, 9.04.2021, www.nytimes.com/2021/04/09/us/uss-johnston-navy-philippines.html.

3 Insbesondere: *Sea of Thunder* von Evan Thomas und *The Last Stand of the Tin Can Sailors* von James Hornfischer.

Kapitel 1

1 James Stavridis, *Segeln gen Nord: Zehn Heldenreisen auf dem Weg zu wahrem Charakter*, FinanzBuch Verlag, 2020.

2 Evan Thomas, *John Paul Jones: Sailor, Hero, Father of the American Navy*, New York: Simon & Schuster, 2003, S. 8.

3 Thomas, S. 231.

4 Samuel Eliot Morison, *John Paul Jones: A Sailor's Biography, Annapolis*, MD: Naval Institute Press, 1989, S. 39–45.

5 Fletcher Pratt, *The Navy: A History*, New York: Garden City, 1941, S. 4 f.

6 James Fenimore Cooper, *The History of the Navy of the United States of America*, Annapolis, MD: Naval Institute Press, (1856) 2001, S. 77 f.

7 Thomas, *John Paul Jones*, S. 191.

8 Thomas, S. 192.

9 Winston Churchill, 29.10.1941, Rede an der Harrow School, https://www.nationalchurchillmuseum.org/never-give-in-never-never-never.html.

Kapitel 2

1 A. E. Hotchner, *Papa Hemingway*, München: Piper, 1966.

2 Siehe Ian Tolls exzellentes Buch *Six Frigates, das ihre Geschichte sehr gut nacherzählt.*

3 U.S. Navy, »Darlegung der Umstände, die zur Zerstörung der Fregatte *Philadelphia* geführt haben, mit den Namen der Offiziere und der Anzahl der bei dieser Gelegenheit eingesetzten Männer, wie sie dem Präsidenten vom Marineminister am 13.11.1804 vorgelegt wurde«, *in Documents, Official and Unofficial, Relating to the Case of the Capture and Destruction of the Frigate Philadelphia, at Tripoli, on the 16th February 1804*, Washington, D.C.: John T. Towers, 1850, Naval History and Heritage Command, www.history.navy.mil/content/history/nhhc/research/library/online-reading-room/title-list-alphabetically/d/capture-and-destruction-of-the-frigate-philadelphia-at-tripoli-1850.html#SOF.

4 Benjamin Stoddert an John Adams, 19.04.1799, in United States, Office of Naval Records and Library, *Naval Documents Related to the Quasi-War between the United States and France*, Vol. 3, Naval Operations from April to July 1799, Washington, D.C.: US Government Printing Office, 1936.

5 Robert J. Allison, *Stephen Decatur: American Naval Hero, 1779–1820*, Amherst: University of Massachusetts Press, 2005, S. 183 f. Wie viele historische Zitate – beispielsweise »Zum Teufel mit den Torpedos!« – ist auch dieses heute eher in paraphrasierter Form bekannt, aber Decaturs Aussage ist im Original eindeutig.

Kapitel 3

1 Farraguts Sohn Loyall hat den Befehl in seiner 1879 erschienenen Biografie seines Vaters so wiedergegeben, *The Life of David Glasgow Farragut, First Admiral of the United States Navy: Embodying His Journal and Letters*, New York: Appleton, 1879.

2 Brian Burrell, *Damn the Torpedoes: Fighting Words, Rallying Cries, and the Hidden History of Warfare*, New York: McGraw-Hill, 1999, S. 193.

3 »Detaillierter Bericht von Konteradmiral Farragut, U.S. Navy, mit Anhängen, 12.08.1864«, Naval History and Heritage Command, www.history.navy.mil/research/library/online-reading-room/title-list – alphabetically/b/battle-of-mobile-bay.html.

4 »Detaillierter Bericht«.

5 »Detaillierter Bericht«.

6 »Detaillierter Bericht«.

7 Donald Rumsfeld, *Known and Unknown: A Memoir*, New York: Penguin Press, 2011.

Kapitel 4

1 Teile dieses Kapitels basieren auf einem vorherigen Buch des Autors: *The Sailor's Bookshelf: Fifty Books to Know the Sea*, Annapolis, MD: Naval Institute Press, 2021.

2 Ronald Spector, *Admiral of the New Empire: The Life and Career of George Dewey*, New York: Viking, 2001.

3 George Dewey, *Autobiography of George Dewey*, Annapolis, MD: Naval Institute Press, 1987, S. 132.

4 Dewey, S. 61–95.

5 Eric Smith, Einleitung zur *Autobiography of George Dewey*, Annapolis, MD: Naval Institute Press, 1987, S. xi.

6 Dewey, S. 5.

7 Edward S. Ellis, *Dewey and Other Naval Commanders*, New York: Hurst & Company, 1899, S. 7.

8 William Lawrence, *A Concise Life of Admiral George Dewey*, U.S.N., Boston: J. F. Murphy, 1899, S. 35.

9 Dewey, Autobiography, S. 174 f.

10 Dewey, S. 196.

11 Dewey, S. 210.

Kapitel 5

1 Zitat zu Doris Millers Auszeichnung mit dem Navy Cross. https://www.history.navy.mil/content/history/nhhc/browse-by-topic/diversity/african-americans /miller/doris-millers-navy-cross-citation.html#:~:text=CITATION%3A%20 %22For%20distinguished%20 devotion%20to,forces%20on%20December%207 %2C%201941.

2 Thomas W. Cutrer und T. Michael Parrish, *Doris Miller, Pearl Harbor, and the Birth of the Civil Rights Movement*, College Station: Texas A&M University Press, 2018, Kap. 2.

3 Cutrer und Parrish, Kap. 1.

4 Cutrer und Parrish, Kap. 3.

5 Rawn James, *The Double V: How Wars, Protest, and Harry Truman Desegregated America's Military*, New York: Bloomsbury, 2014, S. 129 f.

6 James, S. 131.

7 Doris Kearns Goodwin, *No Ordinary Time*, New York: Simon & Schuster, 2008.

Kapitel 6

1 Thomas Alexander Hughes, *Admiral Bill Halsey: A Naval Life*, Cambridge, MA: Harvard University Press, 2016, S. 48 f.

2 Evan Thomas, *Sea of Thunder: Four Commanders and the Last Great Naval Campaign, 1941–1945*, New York: Simon & Schuster, 2006, S. 220 ff.

3 Thomas, S. 354.

4 E. B. Potter, *Bull Halsey*, Annapolis, MD: Naval Institute Press, 985, S. 303.

5 Hughes, *Admiral Bill Halsey*, S. 121.

6 Ronald H. Spector, *Eagle Against the Sun: The American War with Japan*, New York: Vintage, 1985, S. 18.

7 Thomas Buell, *The Quiet Warrior: A Biography of Admiral Raymond A. Spruance*, Boston: Little, Brown, 1974.

8 Walter Borneman, *The Admirals: Nimitz, Halsey, Leahy, and King—the Five-Star Admirals Who Won the War at Sea*, New York: Little, Brown, 2012, S. 157.

9 Potter, Halsey, S. 36ff.

10 Potter, S. 51.

11 Potter, S. 64.

12 Potter, S. 221.

13 Ian W. Toll, *Twilight of the Gods: War in the Western Pacific, 1944–45*, New York: Norton, 2020 S. 114.

14 Halsey, nach einem Zitat in Spector, *Eagle Against The Sun*, S. 431.

15 Spector, *Eagle Against The Sun*, S. 431 ff.

16 Spector, S. 437–452.

17 Zitiert in Spector, S. 438.

18 Toll, *Twilight of the Gods*, S. 278.

19 Commodore Arleigh Burke, Admiral Mitschers Chief of Staff, zitiert in Spector, *Eagle Against The Sun*, S. 433.

Kapitel 7

1 Lloyd M. Bucher und Mark Rascovich, *Bucher: My Story*, Garden City, NY: Doubleday, 1970, S. 407.

2 H. W. Crocker III, *Don't Tread on Me*, New York: Crown Forum, 2006, S. 98.

3 Bucher und Rascovich, *Bucher*, S. 59.

4 Bucher und Rascovich, *Bucher*, S. 8.

5 Mitchell B. Lerner, *The Pueblo Incident: A Spy Ship and the Failure of American Foreign Policy*, University Press of Kansas, 2002, S. 12.

6 Bucher und Rascovich, *Bucher*, S. 18.

7 Jack Cheevers, *Act of War: Lyndon Johnson, North Korea, and the Capture of the Spy Ship Pueblo*, New York: NAL Caliber, 2013, S. 9.

Kapitel 8

1 Zitiert in David Lerman, »Black Woman Named to a Top U.S. Navy Job Says Wimps Fail«, *Bloomberg*, 20.12.2013, https://web.archive.org/web/20131229181819/ http://www.bloomberg.com/news /print/2013-12-20/black-woman-named-to-a-top-u-s-navy-job-says-wimps-fail.html.

2 Marc Gonsalves, Keith Stansell und Tom Howes, mit Gary Brozek, *Out of Captivity: Surviving 1.967 Days in the Colombian Jungle*, New York: William Morrow, 2009.

3 »Operacion Militar Jaque ... Orgullo por siempre«, *Revista Ejército*, Juli 2009, Nr. 144.

4 Gonsalves et al., *Out of Captivity*, S. 439.

5 Mehr zu dieser Geschichte steht im Kapitel über Admiral Zumwalt in James Stavridis, *Segeln gen Nord: Zehn Heldenreisen auf dem Weg zu wahrem Charakter*, München: FinanzBuch Verlag, 2020.

6 Zitiert in Lerman, »Black Woman Named to a Top U.S. Navy Job«.

7 Zitiert in Scott Wyland, »U.S. Navy's 1st Female 4-Star Admiral Set to Retire«, *Stars and Stripes*, 26.09. 2017, www.stripes.com/news/us-navy-s-1st-female-4-star-admiral-set-to-retire-1.489556.

8 Zum zeitlichen Ablauf der Ereignisse an Bord der *Maersk Alabama* während der Geiselnahme siehe Richard Phillips, *Höllentage auf See*, München: Heyne, 2013, und »Don't Give Up the Ship! Quick Thinking and a Boatload of Know-How Saves the MAERSK ALABAMA«, Marine Officer, 2009, https:// web.archive.org/web/20101103192007/http://mebaunion.org/WHATSNEW/The_Real_Story_of_the_MAERSK_ALABAMA.pdf.

9 Zitiert in Brock Vergakis, »She Helped Save Capt. Phillips from Somali Pirates. Then Became the First Female 4-Star Admiral«, *The Virginian-Pilot*, 28.02.2020, www.pilot-online.com/military/vp-nw-hampton-roads-black-history-michelle-howard-navy-piracy-20200226-anjlah4tmbhxnbuviwdkdh3uri-story.html.

Kapitel 9

1 Kapitän Brett Croziers E-Mail an seine Vorgesetzten in der Navy. https://www.military.com/daily-news/2020/03/31/sailors-do-not-need-die-carrier-captain-pleads-help-virus-cases-surge.html.

2 James Stavridis, *The Accidental Admiral: A Sailor Takes Command at NATO*, Annapolis, MD: Naval Institute Press, 2013.

3 Matthias Gafni und Joe Garofoli, »A Captain's Choice«, *San Francisco Chronicle.*

4 Matthias Gafni und Joe Garofoli, »Exclusive: Captain of Aircraft Carrier with Growing Coronavirus Outbreak Pleads for Help from Navy«, *San Francisco Chronicle*, 31.03.2020, www.sfchronicle.com /bayarea/article/Exclusive-Captain-of-aircraft-carrier-with-15167883.php.

5 US Navy, »FOIA Request DON-NAVY-2020–00648, Parts 201–209«, angefordert von Paul Szoldra am 3.04.2020, Teil 206, S. 20, www.muckrock.com/foi/united-states-of-america-10/emails-from-capt- brett-crozier-91301/#comms.

6 »Timeline: Theodore Roosevelt COVID-19 Outbreak Investigation«, *US Naval Institute News*, 23.06. 2020, https://news.usni.org/2020 /06/23/timeline-theodore-roosevelt-covid-19-outbreak-investigation.

7 US Navy, »Witness Statement of CAPT Brett Crozier USN«, Zeugenaussage vom 8.05.2020, S. 15, https://assets.documentcloud.org/documents/7212572/USS -Theodore-Roosevelt-Coronavirus-Crozier.pdf.

8 US Navy, »Witness Statement of CAPT Brett Crozier USN«, S. 17.

9 Gina Harkins, »6 Big Takeaways from the Full Navy Investigation into a Carrier's COVID Outbreak«, Military.com, 19.09.2020, www.military.com/daily-news/2020/09/19/6-big-takeaways-full-navy-investigation-carriers-covid-outbreak.html.

10 US Navy, »Witness Statement of CAPT Brett Crozier USN«, S. 17.

11 Chief of Naval Operations, *Command Investigation Concerning Chain of Command Actions with Regard to COVID-19 Onboard USS Theodore Roosevelt (CVN-71)* (Washington, DC: US Navy, 19.06.2020), S. 317, https://assets.documentcloud.org/documents/ 7212256/TR -Command-Investigation-with-Appendices.pdf.

12 US Navy, »Witness Statement of CAPT Brett Crozier USN«, S. 22.

13 Chief of Naval Operations, *Command Investigation*, S. 487–490.

14 US Navy, »Witness Statement of CAPT Brett Crozier USN«, S. 22.

15 US Department of Defense, »Transcript: Secretary of the Navy Braithwaite and Chief of Naval Operations Adm. Gilday Hold a Press Briefing on the Results of the USS Theodore Roosevelt Command Investigation, 19.06.2020«, www.defense.gov/Newsroom/ Transcripts/Transcript/Article/2227258/secretary-of-the-navy- braithwaite-and-chief-of-naval-operations-adm-gilday-hold.

16 Paul Szoldra und Jeff Schogol, »New Emails Reveal the Chaotic Final Days of Brett Crozier's Command of the USS Theodore Roosevelt«, *Task & Purpose*, 18.09.2020, https:// taskandpurpose.com /news/navy-theodore-roosevelt-crozier-emails/.

17 US Navy, »FOIA Request«, Teil 208, S. 92.

18 US Department of Defense, »Transcript: Secretary of the Navy Braithwaite and Chief of Naval Operations Adm. Gilday Hold a Press Briefing«.

19 Chief of Naval Operations, *Command Investigation*, S. 1182.

20 Brett Odom, »The Navy's Monday-Morning Quarterback Investigation«, *Proceedings*, Juni 2020, www.usni.org/magazines/proceedings /2020/june/navys-monday-morning-quarterback-investigation.

21 Chief of Naval Operations, Command Investigation, S. 1182.

22 US Navy, »Witness Statement of CAPT Brett Crozier USN«, S. 21 f.

23 US Navy, »Witness Statement of CAPT Brett Crozier USN«, S. 21 f.

24 US Navy, »Witness Statement of CAPT Brett Crozier USN«, S. 18.

Fazit

1 Adam Grant, Think Again – *Die Kraft des flexiblen Denkens: Was wir gewinnen, wenn wir unsere Pläne umschmeißen*, München: Piper, 2022.